China wurde in den vergangenen Jahren vor allem als aufsteigende Wirtschaftsmacht wahrgenommen. Der rasante gesellschaftliche Wandel macht sich auch in der aktuellen Literatur bemerkbar: Zwölf chinesische Autorinnen und Autoren erzählen vom Alltag in den brodelnden Metropolen und von den Umbrüchen in der Provinz, von schwierigen Familienbeziehungen, Freundschaften über Grenzen hinweg, von glücklichen und weniger glücklichen Liebesgeschichten. Einige Autoren leben in China, andere haben im westlichen Ausland eine neue Heimat gefunden oder pendeln zwischen Ost und West. Sie blicken aus unterschiedlichen Perspektiven auf das Reich der Mitte und ermöglichen einen facettenreichen Einblick in die chinesische Kultur.

Frank Meinshausen, geboren 1965, studierte Moderne Sinologie und Germanistik in Tübingen, Nanjing (VR China) und Heidelberg. Er arbeitet als Übersetzer für chinesische Literatur, Sprachlehrer und Interkultureller Trainer. Er hat unter anderem ein Lehrbuch für modernes Chinesisch sowie eine Anthologie mit neuen Erzählungen aus China herausgegeben und ist ein ausgewiesener Kenner der chinesischen Literaturszene. Frank Meinshausen lebt in München.

Anne Rademacher, geboren 1961, hat Anglistik und Germanistik in München und Exeter (Großbritannien) studiert. Nach etlichen Jahren als Verlagslektorin arbeitet sie heute als freie Lektorin, Übersetzerin und Herausgeberin. Zuletzt erschienen von ihr Übersetzungen der englischsprachigen Bücher von Xiaolu Guo und Li Dawei. Außerdem hat sie mehrere Bände der Reihe dtv-zweisprachig herausgegeben. Anne Rademacher lebt in Aulendorf/Baden-Württemberg und München.

Neue Träume aus der Roten Kammer

Moderne chinesische Erzählungen

Herausgegeben von Frank Meinshausen
und Anne Rademacher

Deutscher Taschenbuch Verlag

Originalausgabe
Juni 2009
© 2009 Deutscher Taschenbuch Verlag GmbH & Co. KG,
München
www.dtv.de
Umschlagkonzept: Balk & Brumshagen
Umschlagfoto: LOOK-foto/Karl Johaentges
Satz: Greiner & Reichel, Köln
Gesetzt aus der Bembo 10,25/12˙
Druck und Bindung: Druckerei C.H. Beck, Nördlingen
Gedruckt auf säurefreiem, chlorfrei gebleichtem Papier
Printed in Germany · ISBN 978-3-423-13770-6

Inhalt

Im Jahr des Affen

2004, das Jahr des Affen, das Tierzeichen meines Geburtsjahres.

Zwei Wochen vor dem Neujahrsfest sprach mich Alte Tante Li auf dem Heimweg an und sagte, ich müsse mir ein rotes Band kaufen. »Bind es dir um die Taille, das hält Unglück von dir fern.« Alte Tante Li hatte sich selbst zur Vorsitzenden des Nachbarschaftskomitees unseres Wohnblocks ernannt. Sie wusste alles über die Privatangelegenheiten der Familien und kannte das Geburtsdatum jedes Einzelnen. Ihrer Meinung nach hatte man in seinem Ben-Ming-Nian, dem Jahr des eigenen Tierzeichens, nur zwei Möglichkeiten: Entweder es ging einem sehr gut oder aber sehr schlecht. Alte Tante Li war bereits über sechzig, doch im Gegensatz zu anderen Frauen ihres Alters, die sich um ihre Enkelkinder kümmerten oder zum Gruppentanz in den Park gingen, lief sie mit einem zerfledderten I Ging durch die Gegend, und in ihrer Hosentasche klimperten immer ein paar nachgemachte alte Kupfermünzen. Es hieß, sie habe korrekt vorausgesagt, dass der Sohn des Vieräugigen Wang es auf die Universität nach Beijing schaffe, dass der Reispreis bis Jahresende um 20 Prozent steigen und Doktor Deng aus dem ersten Stock ein kleines Mädchen bekommen würde.

Ich glaubte nicht an ihre wahrsagerischen Fähigkeiten, doch ich hatte Respekt vor ihr, weil sie das I Ging in umgekehrter Reihenfolge rezitieren konnte. Hätte sie mich aufgefordert, alle paar Monate den Göttern im Youming-Tempel zu opfern, wäre ich dem sicher nachgekommen. Aber ein sechsunddreißigjähriger Mann mit einem roten Band um die Taille? So weit war ich doch noch nicht.

Genau eine Woche nach dem Neujahrsabend, als der Mond allmählich zu einer Sichel schrumpfte, begann mein rechtes Augenlid, und zwar nur mein rechtes, zu zucken. Das Zucken kam in unregelmäßigen Abständen und überraschte mich jedes Mal aufs Neue. Manchmal trat es auf, wenn ich mir die Zähne putzte und den Mund voller Schaum hatte, manchmal, wenn ich mich auf dem Weg zur Arbeit gerade noch in einen Bus gequetscht hatte, und manchmal, wenn ich mich mit einem Kollegen unterhielt. Anfangs hatte es mir nichts ausgemacht. Mein Auge juckte nicht und war weder rot noch geschwollen. Ich war mir sicher, dass das Zucken in ein paar Tagen von selbst verschwinden würde. Meine Augenlider hatten schon früher gelegentlich gezuckt, meistens, wenn meine Augen ermüdet waren oder ich zu wenig geschlafen hatte. Ich arbeitete bei einer Tageszeitung und musste viel lesen. Vielleicht lag es auch daran, dass meine Augen schlechter geworden waren und ich eine neue Brille brauchte. Solange ich denken konnte, trug ich eine Brille, das Erbe meines stark kurzsichtigen Vaters.

Eines Abends, kurz nachdem ich zu Bett gegangen war, spürte ich, wie mein rechtes Lid zuckte — es war, als spränge ein Ball in meinem Auge auf und ab und auf und ab. Nachdem ich mich eine halbe Stunde lang schlaflos herumgewälzt hatte, öffnete ich die Augen. In der Stille der Nacht glaubte ich das Pochen hören zu können, es war die Art Geräusch, wie man sie durch ein Stethoskop wahrnimmt — hohl, aber klar. Ich drückte mit dem Zeigefinger gegen mein Augenlid. Jetzt spürte ich sogar die rhythmische Bewegung des Muskels, falls es an dieser Stelle überhaupt Muskeln gab. Ich starrte zur Decke und zählte jedes einzelne Pochen im Stillen mit. Der schwere Sturm, der nach dem Abendessen getobt hatte, war abgeflaut. Gelegentlich fuhr ein Auto vorbei, das zischende Geräusch seiner Reifen auf dem nassen Asphalt klang wie das Schluchzen eines Menschen. Als ich bis hundert gezählt hatte, berührte ich die Schulter meiner Frau.

»Wanyu«, sagte ich. Sie hatte mir den Rücken zugewandt und lag mit angezogenen Knien in Fötushaltung da. Diese Haltung verriet mir, dass sie wach war. Wenn sie schlief, lag sie auf dem Rücken, die wie Orchideen geöffneten Hände weit von sich gestreckt. Weil das Bett schmal war, lag oft eine Hand auf meinem Bauch, während die andere über den Bettrand baumelte.

Anstatt zu antworten, schob sie sich noch ein paar Zentimeter weiter von mir weg. Ihre Augen mussten geöffnet sein, denn wenn sie sich nur einen Zentimeter weiter bewegt hätte, wäre sie aus dem Bett gefallen.

Noch einmal berührte ich ihre Schulter und sagte ihren Namen.

»Wirst du jetzt mitten in der Nacht verrückt?«, fragte sie. Sie kehrte mir immer noch den Rücken zu. Vielleicht dachte sie ja, ich wolle mit ihr schlafen, aber das wollte ich nicht. Es war schon ein Jahr her, seit wir das letzte Mal miteinander geschlafen hatten. Jetzt masturbierte ich immer. Wanyu ging eine halbe Stunde früher als ich zur Arbeit, und diese Zeit nutzte ich, um mich selbst zu befriedigen. Einmal hatte sie mich erwischt. Kurz bevor es mir kam, kehrte sie zurück in die Wohnung. Sie lehnte mit verschränkten Armen im Türrahmen und sah mich ausdruckslos an. Dann schüttelte sie angeekelt den Kopf, kam ins Zimmer, um den Haustürschlüssel zu holen, den sie auf dem Fernseher vergessen hatte, und ging, ohne mich noch eines Blickes zu würdigen.

Vielleicht hatte sie an jenem Tag begonnen, sich nach einem Liebhaber umzusehen.

Ich lag also im Bett und starrte auf ihren Rücken. Durch die

Fensterläden aus Plastik drang kein Mondlicht. Es war dunkel im Zimmer, doch ich konnte ihre knochige Silhouette unter der dünnen Decke erkennen. Ich stellte mir ihren kleinen Busen vor und den zerknitterten, mit Öl- und Sojasaucenflecken gesprenkelten Pyjama; sie kochte immer im Pyjama, um ihre Tageskleidung nicht schmutzig zu machen. Plötzlich spürte ich eine Zärtlichkeit in meinem Herzen, die ich schon lange nicht mehr empfunden hatte.

»Mein Augenlid hört nicht auf zu zucken«, sagte ich. Sanft berührte ich ihre Schulter. Wenn sie sich zu mir umdreht, dachte ich, küsse ich sie. Ich würde ihre Schultern küssen, ihre Wangen, die kleinen Stellen hinter den Ohren und dann ihre Lippen – geradeso wie damals, als wir frisch verheiratet waren.

Sie bewegte sich nicht. »Das rechte Augenlid?«, fragte sie gleichgültig. Sie schüttelte ihre Schultern, als wolle sie Mücken verscheuchen.

Ich nickte und zog meine Hand zurück. Natürlich kannte sie das alte chinesische Sprichwort genauso gut wie ich: Wenn das linke Augenlid zuckt, bringt es dir Glück; zuckt das rechte Augenlid, fährst du zur Hölle.

Obwohl sie sich nicht zu mir umschaute, schien sie zu wissen, dass ich nickte. »Man kann nicht davon ausgehen, immer nur Glück zu haben«, schnaubte sie.

Sie zog ihre Decke bis zum Kinn hoch. Seit dem Tag vor zwei Jahren, als sie mich mit Wei Qing im Park erwischt hatte, schliefen wir unter getrennten Decken. Eigentlich hatte ich nichts gegen getrennte Bettdecken, vermutlich war es sogar eine gute Sache, da wir jetzt im Winter nicht mehr um die Decke kämpfen mussten. Außerdem schlief Lulu, der damals vier war, an Regentagen immer noch gern bei uns. In diesem Jahr war er sechs geworden, im Moment befand er sich allerdings bei Wanyus Eltern.

Ungefähr vor einem Jahr sah ich im selben Park, in den

Qing und ich immer gingen, wie sich Wanyu und ein großer Mann küssten. Sie standen hinter einem Baum, sie fast auf Zehenspitzen, den Kopf zurückgeworfen und das Haar, das sie normalerweise zum Zopf gebunden trug, in offenen Wellen. Ihr pinkfarbenes Kleid, das ich noch nie zuvor an ihr gesehen hatte, flatterte im Wind wie ein Flamingo, der mit den Flügeln schlägt. Ich wusste nicht, wann sie mir das letzte Mal so schön vorgekommen war. Ich stand nur wenige Meter von ihnen entfernt hinter einem Baum. Sie plauderten, küssten und umarmten sich und verließen dann Arm in Arm den Park.

An jenem Abend rief ich einen frisch geschiedenen Kollegen an und ging mit ihm in eine Bar. Wir tranken und rauchten. Er flirtete mit den Kellnerinnen, kniff sie in den Hintern, wenn sie uns unsere Drinks brachten, und behauptete, noch nie in seinem Leben so glücklich gewesen zu sein wie jetzt. »Es gibt nichts, wovor ich mich fürchten müsste«, sagte er. Ich ging erst, als er betrunken war und zwischen den Drinks zu schluchzen begann. Als ich nach Hause kam, war es fast drei Uhr morgens. Wanyu schlief bereits und nahm mit den weit von sich gestreckten Armen das ganze Bett ein. Um ihre Mundwinkel spielte ein Lächeln – oder ich bildete es mir zumindest ein.

Als sie sagte: »Man kann nicht davon ausgehen, immer nur Glück zu haben«, wusste ich, dass sie auf die Zeiten anspielte, als ich noch Glück hatte. Vor vielen Jahren, bei der Zulassungsprüfung für die Universität, hatte meine Punktzahl zehn Punkte unter dem erforderlichen Schnitt gelegen, doch zufällig hatte ausgerechnet in jenem Jahr eine angesehene Pädagogische Hochschule ihren Zulassungsschnitt gesenkt, und ich war der letzte Student, den sie aufnahmen. Als ich vier Jahre später vor meinem Abschluss stand, war der Arbeitsmarkt für Literaturdozenten so schlecht wie noch nie. In unserer Stadt gab es für die Absolventen meines Jahrgangs nur wenige freie Stellen, und jemand mit so mittelmäßigen Noten wie ich konnte froh sein, wenn er in einer Nachbarstadt unterrichten durfte. Ich rechnete sogar schon damit, eine Stelle auf dem Land zugewiesen zu bekommen, als unser Dekan eines Tages verkündete, dass bei einer Zeitung ein neuer Redakteur eingestellt werden sollte. Alle redeten aufgeregt und voller Hoffnung über diese Stelle. An dem Morgen, als der Personalchef der Zeitung Vorstellungsgespräche in meiner Klasse führen wollte, lag ich auf einer Wiese am See und las im ›Traum der Roten Kammer‹. Zwischendurch machte ich mir Gedanken über meine Zukunft – eigentlich war ein Leben des Müßiggangs gar nicht so unattraktiv. An einer Schule auf dem Land würde ich zwar weniger verdienen, aber dafür wären die Lebenshaltungskosten auch niedriger als in der Stadt.

In diesem Moment näherte sich mir ein Mann mittleren Alters, offensichtlich ein Besucher, und fragte mich nach dem Weg zu unserem Fakultätsgebäude. Hilfsbereit wie ich war, bot ich an, ihn hinzuführen. Wir begannen zu plaudern, und schließlich erzählte er mir von dem Fischerdorf in der Provinz Fujian, in dem er aufgewachsen war. Mein Vater stammte aus demselben Dorf, und wie sich herausstellte, hatten er und dieser Besucher sogar dieselbe Grund- und weiterführende Schule besucht. Auch ich war ein paar Mal in dem Dorf zu Besuch gewesen, denn ich hatte immer noch Verwandte dort. Ich dachte nicht daran, dass es sich bei dem Besucher um den Personalchef der Zeitung handeln könnte.

In der Fakultät fragte er sofort nach mir und verzichtete darauf, meine Mitstudenten zu interviewen. Alle in der Klasse dachten, ich würde einflussreiche Leute in der Regierung kennen.

Bei meiner zweiten Verabredung mit Wanyu erzählte ich ihr diese Geschichten, um sie zum Lachen zu bringen. Sie lachte tatsächlich und meinte, ich sei ein glücklicher Mensch.

»Guten Menschen lacht das Glück.« Genauso hatte sie es gesagt. Heute würde sie das wohl nicht mehr sagen.

Unser Wohnblock lag in der Altstadt von Guangzhou und hatte früher einmal der Regierung gehört. Nur fünf Gehminuten entfernt war ein Park mit einem Fischteich. Vor fünf Jahren wurden die Wohnungen im Gebäude dann zum Verkauf angeboten, weil die Regierung für ihre Angestellten neue Mehrfamilienhäuser gebaut hatte. Es konnte sich allerdings nicht jeder eine Wohnung kaufen, man musste dafür verheiratet sein und wenigstens ein Elternteil des Paares musste für die Regierung arbeiten. »Lass uns heiraten und eine Wohnung kaufen«, sagte Wanyu eines Tages zu mir. Wir gingen zwar erst seit fünf Monaten miteinander, doch sie war bereits achtundzwanzig und ich dreißig Jahre alt – worauf also sollten wir warten? Wir heirateten. Meine Eltern arbeiteten nicht für die Regierung, doch Wanyus Vater war als Postbote bei der Regierung angestellt, wenn auch nicht in Vollzeit.

Nachdem ihr Vater die für den Wohnungsverkauf zuständige Person geschmiert hatte, durften Wanyu und ich an der Vergabelotterie teilnehmen. Zwei Tage lang standen wir Schlange und zogen dreimal ein Los. Schließlich ergatterten wir eine Wohnung mit zwei Zimmern und einem Bad. Alle Kollegen beneideten mich um mein Glück.

Doch die Zeiten änderten sich. Ein Jahr später zog die Regierung in den wohlhabenderen und günstiger gelegenen Neuen Bezirk um. Kaum war die Regierung fort, begannen die Putzkolonnen den Park zu ignorieren. Die Wasserlilien und Goldfische im Teich starben, und die Müllsammler kamen erst nach fünf- oder sechsmaliger Aufforderung. Der Neue Bezirk lag in der Nähe der Stadtautobahn. Jede einzelne Bushaltestelle dort hatte ein Glasdach und Holzbänke. Es gab auch eine Musikbühne und zwei neue Einkaufszentren. Wanyu wollte gern in den Neuen Bezirk ziehen, doch die dortigen Immobilienpreise hatten sich in den vergangenen Jahren verdreifacht. Mit unseren Gehältern, meinem als Zeitungsredakteur und ihrem als Buchhalterin bei einer staatseigenen Firma, hätten wir selbst in zehn Jahren nicht das nötige Geld für die Baranzahlung zusammensparen können. Außerdem war ich der Meinung, dass wir zufrieden sein konnten. Unser Haus lag verkehrsgünstig mitten in der Stadt. Die meisten meiner Kollegen lebten in der Vorstadt, von wo die Busse nur selten und unregelmäßig ins Zentrum fuhren.

An dem Tag, an dem wir unseren Hausschlüssel bekamen, bat mich Wanyu, ihr jeden Monat mein komplettes Gehalt auszuhändigen. »Für Lulu«, sagte sie.

Damals war Lulu gerade ein Jahr alt. Weil ich ein friedliebender Mensch war, willigte ich ein. Es muss zu der Zeit gewesen sein, dass ich mit dem Rauchen anfing. Das Geld dafür zweigte ich von dem vierteljährlichen Bonus ab, den jeder in meinem Büro bekam, der weniger als fünf Tage krank gewesen war.

Wanyu lobte mich vor ihren Kollegen und Freundinnen oft dafür, wie ehrlich und bodenständig ich sei. Später, als sie weniger gut auf mich zu sprechen war, behauptete sie dagegen, ich sei zu nichts nütze und ein Versager. Für meine Nutzlosigkeit führte sie viele Beispiele an: Nur dank ihres Vaters hätten wir die Wohnung bekommen; ich verdiene nicht genug, um uns ein Heim im Neuen Bezirk zu kaufen; ich sei immer noch nicht befördert worden, obwohl ich schon seit Jahren für dieselbe Zeitung arbeitete; ich könne keine undichten Toiletten oder verstopften Waschbecken reparieren, und weil ich nicht die richtigen Verbindungen habe, müsse Lulu in einen ganz normalen Kindergarten gehen.

Still hörte ich mir ihre Klagen an, ohne mich zu verteidigen. Was hätte ich auch sagen sollen? Sie hatte ja recht.

Als sie meiner Affäre mit Wei Qing auf die Schliche kam, meinte sie, ich sei hinterhältig, ein Fuchs im Kaninchenfell.

Das unregelmäßig auftretende Pulsieren meines Augenlids machte mich verrückt. Weil ich schlecht schlief, war ich in der Arbeit oft müde. Eines Tages bat mich Kao, der Leiter des Ressorts für Kunst und Unterhaltung, in sein Büro. Er fragte, ob ich mit Wanyu gestritten habe oder ob Lulu krank sei. Ich sagte, nein, zu Hause sei alles in Ordnung. Er zog einen dicken Stapel mit von mir bearbeiteten Manuskripten heraus und zeigte mir, was ich alles übersehen hatte.

»Du arbeitest jetzt seit über zehn Jahren hier, alter Genosse, und gehörst zu den erfahrenen Redakteuren«, sagte er und klopfte mir mit seiner fetten Pranke auf die Schulter. Im Büro war ich der Einzige der unter Vierzigjährigen, den er mit »alter Genosse« anredete. Manchmal lag es mir auf der Zunge, ihn zu fragen, ob ich wirklich schon so alt aussähe. Er selbst war zwei Jahre jünger als ich und unserer Zeitung von der Regierung zugewiesen worden. Bevor er bei uns anfing, dachte Wanyu, ich hätte vielleicht Chancen auf eine Beförderung. Sie gab mir dreihundert Yuan und trug mir auf, dem Chefredakteur zwei Flaschen Maotai zu schicken. Doch ich kaufte keinen Alkohol, sondern stattdessen drei Packungen Zigaretten der Marke ›Großes China‹ für mich selbst.

Als mein Augenlid nach drei Wochen immer noch zuckte, ging ich in die Notaufnahme des städtischen Krankenhauses. Der diensthabende Arzt war ungefähr in meinem Alter, erwiderte meine Begrüßung aber nur mit einem Kopfnicken.

»Herr Doktor«, sagte ich, »mein rechtes Augenlid zuckt dauernd.« Bevor ich meinen Satz beenden konnte, spürte ich, wie es schwach vibrierte. Ich wollte den Arzt fragen, ob er an das Sprichwort glaube: Wenn das linke Augenlid zuckt, bringt es dir Glück; zuckt das rechte Augenlid, fährst du zur Hölle. Doch ich fragte nicht. Ärzte sind keine Wahrsager. Außerdem sah er sehr ernst, fast sogar düster aus.

Zwischen einer Flasche mit blauer Tinte und einem Stapel Baumwollkompressen stand eine kleine gelbe Taschenlampe,

die er jetzt in die Hand nahm. »Machen Sie die Augen auf.«
Er knipste das Licht an und untersuchte mein rechtes Auge.
»Nach oben schauen … nach unten … rechts … links …«,
wies er mich an. Ich konzentrierte mich darauf, mit den
Augen zu rollen, und verdrehte sie, so weit ich konnte, weil
ich dachte, es würde bei der Diagnose helfen. Den Arzt aber
schienen meine Bemühungen zu irritieren. »Genug, das reicht.
Lassen Sie mich jetzt das linke Auge sehen.« Ich hatte mein
Auge noch keinen Halbkreis weit gerollt, als er die Taschenlampe ausknipste. »Nichts Ernstes. Trainieren Sie jeden Tag
eine halbe Stunde lang Ihre Augäpfel, dann wird es Ihnen
bald besser gehen.«

»Ich rolle schon seit einem halben Monat mit den Augen.«

»Muskelkater. Machen Sie noch ein paar Tage damit weiter,
und es geht Ihnen wieder gut.«

»Brauche ich keine Medizin?«

Er sah mich an und lächelte zum ersten Mal. Ich wusste, was
er dachte: Er glaubte, ich wolle meine Krankenversicherung
ausnutzen, um Medikamente abzustauben – eine weitver-
breitete Praxis bei Krankenversicherten. Vielleicht dachte er
sogar, ich würde meine Krankheit nur vortäuschen. Er krit-
zelte etwas auf ein weißes Blatt Papier und reichte es mir. Mit
dieser Verschreibung ging ich mir meine Medizin abholen:
zwei Schachteln eines bewährten Medikaments gegen unre-
gelmäßige Monatsblutungen bei Frauen und einen großen
Beutel mit Kräutern, die einem helfen sollten, die Sommer-
hitze besser zu ertragen.

In der folgenden Woche zuckte mein Augenlid weniger
häufig. Ich begann mich an das Zucken zu gewöhnen, ja, ich
war sogar ein wenig stolz auf diese ungewöhnliche Krankheit
und fühlte mich wie ein Mensch, der das Versteck eines alten
Schatzes kennt. Manchmal vertrieb ich mir die Zeit damit, die
Zuckungen zu zählen und die nächste vorherzusagen.

Wenig später fiel mir etwas Seltsames auf: Es gab eine gewisse Regelmäßigkeit in der Aktivität meines Augenlids! Wenn ich las, zuckte es alle drei Seiten einmal. Selbst wenn ich extra langsamer oder schneller las, hielt es sich genau an dieses Muster – ein Zucken alle drei Seiten. Wenn ich mich mit einem Kollegen unterhielt, zuckte es immer eine Sekunde, bevor ich einen Satz beendete. Selbst wenn ich mich mitten in einem Satz unterbrach, zuckte es erst, nachdem das vorletzte Wort aus meinem Mund heraus war. Fuhr ich Fahrrad, zuckte es nur, wenn ich anhielt, um vor einer Ampel auf Grün zu warten. Nachts war mein Augenlid zwischen Mitternacht und zwei Uhr morgens am aktivsten und zuckte alle fünf Minuten. In diesen beiden Stunden kam das Zucken heftig wie ein starker Schlag, fast glaubte ich es zu hören. Zwischen zwei und sechs Uhr in der Frühe zuckte es nur einmal alle dreißig oder fünfundvierzig Minuten ganz verhalten und langsam, als husche ein kleines, verängstigtes Tier durch mein Auge. In einem Dämmer zwischen Schlaf und Wachen lag ich bis zum Morgengrauen im Bett. Bei anderen Gelegenheiten wiederum, zum Beispiel wenn ich aß oder spazieren ging, war mein Augenlid seltsam unberechenbar und sein Zucken in Länge und Intensität völlig willkürlich.

Ich war begeistert. Vielleicht war ich ja ein Supermann mit ungeahnten Kräften. Ich beschloss, über die Zuckungen Buch zu führen und sie in einem Notizheft festzuhalten, wie es ein Wissenschaftler mit Erdbeben oder Vulkanausbrüchen macht. Die Länge der Zuckungen maß ich in Sekunden und die Intensität auf einer Skala zwischen 1 für die schwächste und 5 für die stärkste Erschütterung. Selbst im Bett legte ich das Notizheft neben mein Kissen, um die Aktivitäten meines Augenlids aufzeichnen zu können, sobald ich erwachte. Wenn ich bei meinen Forschungen nur genau und konsequent wäre, bildete ich mir ein, würde ich die Ergebnisse vielleicht nutzen können, um das Wetter oder die Preisentwicklungen vorherzusagen, das Auf und Ab an der Börse und möglicherweise sogar die Gewinnzahlen der Lotterie. Ich begann aufmerksam alle Berichte und Zeitungsartikel zu lesen, in denen es ums Wetter, die Börse, die Lotterie oder Sportveranstaltungen ging, und schnitt sie aus. Zum ersten Mal in meinem Leben träumte ich davon, reich zu werden. Die Möglichkeiten, die ich hinter den Marotten meines Augenlids vermutete, machten aus mir einen ehrgeizigen und habgierigen Menschen. Ich malte mir aus, wie ich meine Stelle kündigen und ins Ausland reisen würde – zuerst nach Florenz und Athen, dann nach Kairo und Sydney. Im wahren Leben hatten durchschnittliche Menschen wie ich kaum eine Chance, jemals ins Ausland zu kommen. Natürlich würde ich vor meiner Abreise noch für Wanyu und Lulu ein Haus im Neuen Bezirk kaufen.

Ein paar Wochen später nahm ich das Notizheft und analysierte meine Aufzeichnungen. Ich entwarf Dutzende von Kurven und Tabellen, doch außer der Beobachtung, dass das Pochen an Tagen vor einem Gewitter dramatisch zunahm, konnte ich keinerlei Muster entdecken oder Erkenntnisse gewinnen.

Wanyu lebte jetzt bei ihren Eltern und Lulu natürlich auch. Eigentlich war ausgemacht gewesen, dass Lulu nur eine Woche bei seinen Großeltern bleiben sollte, aber an dem Abend, als ich ihn abholen wollte, zog Wanyu einen großen Koffer unter dem Bett hervor.

»Ich muss für eine Weile weg«, sagte sie. Sie legte den Kopf schief und blickte mich ängstlich lauernd an, als könnte ich versuchen, ihr den Koffer zu entreißen.

Ich wusste, dass »weg« ihr Elternhaus bedeutete. »Komm, ich helfe dir packen«, sagte ich.

»Ich habe schon gepackt.«

Sprachlos starrte ich den Koffer an. Ich konnte mich nicht erinnern, sie packen gesehen zu haben.

»Dann bringe ich dich zur Bushaltestelle«, schlug ich vor.

»Ich habe bereits ein Taxi gerufen.«

»Wie lange wirst du weg sein?«

»Kommt drauf an. Vielleicht ein oder zwei Wochen«, sagte sie und ging ins Badezimmer, um ein Handtuch und ihre Zahnbürste zu holen. Wenige Minuten später hörte ich draußen das Taxi hupen. Als sie gegangen war, lief ich sofort ins Schlafzimmer. Der Schrank war halb leer und alle ihre Lieblingsschuhe fehlten. Es war nicht das erste Mal, dass sie zu ihren Eltern zog; als sie von mir und Wei Qing erfuhr, hatte sie ebenfalls mit Lulu Unterschlupf bei ihren Eltern gesucht. Am nächsten Tag tauchte mein Schwiegervater in der Redaktion auf, marschierte direkt zu meinem Schreibtisch und schlug mir ins Gesicht. Zwei Tage später kündigte Wei Qing. Ich war der Einzige im Büro, der wusste, dass sie nicht aus Scham oder Furcht vor dem Gerede ging. Dazu war sie eine viel zu moderne Frau. Bereits vor ihrem ersten Arbeitstag bei der Zeitung hatte sie beschlossen, dass sie bald wieder gehen würde. Ich kündigte nicht. Später überlegte ich, ob ich sie anrufen sollte, aber ich schob es immer wieder auf und meldete mich nie bei ihr. Auch sie rief nicht an. Schließlich hörte ich, dass sie eine Werbeagentur im Neuen Bezirk übernommen hatte.

Vielleicht würde Wanyu ihre Eltern diesmal fragen, ob sie die Scheidung einreichen solle. Wenn sie die Scheidung wollte, würde ich ihr die Wohnung überlassen und in das Ledigenwohnheim meiner Zeitung ziehen. Sicher würde es nicht schwierig sein, dort ein Bett zu bekommen. Wahrscheinlicher aber war, dass sie keine Scheidung wollte, denn wenn sie sich hätte scheiden lassen wollen, hätte sie das längst tun können. Wanyu analysierte ihre Lage immer sehr genau, die Gewohnheit war ihr entweder angeboren oder sie hatte sie in ihrer Ausbildung zur Buchhalterin angenommen. Ich kannte ihre Logik. Erstens: Nach einer Scheidung würde Lulu bei ihr bleiben. Wer würde schon eine geschiedene Frau mit einem sechsjährigen Sohn heiraten wollen? Außerdem konnte sie nicht wissen, ob ihr neuer Mann nett zu Lulu sein würde. Zweitens: Lulu würde wegen seiner geschiedenen Eltern von seinen Freunden und Klassenkameraden gehänselt werden. Drittens: Zwei Einkommen waren besser als eines. Und zu guter Letzt würde mir eine Scheidung ermöglichen, mich wieder mit Wei Qing zusammenzutun.

Einmal hatte mich Qing gefragt, ob ich jemals über eine Scheidung nachgedacht hätte. Ich sagte, nein, diese Idee sei mir niemals gekommen.

Wanyu war praktisch veranlagt, vielleicht nicht von früher Jugend an, aber ganz sicher seit wir verheiratet waren. Sie hatte Philosophie studiert, war dann jedoch Buchhalterin geworden, weil sie keine Stelle als Dozentin gefunden hatte. Eine fünfjährige Liebesaffäre vor mir endete, als ihr Freund nach Beijing zog, um dort zu promovieren. Neben der Wohnung war das vielleicht ein weiterer Grund dafür gewesen, dass sie unbedingt heiraten wollte. Manchmal dachte ich, sie hätte damals vermutlich jeden Kerl geheiratet, der ihr über den Weg gelaufen wäre.

Das Pochen in meinem rechten Augenlid schien sich im eigenen Tempo und nach eigenen Regeln weiterzuentwickeln. Nach drei Monaten, ich hatte gerade beschlossen, meine Forschungen aufzugeben und alle Aufzeichnungen und gesammelten Zeitungsartikel zu verbrennen, bemerkte ich allerdings doch etwas: Ich konnte Lügen aufdecken!

An jenem Tag ging ich wie immer ins Büro, schenkte mir eine Tasse grünen Tee ein und setzte mich, um den Manuskriptstapel auf meinem Schreibtisch abzuarbeiten. Erfahrungsgemäß konnte ich einen Großteil der Manuskripte schon nach Lektüre der ersten Zeile in den Papierkorb werfen. Als ich bei der Zeitung anfing, hatte mir das noch schlaflose Nächte bereitet, gerade als könnten die abgelehnten Autoren bei mir einbrechen und sich für meine Grausamkeit rächen. Doch mittlerweile hatte ich solche Ängste abgelegt und fand es sogar regelrecht beglückend, Ablehnungsbriefe zu schreiben. Jedes einzelne Manuskript, das in den Müll wanderte, machte mich glücklich. Wanyu hatte einmal zu mir gesagt, dieser Job sei ideal für mich, weil ich in ihm meine Geltungssucht befriedigen könne.

Nach der Mittagspause bat mich Kao in sein Büro. Als ich Platz genommen hatte, reichte er mir einen Umschlag aus Manilapapier. Im typischen Tonfall des Vorgesetzten gegenüber Untergebenen meinte er: »Alter Genosse Liu, du bist sorgfältig und zuverlässig, und du schreibst gut. Kurzum: Du bist der beste Redakteur in unserer Abteilung.«

Plötzlich zuckte mein Augenlid.

»Wessen Manuskript ist das?« Ich nahm den Umschlag und öffnete ihn.

»Nichts Ernstes. Nur ein paar Sachen, die Wenying geschrieben hat«, erwiderte er, wobei seine Stimme um eine Oktave nach unten sank. Im Büro wussten alle, dass Wenying, eine sogenannte aufstrebende Schriftstellerin, seine fünfzehn Jahre jüngere Zweitfrau war.

Ich überflog die ersten Gedichte. Grauenhafte Liebesgedichte, die von einer Mittelschülerin hätten stammen können. In mir stieg auf der Stelle Ekel hoch.

»Es haben sich schon mehrere Zeitschriften Gedichte von ihr schicken lassen.« Huang nahm eine Kanne mit Oolong-Tee und schenkte mir ein.

Wieder pochte mein Augenlid heftig.

»In ein paar Monaten sind wir zwei Jahre zusammen, und ich habe ihr versprochen, dass wir, selbst wenn wir noch so wenig Platz haben … Hahaha, alter Liu, ich vertraue deinem Urteil und deinem Talent. Als alter Genosse weißt du sicher, was zu tun ist. Man muss die Gedichte einfach nur *redigieren*. Du kannst doch redigieren, oder?« Er setzte sich wieder auf seinen schwarzen Chefstuhl und schlug die Beine übereinander. »Übrigens – unserer Zeitung geht es in diesem Jahr finanziell nicht besonders gut. In der Hauptverwaltung überlegen sie schon, Stellen abzubauen. Das ist natürlich streng vertraulich, ich hätte es dir eigentlich nicht sagen dürfen. Du musst Wenyings Liebesgedichte natürlich nicht redigieren, wenn sie dir nicht gefallen. Ich möchte nicht, dass du dich gedrängt fühlst. Hahaha …«

Das Pochen machte mich verrückt. »Ich weiß, was zu tun ist«, sagte ich.

»Das freut mich.« Er beugte sich vor. »Du hast schon seit Jahren keine Gehaltserhöhung mehr bekommen. Dieses Jahr werde ich beim Chefredakteur ein gutes Wort für dich einlegen. Schließlich bist du ein alter Genosse, du hast es verdient.«

Ich erhob mich und verdeckte mein rechtes Auge, dessen Pochen ich mittlerweile hören konnte.

»Hast du Probleme mit dem Auge?«

»Nichts Ernstes, es ist nur ein bisschen trocken.«

An jenem Sonntag bot ich Wanyu an, das Einkaufen zu übernehmen. Normalerweise besorgte sie die Lebensmittel, denn wenn ich einkaufte, beklagte sie sich nachher immer über alles: Das Fleisch sei zu fett, es sei zu viel oder zu wenig, das Gemüse sehe zwar gut aus, sei innen aber schon faul.

Der Bauernmarkt befand sich direkt hinter unserem Wohnblock. Die Straße war dort immer nass und alle paar Schritte sah man kleine Haufen von verrottendem Gemüse, das die Verkäufer liegen gelassen hatten. Überall schwirrten lästig summende Fliegen herum. Entschlossen betrat ich den Markt: Dieses Mal würde ich mein Fleisch bei einem ehrlichen Händler kaufen.

»Haben Sie Wasser in das Fleisch injiziert, um es schwerer zu machen?«, fragte ich am ersten Fleischstand.

»Warum sieht das Fleisch so dunkel aus? Ist es überhaupt frisch?«

»Sind das Schweinerippchen? Warum sind sie so fett?«

»Haben Sie mir den besten Preis berechnet?«

»Ich kaufe mein Fleisch immer bei Ihnen. Haben Sie es mir jemals richtig abgewogen?«

Ich ging von Stand zu Stand und mein Augenlid pochte bei jeder Antwort, die ich bekam. Nicht nur mein Auge, auch mein Herz pochte plötzlich schneller und der Kopf drohte mir zu platzen. Ich wurde immer ärgerlicher und ungeduldiger. Als ich dem letzten Händler eine Frage stellte, brüllte ich fast. Ich konnte mich nicht erinnern, jemals einen Menschen angebrüllt zu haben. Der Händler, der höchstens sechzehn Jahre alt war, blickte mich ängstlich an. Mit dem langen Messer in der Hand trat er ein paar Schritte zurück, bis er neben einem blutigen Schweinekopf stand. Plötzlich bemerkte ich, dass es auf dem Markt ganz still geworden war. Alle starrten mich an, manche tuschelten. »Schweinehunde! Ihr seid alle verdammte Schweinehunde!«, sagte ich im Stillen und wandte mich dann an den Verkäufer.

»Schneiden Sie mir drei Jin mageres Fleisch ab!« Es tat mir gut, mich wie ein Randalierer aufzuführen. Der Verkäufer bewegte sich nicht von der Stelle, sondern sah mich immer noch ängstlich an, bis sein Nachbar vom nächsten Stand herbeikam und ihm einen Stoß gab. »Bist du taub? Schneide dem Herrn sein Fleisch! Sicher kommt er von der Marktverwaltung.« Langsam trat der junge Händler vor und zog mit zitternden Händen ein Stück mageres Fleisch unter der Theke hervor. Er schnitt mindestens fünf Jin ab, wickelte es ungewogen in Zeitungspapier und legte es in meinen Korb.

An jenem Abend konnte ich nicht einschlafen. Gegen drei Uhr früh stand ich auf, um nach Lulu in seinem Zimmer zu sehen. Er schlief tief und mit offenem Mund, genau wie seine

Mutter. Die Hälfte der Decke lag am Boden. Anscheinend fror er, denn er hielt die Hände zu Fäusten geballt und über der Brust verschränkt. Ich deckte ihn wieder zu und setzte mich dann auf die Bettkante, um ihn im Licht der Straßenlaterne vor dem Fenster zu betrachten. Als er noch ein Baby war, hatten Wanyu und ich immer gestritten, wem er ähnlich sähe. Sie bestand darauf, dass er die Augen, die Nase, den Mund und das Kinn von ihr habe. Von mir komme nur die Stirn, hatte sie gesagt und geseufzt, da sie befürchtete, Lulu habe damit auch meinen Dickschädel geerbt. Zu jener Zeit schliefen wir noch miteinander und ich rauchte noch nicht. Als ich Lulu jetzt anschaute, sah ich, dass er von seiner Mutter nur die großen strahlenden Augen mit der doppelten Lidfalte geerbt hatte. Seine knochige Nase, die wulstigen Lippen, das quadratische Kinn und die dichten Augenbrauen hatte er von mir. Ich streichelte ihm über die Stirn. Ja, es stimmte, auch die hatte er von mir. Sie war flach und breit, aber Lulu war ein schlauer Junge, meinen Dickschädel hatte er nicht. Alle Kinder in der Nachbarschaft spielten gern mit ihm.

Ich legte mich wieder ins Bett und schaute Wanyu an. Sie hatte mir den Rücken zugedreht und lag vom Hals bis zu den Zehen in ihre Decke gewickelt wie in einem Kokon.

»Was ist mit Lulu?«, fragte sie plötzlich. Sie drehte sich nicht um, doch ihre Stimme klang sanft.

»Er hatte sich schon wieder frei gestrampelt.«

»Kannst du nicht schlafen?«

»Du bist ja auch wach«, sagte ich und legte eine Hand auf ihre Taille. Ich wollte, dass sie mich ansah.

Sie gehorchte meiner Hand nicht. »Wir müssen morgen arbeiten«, sagte sie nach ein paar Sekunden des Schweigens. »Lass uns schlafen.«

»Wanyu«, sagte ich. Meine Hand lag immer noch auf ihrer Taille. »Wanyu, erinnerst du dich noch an unser erstes Jahr mit Lulu?«

Sie nickte kaum merklich.

»Wir waren glücklich, nicht wahr?«

»Ich glaube schon.«

Mein Augenlid zuckte nicht. Plötzlich konnte ich nicht mehr an mich halten. »Ich weiß, ich gehöre nicht zu den Menschen, denen alles, was sie anpacken, gelingt. Ich verdiene nicht viel, ich habe keine Verbindungen und ich bitte andere nicht gern um einen Gefallen. Ich bin faul, unpraktisch und träume gern. Und dann rauche ich auch noch. Aber …« Ich kam nicht weiter. Aber was? Ich wusste es nicht.

Sie bewegte ihre Schulter, drehte sich aber nicht um. Als ich bis zehn gezählt hatte, sagte sie: »Schlafen wir.«

Ich wollte sie fragen, ob sie vorhabe, sich für den Rest des Lebens nicht mehr richtig mit mir zu unterhalten und nicht mehr mit mir zu schlafen. Ich wollte sie fragen, ob unser Zusammenleben bis zu unserem Tod so bleiben würde. Wir würden zur Arbeit gehen und Geld verdienen, um für Wasser, Strom, Lebensmittel, Gas und Lulus Ausbildung vom Kindergarten bis zur Universität zahlen zu können. Wir würden für ihn sparen, für seine Hochzeit, sein Haus und seine Kinder, und in unseren Berufen arbeiten, bis wir fünfundsechzig waren. Dann würden wir in Rente gehen und jeden Tag im Park Qi-Gong-Übungen machen oder nach einem geeigneten Schachpartner Ausschau halten. Ich wollte sie sogar fragen, wie ihr Liebhaber hieß, wo er arbeitete und wie lange sie schon zusammen waren. Ob sie sich nicht von mir scheiden lassen wollte, weil der Mann verheiratet war und ein Kind hatte?

Wenn sie geweint und sich entschuldigt hätte, hätte ich gesagt: Macht nichts. Wer hat heutzutage keine Affäre? Vielleicht würde ich sogar etwas Lustiges sagen, etwa: Du bist so hübsch und dein Ehemann so hässlich, es wäre doch seltsam, wenn andere Männer dir nicht nachsteigen würden.

Doch ich sagte nichts von alledem, sondern schaute nur

ihren Rücken an. Ich lag im Bett und wartete darauf, dass mein Augenlid zu zucken begann, doch in dieser Nacht zuckte es nicht ein einziges Mal.

Am nächsten Nachmittag verließ ich mein Büro, ohne irgendjemandem Bescheid zu sagen. Es war das erste Mal, dass ich mich einfach davonschlich. Einige meiner Kollegen erfanden dauernd Entschuldigungen, warum sie nicht zur Arbeit kommen konnten oder früher gehen mussten: Das Kind des Kleinen Li war immer wieder krank, der Alte Wu hatte oft Termine mit Klempnern oder Technikern bei sich zu Hause, und der Alte Qian kam an Regentagen wegen seiner Arthritis nicht aus dem Bett. An regnerischen Wochenenden hingegen war er mir schon oft auf der Straße begegnet und hatte einen ganz gesunden Eindruck gemacht. Immer wenn die anderen früher gingen oder zu Hause blieben, musste ich ihre liegen gebliebene Arbeit erledigen. »Du bist ein alter Genosse«, sagte Kao dann. »Ich verlasse mich auf dich.«

Mit dem Fahrrad fuhr ich über die Plaza-Straße bis zum Flussboulevard. Zwanzig Minuten später hatte ich den Volkspark erreicht, in dem Wanyu mir und Wei Qing auf die Schliche gekommen war und ich sie mit ihrem Liebhaber gesehen hatte. Seit dem letzten Monat untersagte die Regierung den städtischen Parks, Eintritt zu verlangen, sodass der früher relativ ruhige Park jetzt voller Rentner war. Die Männer spielten meist Schach, während die Frauen zu Discomusik tanzten oder mit ihren Enkeln im Kleinkindalter spielten. Manche spazierten rückwärts um den See. Es hieß, rückwärts laufen sei gut für Herz und Nieren.

Ich wusste nicht, warum, doch plötzlich vermisste ich Qing mit ihren langen Fingern und den Augen, die nur eine Lidfalte hatten und oft zwinkerten. Ich hatte sie genauso wenig geliebt wie sie mich. Sie war nur acht Monate bei der Zeitung gewesen, dann ging sie wieder. Unsere Zeit als Paar war sogar noch kürzer – nur zwei Monate. Ihr Körper sah genauso aus wie der von Wanyu, nur dass Qing viel größer war. Kurz nachdem sie unserem Team zugewiesen worden war, hatte sie begonnen, mir von sich zu erzählen. Sie meinte, ich sähe aus wie ein ehrlicher Mensch, und es sei heutzutage schwer, noch ehrliche Menschen zu finden. Sie erzählte mir alles: dass sie mit einem Professor an der Uni ins Bett gegangen sei, dass ihre Eltern sich hätten scheiden lassen, als sie noch zur Schule ging, und dass ihr Freund, ein Geschäftsmann, auf Reisen mit anderen Frauen schlief. Sie sagte, dass sie unsere Stadt hasse, weil die Leute dort gewöhnlich, vulgär und klatschsüchtig seien, weshalb sie nach Shanghai wolle. Dort würde sie ein Büro für Inneneinrichtung aufmachen, sie nannte mir sogar das Datum des Tages, an dem sie vorhatte zu kündigen.

Nachdem sie mir so viel von sich erzählt hatte, verriet auch ich ihr ein wenig über meine Vergangenheit. In meiner Kindheit sei ich oft wegen meiner dicken Brille gehänselt worden und auch weil meine Eltern keine weiteren Kinder mehr wollten, erzählte ich ihr. Später hätte ich mich in eine Klassenkameradin aus der Mittelschule verliebt, deren Vater mein Mathelehrer war. Jeden Abend schrieb ich dem Mädchen einen Liebesbrief, verbrannte ihn aber sofort wieder, weil ich niemals den Mut aufbrachte, ihr die Briefe zu zeigen. Ein Jahr später starb sie an Leukämie. In der Woche vor ihrem Tod ging ich sie zusammen mit meinen Klassenkameraden besuchen. Ich stand in der letzten Reihe und starrte sie die ganze Zeit an, ohne einmal mit den Augen zu blinzeln, traute mich aber nicht, sie anzusprechen.

Nach diesem Gespräch hatte sich Qing plötzlich vorgebeugt und mich geküsst. Später lachte sie über mich und behauptete, ich hätte über zehn Sekunden gebraucht, um auf diesen Kuss zu reagieren. Wir küssten uns noch zu ein paar anderen Gelegenheiten, doch wir hatten nie Sex miteinander.

Einmal nahm sie meine Hand und legte sie auf ihren Busen, aber ich umarmte sie nur. Ich umschlang sie so fest, dass sie eine Weile brauchte, um mich wegzustoßen. »Warum bist du so nutzlos? Warum bist du nur so ein Feigling? Wovor hast du Angst? Könntest du nicht einmal in deinem Leben etwas wagen? Ich bin keine Jungfrau mehr und ich habe dich auch nicht gebeten, dich von deiner Frau scheiden zu lassen. Ich will einfach ein wenig Spaß«, sagte sie.

Ich fand eine Telefonzelle und wählte die Nummer ihres Handys, die ich noch immer auswendig konnte. Beim ersten Mal nahm niemand ab, beim zweiten Mal hörte ich nach dem sechsten Klingeln die Stimme eines Mannes.

»Kann ich Qing sprechen?«, fragte ich nach einer Schrecksekunde.

»Wer sind Sie? Was wollen Sie von ihr?« Seine Stimme klang kalt.

»Ich bin ein alter Kollege von der Zeitung, für die sie früher gearbeitet hat. Ich wollte mich nur mal melden.«

Schweigen. »Sie hat gerade zu tun«, sagte er dann.

Mein Augenlid zuckte schon, bevor er seinen Satz beendet hatte.

»Ich wollte mich nur mal melden.«

Er legte auf, doch vorher hörte ich noch jemanden im Hintergrund kichern.

Ich setzte meine Fahrradfahrt fort. Nachdem ich ein paar Viadukte überquert hatte, von denen mich bunte Graffitis wie hässliche Augen anstarrten, kam ich zu dem Haus, in dem ich als Junggeselle gelebt hatte. Es stand leer und die roten Backsteinmauern waren von dunkelgrünem Moos überwachsen. Im nächsten Monat sollte dieses Gebäude zusammen mit ein paar anderen einem bereits halb fertigen Freizeitpark weichen und abgerissen werden. Im fertigen Teil des Parks gab es schon eine Achterbahn, ein Riesenrad und Karussells. Vor einiger

Zeit war ich mit Lulu hierhergekommen und zusammen mit ihm zum ersten Mal in einer Achterbahn gefahren. Danach war mir mehrere Tage lang schlecht gewesen. Auf diese Weise entdeckte ich, dass ich unter Höhenangst litt und auch Geschwindigkeit schlecht vertrug.

Ich schloss mein Fahrrad ab und kaufte mir eine Eintrittskarte. Über Lautsprecher wurde für die Attraktionen im Park geworben und die Stimme des Sprechers klang lockend und drängend. Im Hintergrund war Heavy Metal zu hören, das Stück einer berühmten Band, deren Mitglieder alle Tattoos mit dem chinesischen Zeichen für »chaotisch« auf ihren Armen trugen. Es war acht Minuten nach zwei, aber der Park war voll. Manche Menschen waren von außerhalb und unterhielten sich in Sprachen, die ich nicht verstand. Es waren auch Studenten darunter, die blaumachten.

Ich stand vor der Achterbahn, deren verschlungene Schienen wie die Eingeweide im Bauch eines Dämons aussahen, und setzte mich dann auf eine Bank, um das letzte Päckchen der teuren Zigaretten zu rauchen, die ich mir von Wanyus dreihundert Yuan Schmiergeld gekauft hatte. Als ich mit dem Rauchen fertig war, stellte ich mich hinter ein paar Studenten an und kaufte eine Fahrkarte. Bevor ich in einen der Wagen stieg, fragte ich den Kartenverkäufer: »Ist es auch sicher?«

Er antwortete, ohne von der bunten Illustrierten auf seinem Schoß aufzublicken. »Hier drin sind Sie sicherer als bei sich zu Hause. Die Bahn ist aus den Vereinigten Staaten importiert und von Japanern aufgebaut worden. Es gibt keinen sichereren Ort als diesen.« Ich wartete, bis mein Augenlid zu pochen aufhörte, und suchte mir dann einen Platz in der ersten Reihe.

Ich schnallte mich erst an, als der Wagen losfuhr. Bald war ich nass von kaltem Schweiß. Das reibende Geräusch zwischen Rädern und Schienen zerriss mir den Kopf. Eine Hand an der Brille, die andere fest am Türrahmen, hielt ich die Augen weit geöffnet. Ich schaute in den Himmel und dann auf den Boden, der sich unter mir drehte. Saurer Speichel sammelte sich in meinem Mund und ich hatte das Gefühl, mein Herzschlag könne jeden Moment aussetzen – ich wünschte es mir sogar. Dann kam die letzte steile Abfahrt vom höchsten bis zum tiefsten Punkt der Bahn. Die Studenten neben mir rissen die Arme hoch und schrien vor Lachen. Auch ich riss meine Arme hoch und lachte laut mit ihnen, um meine Angst zu verbergen. Sobald ich lachte, fühlte ich mich besser, deshalb lachte ich noch hysterischer. In meinem Delirium flog mir die Brille von der Nase, sodass ich vor mir nur noch neblige Leere sah, doch es machte mir nichts aus, ja, es war mir sogar recht. Ich lachte immer weiter.

Aus dem Englischen von Anne Rademacher

Die Welt der Hundert-Meter-Menschen

»Wenn wir demnach die Menschheit zu Gleichheit und Einheit führen wollen, müssen wir damit beginnen, das Aussehen und die körperlichen Eigenschaften aller Menschen aneinander anzugleichen. Wenn das versäumt wird, dann bleiben auch die Verhaltensweisen im Beruf und in der Liebe unterschiedlich. Wenn wir aber ganz verschiedene Eigenschaften einander angleichen wollen, dann bleibt nur die Möglichkeit der Vermischung von Männern und Frauen.«

Kang Youwei, ›Das Buch von der Großen Gemeinschaft‹

Heute brachte Vater keine guten Nachrichten mit nach Hause: Man bestätigte uns, dass die Schulden unserer Familie bei der Regierung bereits auf über hunderttausend Yuan gestiegen seien, weshalb wir nach diesem Wochenende ins städtische Krankenhaus der Volksmassen gehen müssen, um uns dort in einer Operation noch einmal verkürzen zu lassen. Dadurch wird mein Vater von seiner jetzigen Größe von einem Meter zwanzig auf neunzig Zentimeter schrumpfen, während ich dann keine Möglichkeit mehr haben werde, größer zu werden als neunzig Zentimeter.

Meine kleine Schwester, die noch nichts versteht, hat sogar gelacht, weil sie jedes Mal, wenn Papa schrumpft, bemerkt, dass sie entsprechend größer geworden ist. Sie ist erst sechs, ich dagegen bin siebzehn und kenne mich schon ganz gut aus. So weiß ich, dass Shanghai eine intergalaktische Metropole ist und alle Reichen aus unserem Sonnensystem hierherkommen, um Geschäfte zu machen. Deshalb gibt es in Shanghai auch überall Personen von überdimensionaler Körpergröße: Riesen, die in der Villa Moller und im Hardoon-Garten leben und die sogar größer als zehn Meter werden können. Die Wohnungen, die man für sie baut, sind daher oft mehrere Dutzend, ja, mehrere hundert Mal geräumiger als die Wohnung, die wir bekommen haben. Was soll man machen: Wenn jemand Geld hat, kann er in einem großen Haus leben, ein großes Auto fahren und außerdem noch gewaltige Mengen an Rind-, Hammel-, Schweine- und Hühnerfleisch sowie Berge von Gemüse und Früchten verdrücken. Einmal habe ich auf der Straße eine ausländische Puppe gefunden, die ein Kind reicher Eltern weggeworfen hatte. Sie hatte doch tatsächlich die gleiche Größe wie ich. Noch dazu war sie aus gutem, nicht zu schwerem Material und sah hübsch aus mit ihren blonden Haaren und prallen Brüsten, ihren schmalen Hüften und sehr langen Beinen. Sie nennen sie Barbie. Ich habe sie dann auf dem Rücken nach Hause getragen, doch als ich mit ihr durch die Tür gehen wollte, ist ihr Kopf an den Türrahmen gestoßen und eine tiefe Delle auf ihrer Stirn zurückgeblieben. Da hat sie mit einem Mal viel abgenutzter ausgesehen, so wie eine von den Puppen, mit denen wir Kinder aus armen Familien spielen.

Während Vater mit besorgter Miene, den Kopf zwischen die Hände gepresst, am Tisch sitzt, laufen hinter ihm im Fernsehen gerade die Nachrichten: Heute gegen Abend wird ein aus dem Weltraum kommender Wolkenkratzer in Shanghai landen. Wie es im Bericht heißt, soll dieses Hochhaus nie da gewesene, gigantische Ausmaße haben und ganz Pudong muss ihm Platz machen, denn die Eigentümer des Hochhauses stammen aus der fernen Galaxie M 83, der ersten Sonderzone für Reiche, zu der niemand Zutritt hat, der unter achtzehn Meter groß ist. Aber mittlerweile haben die immer riesiger werdenden Reichen fast alle dortigen Ressourcen aufge-braucht, weshalb sie jetzt anderswo hinziehen. Dieses Mal wollen elf von ihnen, die ganz besonders wohlhabend sind, ihren Wohnsitz auf die Erde verlegen und sich hier in Shang-hai dauerhaft niederlassen. Für die Shanghaier Stadtregierung, ja, für die ganze Welt, ist dies ein großes Ereignis, denn diese Riesen sind über hundert Meter groß und gehören zu den wichtigsten Persönlichkeiten unseres Universums.

In Vorbereitung auf ihre Ankunft hat die Gemüsetrans-portfirma, bei der Vater arbeitet, in den letzten zwei Mona-ten bereits an die zehntausend Tonnen Weißkohl, Grünkohl, Chinakohl und Blumenkohl sowie Schwertbohnen, Spinat, Tomaten und alle möglichen anderen, rein biologisch an-gebauten Gemüsesorten in einen supergroßen Supermarkt verfrachtet, den man in der Nähe ihres Landeplatzes gebaut hat. Einige Familien, die wegziehen mussten, wurden vom Fernsehen interviewt. Auch sie haben eine Menge Geld, sind aber nur zwischen fünf und sechs Meter groß. Sie alle sprühen geradezu vor Begeisterung und meinen, dass es ihre Pflicht gewesen sei, für Riesen, die noch größer sind als sie selbst, das Feld zu räumen. Wenn sogar historische Sehenswürdigkeiten wie der Oriental Pearl Tower abgerissen worden seien, soll-ten sie da als Bürger nicht ein kleines Opfer für den Aufbau der Stadt bringen?

Vater hält seinen Kopf jetzt noch niedergeschlagener umklam-mert, und ich weiß, was in ihm vorgeht: Die von seiner Ge-müsefirma verlangte Mindestgröße für Fahrer liegt bei einem Meter zwanzig. Noch kleinere Leute werden erst gar nicht eingestellt, da sie nicht den Größennormen der Lieferwagen entsprechen. Dies aber bedeutet, dass Vater in der nächsten Woche seine Arbeit verlieren wird. Das einfache Zimmer, in dem wir jetzt leben, wird er dann auch nicht länger abbe-zahlen können. Wir hatten es mit den hunderttausend Yuan

Hinterbliebenenrente für Mutter angezahlt, die vor Kurzem bei einem Arbeitsunfall ums Leben kam. Insgesamt kostete die Wohnung zweihunderttausend Yuan, sodass wir noch hunderttausend als Kredit aufgenommen hatten, wofür sich Vater ein zweites Mal verkleinern lassen musste, von einem Meter sechzig auf einen Meter zwanzig. Als er damals ins Krankenhaus ging, hatte er uns getröstet. Es sei nicht so schlimm, sagte er, solange ich nach dem Studium nur eine gute Arbeit finden würde. Dann könne ich mich aus der Masse hervorheben und bestimmt die zwei Meter hinter mir lassen. Und was ihn selbst betreffe: Er sei schon alt und es hätte keine Bedeutung, ob er groß sei oder klein. Ich aber dürfe später einmal nicht nach ihm schlagen, sondern müsse unbedingt Erfolg haben im Leben.

Nun stehen wir vor einem ziemlich ernsten Problem, denn unser Zehn-Quadratmeter-Zimmer können wir nicht zurückgeben. Und das alles ist meine Schuld. Ich hatte auf der Straße ein Plakat gesehen, das für einen Arbeitseinsatz im Sternbild Schütze Werbung machte. Bei der Arbeit ging es im Wesentlichen darum, die Trümmer beiseitezuräumen, die entstanden sind, als sich unsere Galaxie das Sternbild Schütze einverleibt hat. Die interstellaren Straßen sollten wieder frei passierbar werden. Mit diesen Instandsetzungsarbeiten konnte man dreitausend Yuan im Monat verdienen, Kost und Logis inklusive, also ein gut dreimal höherer Lohn, als ihn Vater bekam. Ich wollte mich sofort für den Job registrieren lassen, aber am Telefon sagte man mir, ich hätte zuerst eine Anmeldegebühr von zehntausend Yuan zu entrichten. Also überzog ich in Eigenregie mit Vaters Kreditkarte unser Konto. Mir war klar, dass auf diese Weise die Gesamtsumme unserer Schulden auf mehr als hunderttausend Yuan ansteigen würde. Aber dafür, dachte ich, könnte ich anstelle von Vater, der seine Beschäftigung verlieren würde, zur Arbeit gehen. Er wäre eine Weile gekränkt darüber, nur noch ein Mann von neunzig Zentimetern zu sein, und damit hätte die Sache ihr Bewenden. Doch als ich gestern zur Anmeldestelle kam, stieß ich dort auf jede Menge Polizei. Es habe ein Betrüger hier gewohnt, sagte man mir, der insbesondere arme Leute um ihr Geld gebracht habe. Er habe aber bereits das Weite gesucht.

Trotzdem hat mich Vater nicht verprügelt. Seit von seiner natürlichen Größe von einem Meter achtzig weniger und weniger übrig geblieben ist, fehlt ihm das Temperament, mich zu schlagen. Dafür plagt mich jetzt mein Gewissen, ohne dass ich eine Ahnung habe, was ich tun soll. Zumindest gibt es noch arme Leute, die kleiner sind als wir; Leute, die man bis auf zehn Zentimeter verkürzt hat. Ich bin ihnen schon begegnet, und zwar in einem Elendsviertel, das in einem Außenbezirk von Shanghai liegt. Dort drängen sich auf einer Fläche von einem Siebtel Hektar mehrere Reihen von fünfstöckigen staatlichen Wohngebäuden im Miniaturformat. In dieser Wohnanlage waren all diese Zehn-Zentimeter-Habenichtse geschäftig bei der Arbeit. Vater hatte mich damals mitgenommen, als er ihnen eine Fuhre Gemüse lieferte. Sein Lastwagen war lediglich mit zwanzig Körben beladen gewesen, und die waren noch dazu voll mit Billigware, die man ohne Erde anbaut. Vom Inhalt dieser zwanzig Körbe, sagte mir Vater, könnten sich hier zehntausend Menschen eine Woche lang satt essen.

Wir haben eine gute Regierung. Selbst wenn du ohne Geld und Besitz dastehst, gewährt sie dir Kredite und versorgt dich, bis du auf eine Größe von zehn Zentimetern geschrumpft bist und nicht mehr weiter eingeschrumpft werden kannst. Die politischen Richtlinien sehen vor, dass man bei Schulden von über zehntausend Yuan auf eine Größe von einem Meter sechzig verkleinert wird, bei Schulden von über fünfzigtausend Yuan auf einen Meter zwanzig und bei über hundert-tausend Yuan eben auf neunzig Zentimeter. Sollten deine Schulden dagegen die Dreihunderttausend überschreiten, dann verkleinert man dich auf zehn Zentimeter. Im Politikunter-richt sagte uns der Lehrer, dass dies so gemacht werde, weil Größe und Umfang eines Menschen seinen Ressourcenver-brauch bestimmten. Nur die Reichen hätten aufgrund ihrer großen Verdienste um diese Welt das Recht, entsprechend mehr Ressourcen zu verbrauchen. Bis hierhin war der Lehrer gekommen, als ein Bursche aus der Reihe vor mir plötzlich murmelte, er habe ältere Verwandte davon reden hören, dass die Bewohner der Roten Sonne nicht so denken würden. Sie seien der Ansicht, dass alle Menschen gleich sein sollten. Unser Politiklehrer befahl ihm auf der Stelle, den Mund zu halten. Dies seien ketzerische Lehren, das liege auf der Hand. Ein »Glücksland des Westens« habe es nie gegeben. Solche Vorstellungen seien nichts weiter als geistiges Opium, mit dem man die breiten arbeitenden Massen betrüge. Heute, nach so vielen Jahren, lebten wir in einer idealen Gesellschaft mit einem lückenlosen Sozialversicherungssystem. Unvorstellbar, dass da immer noch ein solcher Aberglaube existiere.

»Hast du denn nicht mal nachgedacht? Auf einer Sonne, wo es derart heiß ist, können da etwa Menschen wohnen? Hier seht ihr, was für eine schwere Verantwortung ein Leh-rer für Politik trägt und wie wichtig die geistig-moralische Schulung von Kindern und Jugendlichen ist.«

Kaum war er fertig, flitzte er mit seinen ein Meter vierzig schon wie der Wind ins Direktorat, um Bericht zu erstatten. Der Junge, der die unüberlegte Bemerkung gemacht hatte, wurde später der Schule verwiesen.

Die Legende von der Roten Sonne habe auch ich als Kind von alten Leuten erzählt bekommen. Auf der Roten Sonne, sagten sie, gebe es einen Gott, den man den Vorsitzenden

Mao nenne. Er habe die dortigen Armen in eine Revolution geführt, in deren Verlauf die Körper vieler Reicher komprimiert wurden. Wer sich der Anordnung zur Verkleinerung widersetzte, sei auf der Stelle hingerichtet worden. Nachdem sich alle Armen erhoben und ihr Schicksal in die eigene Hand genommen hatten, brachten sie es samt und sonders zu einer Größe von hundert Metern. Genauso groß wurde auch der Vorsitzende Mao selbst. Das aber wollte die breite Masse der Armen nicht zulassen. Unter dem Druck ihrer energischen Forderungen versprach er, jedes Jahr um einen weiteren Meter zu wachsen. Wie man sich an den Fingern ausrechnen kann, muss der Vorsitzende Mao also mittlerweile zweitausend Meter groß sein.

Ich glaube nicht an solche Geschichten. Diesen Blödsinn haben doch bestimmt ein paar ausgebeutete, arme Schlucker erfunden, die sich damit über ihre hoffnungslose Situation hinwegtrösten wollten. Ich lerne lieber fleißig und kämpfe dafür, durch einen guten Schulabschluss zur Schicht der Büroangestellten aufzusteigen, danach sehe ich weiter. Sobald ich zu dieser Schicht gehöre, kann ich monatlich an die zehntausend Yuan verdienen. Erst dann wird mir der Zugang zur Welt der Riesen offenstehen und ich werde mir eine Riesin zur Freundin nehmen können. Wie sollte es andernfalls mit der Liebe klappen?

Im Biologie- und Hygieneunterricht hat der Lehrer die Schlusskapitel unseres Buches zwar nie durchgenommen, aber ich habe die entsprechenden Seiten längst so oft umgeblättert, dass sie ganz fleckig und abgegriffen sind. Von anderen Gründen ganz zu schweigen, können arme und reiche Leute schon deswegen nicht zusammenkommen, weil hier einfach die Größen nicht passen. Andere Arme finden sich damit ab und suchen sich zum Heiraten einfach jemanden mit der gleichen sozialen Stellung. Aber ich werde das nicht tun, denn ich will hoch hinaus. Eines Tages werde ich bestimmt eine Riesin heiraten. Dieses Mal mag ich Pech gehabt haben und betrogen worden sein, aber früher oder später geht jede schwere Zeit einmal zu Ende. Selbst wenn sie mich noch auf zehn Zentimeter verkleinern und zum Zwerg unter Zwergen machen sollten, werde ich trotzdem bis zuletzt alles daransetzen, ein Hundert-Meter-Riese zu werden.

Ich kann Vaters bemitleidenswerten Anblick nicht länger ertragen. Ich habe ihm die ganze Suppe eingebrockt, nun sollte ich sie auch auslöffeln. Wenn ich im nächsten Jahr die Aufnahmeprüfung für die Universität machen will, dann muss ich mich um das Schulgeld für das letzte Mittelschuljahr selbst kümmern. Als ich die Wohnung verlasse, hat meine kleine Schwester ihre ausländische Puppe gerade auf den Platz gesetzt, an dem Mama immer gesessen hatte, als sie noch lebte, und unterhält sich mit ihr im Selbstgespräch. Sie weiß sehr gut, dass sie keine Mutter mehr hat.

Draußen braust die Flut der Autos durch die Straßen. Auf der obersten Straße fahren ausschließlich die Karossen der Reichen. Immerhin sind es nicht viele, daher gibt es nur zwei Spuren. Je tiefer die parallel laufenden Hochstraßen liegen, desto mehr Fahrspuren haben sie, ohne dabei allerdings breiter zu werden. Die unterste Etage ist ein Gehsteig, auf dem all diejenigen unterwegs sind, die es nur bis zu einer Größe von einem Meter sechzig geschafft haben. Wir armen Leute können uns keine Autos leisten, aber man kann ja auch laufen. Das Leben besteht aus Bewegung. Außerdem ist man so immer noch besser dran als die Zehn-Zentimeter-Winzlinge. Die verlassen nicht mal ihre Wohnanlage, um zu vermeiden, von einem Windstoß gegen eine Mauer geschleudert zu werden und sich dabei alle Knochen zu brechen. Die Regierung hat öffentlich verlautbaren lassen, dass sie in keiner Weise für eventuelle Folgen haftet, wenn sich die Mini-Menschen im Freien aufhalten sollten. Aber in Wirklichkeit lassen sämtliche Betriebe gerade sie die härtesten und anstrengendsten Arbeiten verrichten, zum Beispiel unter Tage nach Kohle zu graben oder den Müll im Weltraum zu beseitigen. Denn die Mini-Menschen haben nicht nur den Vorzug, sparsam im Verbrauch und zu niedrigen Lohnkosten verfügbar zu sein, sondern sie können auch noch aus jeder Ritze den letzten Kohlekrümel oder das letzte bisschen Unrat herausschaben. Vor Kurzem hat ein berühmter Mann aus der Welt der Rechtswissenschaften den Vorschlag gemacht, die unterste Grenze der Verkleinerung bis auf einen Zentimeter zu senken. Dann würden die Verkleinerten bereits mit einem Reiskorn pro Mahlzeit auskommen. Doch der Vorschlag wurde schließlich von Fachautoritäten des städtischen Krankenhauses zurückgewiesen: Solange in dieser Technik noch keine durchschlagenden Fortschritte erzielt worden seien, würden die Kosten einer solchen Verkleinerung logarithmisch ansteigen und höhere Verluste als Gewinne bringen.

Zwei Stunden später stehe ich vor der Fußgängerzone der Nanjing-Straße. Bis hierher darf ich und nicht einen Schritt weiter, denn die Straße ist den Reichen für ihre Spaziergänge vorbehalten. Wenn wir sie leichtfertig betreten und dann bei lebendigem Leib zertreten werden, wird kein Schadenersatz gezahlt. Wie ich gehört habe, hassen es einige Reiche wie die Pest, wenn sich irgendwelche Habenichtse an ihre Fersen heften. Weil sich die Reichen normalerweise motorisiert statt auf ihren Beinen fortbewegen, gehört das Gehen für sie zu den ganz besonders geschätzten sozialen Aktivitäten. Drängen sich arme Leute zwischen sie, dann haben sie angeblich ein Gefühl, als würde ihnen jemand Mäusekot unter ihren Reisbrei mischen. So sind für diejenigen, die sie in der Fußgängerzone in die Finger bekommen, selbst zehn Tode noch keine ausreichende Bestrafung. Um dem vorzubeugen, hat die Regierung am Eingang der Straße jede Menge Polizeiroboter aufgestellt. Durch deren Kameraaugen können die Polizisten aus Fleisch und Blut, die die Roboter steuern, aus großer Entfernung alles überwachen, was dort vor sich geht. Sollte es jemand wagen, sich gewaltsam Zutritt zu verschaffen, um auf der Nanjing-Straße zu betteln, dann landet er umgehend in einem der Stadtbild-Kontrollwagen. Diese Wagen sind eng und dunkel, doch übereinandergeschichtet passen trotzdem eine ganze Menge Bettler hinein. Sie werden in ein Polizeibüro gebracht und bekommen eine Geldstrafe aufgebrummt. Können sie nicht zahlen, dann werden sie noch mal um eine Stufe verkleinert.

Ich beschließe, es trotzdem zu riskieren. Die meisten Reichen sind zwar hartherzig, aber es gibt immer auch ein paar Ausnahmen. Ich habe von armen Leuten gehört, die durch Betteln schwerreich geworden sind und es sogar zu einer Größe von sieben, acht Metern gebracht haben. Wenn ich meinen Mut zusammennehme und es jetzt gleich versuche, brauche ich gar nicht so viel zu erbetteln. Vierhundert Yuan für das Schulgeld wären schon genug. Und im normalen Alltag kann ich dann zusammen mit Vater geröstete Süßkartoffeln auf der Straße verkaufen. In der Gemüsetransportfirma hat er schließlich Kollegen. Da sollte es doch ohne viel Aufwand möglich sein, an ein paar Süßkartoffeln zum Großhandelspreis heranzukommen.

Ich verstecke mich hinter einem großen, eben geparkten Auto. Die Tür öffnet sich, erst setzt ein Stöckelschuh mit einem dreißig bis vierzig Zentimeter hohen Absatz auf dem Boden auf, dann folgt eine Sieben-Meter-Riesin in Jeans und stolziert erhobenen Hauptes auf die Fußgängerzone zu. Aus meiner Perspektive habe ich den Eindruck, als ginge ihre Figur nach unten hin ein wenig in die Breite. Aber sollte ich meine ursprüngliche Größe wiedererlangen können, würde sie mir sicher sehr sexy vorkommen. Mit solch wirrem Zeug im Kopf laufe ich eilig neben ihr her. Ein kurzer Augenblick, in dem die Polizeiroboter der schönen Riesin hinterherstarren und dabei ihre Pflicht vergessen, und schon bin ich in der Fußgängerzone.

Ich renne wie wild ein paar hundert Meter weit hinein, dann bleibe ich keuchend stehen. Als ich mich umdrehe, plumpse ich vor Schreck fast rückwärts auf den Boden: Direkt hinter mir hat sich die riesige Schöne aufgebaut. Ihre beiden roten Stöckelschuhe, die wie zwei überdimensionale Schubkarren aussehen, wirken äußerst furchterregend.

»An meiner Schuhsohle klebt ein Kaugummi. Mach sie für mich sauber.«

Begleitet von ihrer eisigen Stimme, die vom Himmel zu kommen scheint, segelt ein Geldschein im Zeitungsformat zu mir herunter. Ich kriege ihn gleich zu fassen und falte ihn sieben Mal. Sehr schön, vierhundert Yuan. Vor Freude gerate ich fast außer mir: Einfach klasse! Jetzt kann ich die Aufnahmeprüfung für die Hochschule machen. Und danach, meine Schöne, jage ich dir so lange hinterher, bis du meine Freundin geworden bist. Was immer man romantisch nennt – das hier ist wahre Romantik. Ich lege mich auf den Bauch und bette meinen Kopf auf den Boden, um ihre Schuhsohlen in Augenschein zu nehmen. An diesem Schuh ist nichts. Nun noch den anderen untersuchen … Wie, da klebt auch nichts? Ich blicke unsicher zu ihr hoch und sehe ihren erhobenen Fuß, sehe den Absatz, der genau auf meinen Kopf zielt. Instinktiv rolle ich mich zur Seite und kalter Schweiß bricht mir aus, da stampft der harte Absatz auch schon unbarmherzig auf die Stelle, an der ich eben noch lag. Die schöne Riesin stößt einen Schwall von Verwünschungen aus und fängt an, herumzubrüllen.

»So ein verdammter Habenichts hat mir mein Geld gestohlen!«

Ich bekomme einen Mordsschreck. Das ist kein Spaß mehr.

Schon dadurch, dass ich mich hier eingeschlichen habe, habe ich das Gesetz übertreten. Wenn man nun noch einen großen Geldschein von der Sorte, wie ihn die Riesen benutzen, bei mir findet, dann ist die Kacke am Dampfen. Auf einmal sind von allen Seiten schwere Tritte zu hören. Bereits im nächsten Augenblick schnelle ich davon wie eine Feder. Ich weiß nicht, wie weit ich kommen werde, aber an Ort und Stelle zu bleiben wäre mein sicherer Untergang.

»Haltet den Dieb!«, rufen Stimmen von überall her. Gleichzeitig sausen aus der Luft Herrenlederschuhe, Turnschuhe und Inlineskates von Kindern auf mich herab, denen ich aber jedes Mal geschickt ausweiche. Zwischen den Riesenbeinen hindurchzulaufen ist kein Problem für mich. In anderen Schulfächern traue ich mich nicht, mich zu melden, aber in Sport bin ich der Beste meines Jahrgangs. Wenn ich nicht gerade um mein Leben rennen müsste, würde ich ihnen auf der Flucht sicher noch an die Hosenbeine pinkeln. Als ich an einer Eisdiele vorbeikomme, nehme ich mir sogar die Zeit, die völlig verblüfften Eisverkäuferinnen zu grüßen. Die Angestellten hier gehören auch zu uns armen Leuten. Allerdings tragen sie alle ein Namensschild, und solange sie in den Geschäften bleiben, verstoßen sie gegen kein Gesetz. Während ich ihnen zuwinke, rumpeln hinter mir zwei Riesen zusammen, und ich sehe flüchtig, wie sie mit ihrer gewaltigen Masse krachend in die Eisdiele schlagen, dass die Verkäuferinnen in alle Richtungen davonstieben. Verdammt, mich wollt ihr zertreten, aber an eure plumpen Körper habt ihr dabei nicht gedacht! Mit euren fetten Gesichtern und den großen Ohren habt ihr euch doch längst in überdimensionale Schweine verwandelt.

Und schon habe ich einen Entschluss gefasst: Wenn ich zum anderen Ende der Fußgängerzone laufe, kommt gleich der Huangpu. Dann brauche ich bloß in den Fluss zu springen, und die Riesen werden mich nicht länger verfolgen können, denn dafür sind sie zu gut angezogen und außerdem haben sie keinen Mumm. Der entscheidende Punkt aber ist, dass ich den Polizeirobotern auf dieser Seite ausweichen muss.

Doch als ich schon nahe am Ausgang bin, haben sich dort dummerweise bereits an die zwanzig Polizeiroboter in Stellung gebracht. Damit sie uns arme Leute bequem packen können, wurden sie so konstruiert, dass sie nur ein kleines bisschen größer sind als wir, doch gleichzeitig breit und kräftig. Daher sind sie das größte Problem. Ich habe jedoch auf meiner Flucht ein Handy vom Boden aufgehoben, das irgendein Riese weggeworfen oder verloren hat, ein relativ kleines, zierliches Frauen-Handy. Wenn man es an der Antenne hält, ist es gar kein übler Metallhammer.

Es ist das erste Mal, dass ich mit Polizeirobotern kämpfe.

Wer hätte gedacht, dass sie so stoßempfindlich sind! Dem Vordersten, der auf mich zustürmt, versetze ich bloß einen Schlag, und schon steigt überall Rauch aus seinem Körper auf, bevor er zu Boden fällt und anfängt, sich um die eigene Achse zu drehen.

»Bitte Achtung, ich rotiere, bitte Achtung, ich rotiere«, schnarrt es aus seinem Mund.

Die übrigen Roboter bleiben unbeweglich stehen. Wahrscheinlich haben die Polizisten, die ihnen aus der Ferne die Kommandos erteilen, nicht damit gerechnet, dass so ein armer Winzling auch noch Widerstand leisten könnte. Ich nutze diesen Augenblick, um mich durch die entstandene Bresche davonzumachen. Beim Weiterrennen lasse ich die langsam wieder munter werdenden Polizeiroboter samt Handy hinter mir. Dann richte ich mir meinen schweißnassen Kragen und springe in aller Gelassenheit in den Fluss.

»Jemand ist in den Huangpu gesprungen!«
»Das war der Dieb. Geschieht ihm recht, wenn er ertrinkt!«

Zum Teufel mit euch! Ich kann sehr gut schwimmen. Selbst wenn man mich auf die Größe einer Ameise verkleinern würde, könnte ich immer noch das andere Ufer erreichen. Die Polizeiroboter verfolgen mich auch nicht weiter, sie sind nämlich nicht wasserfest. Und bis das Patrouillenboot kommt, bin ich ganz sicher schon auf der anderen Seite. Dort drüben dürfte sich übrigens kein Mensch mehr aufhalten, weil alle längst weggezogen sind. Alles wartet auf die Ankunft des riesigen Wolkenkratzers. Ich nehme mir vor, am anderen Ufer als Erstes meinen Geldschein zum Trocknen in der Sonne auszulegen und mir dann schnell ein sicheres Versteck zu suchen. Denn würde ich unter das riesige Hochhaus geraten, gäbe es wirklich kein Entkommen mehr für mich.

Aber ich habe meine Rechnung ohne den Wirt gemacht. Ich krabbele zwar ans Ufer und ziehe auch noch den Geldschein aus meiner Hosentasche, aber plötzlich merke ich, dass ich ihn nicht trocknen kann, weil das nötige Sonnenlicht fehlt. Ich hebe den Kopf und blicke nach oben: Über ganz Pudong ist kein Himmel mehr zu sehen. Dafür senkt sich gerade der mit zahllosen Stahlstangen gespickte Sockel eines über alle Maßen großen Wolkenkratzers zügig auf mich herab.

Ich greife nach dem Geldschein und überlege noch, ob ich ein zweites Mal in den Huangpu springen soll oder nicht, da erdröhnt in der Luft über mir ein durchdringender Lärm. Bis ich begriffen habe, dass dieser vom scharfen Abbremsen des gigantischen Hochhauses kommt, ist das Monstrum bereits zum Stillstand gekommen. Das vierkantige Ende jener Stahlstange, die am dichtesten über mir schwebt, ist mindestens so groß wie der Basketballplatz unserer Schule. Die übrigen Millionen und Abermillionen Stahlstangen sehen aus wie ein vom Himmel herunterwachsender Wald aus Lanzen, die sich dicht an dicht aneinanderreihen, so weit das Auge reicht. Zahllose Metallrohre drehen sich an der Unterseite des Hochhauses, so viele runde und gezackte Formen, dass mir vom Hinsehen ganz schwindelig wird. In den Öffnungen einiger Turbinen, deren Größe ich nicht einschätzen kann, drehen sich noch ganz langsam die Flügel.

Und dann spüre ich, wie mich eine Kraft von der Unterseite des Riesenhauses wegbewegt, ich in die Luft aufsteige und ganz allmählich durch den Haupteingang des Gebäudes geschoben werde, der so unglaublich breit ist, dass ich schätzungsweise nicht einmal an einem ganzen Tag um ihn herumlaufen könnte. Drinnen setzt man mich schließlich in einer Halle ab, in der sich elf Riesen aufgestellt haben. Sie sind noch gewaltiger als alle Riesen, die ich je zuvor gesehen habe, womöglich zweihundert Meter groß, hundert Meter aber bestimmt. Allein ihre Füße haben solche Ausmaße, dass ich nicht entkommen könnte, sollten sie mich hier tottrampeln wollen.

»Du bist der erste Mensch, den wir nach unserer Ankunft auf der Erde zu Gesicht bekommen. Was für einen Wunsch du auch hast, wir können ihn dir erfüllen«, tönt eine wohlklingende alte Männerstimme von weit oben zu mir herunter.

Ich hebe den Kopf und sehe unter den schönen Mustern der Hallendecke einen Kreis aus elf freundlichen Gesichtern.

»Ich möchte ein Riese werden!«

»Und ein Riese welcher Größe?«

»So ... so groß wie ihr!«

Jetzt bin ich so glücklich, dass ich weinen könnte, denn ich bin hundert Meter groß, gut hundertfünfundzwanzig Mal größer als vorher. Ich kann noch gar nicht fassen, dass dies alles wirklich ist. Mein Blick fällt auf die Kleidung, die ich einmal getragen habe: ein kleines Häuflein, das ich auf meiner Handfläche ausbreite. Vorsichtig will ich den Vierhundert-Yuan-Schein aus meiner alten Hose ziehen, aber ich schaffe es nicht; wie ich es auch versuche, meine Finger sind zu dick dafür. Schluss damit! Ab sofort verwende ich nur noch große Scheine zu zehntausend Yuan. Mit nur einem von ihnen könnte man die niederträchtige Schöne, die mich verleumdet hat, von oben bis unten zudecken. Ob eine kleine Riesin von ihrer Sorte wohl trotzdem als Freundin zu mir passen würde?

Ich werfe die nassen Klamotten in den Abfalleimer und setze mich mit meinen neuen Freunden zu einem opulenten Abendessen nieder. Über das biologische Gemüse, das auf dem Tisch steht, ergehen sie sich in nicht enden wollenden Lobreden. Nur Gemüse, das unter natürlicher Erdgravitation angebaut wurde, sagen sie, sei eine wirkliche Delikatesse. Daraufhin muss ich an Vater denken, der noch immer bekümmert zu Hause sitzt, das Gesicht in den Händen vergraben; und auch an meine kleine Schwester mit ihrer Barbiepuppe als Mutterersatz. Aber es ist mir peinlich, vor meinen großzügigen Gastgebern über meine Verwandten zu sprechen. Sobald ich mir vergegenwärtige, wie armselig die beiden aussehen, fange ich an, mich furchtbar zu ärgern, weil ich spüre, dass ich ihretwegen mein Gesicht verlieren könnte. Aber sofort schäme ich mich dieser Gedanken und mir wird wieder bewusst, dass ich mein eigenes Glück übernatürlichen Mächten verdanke. Schon deshalb darf ich meine Freunde auf keinen Fall verstimmen. Sollten sie mich wieder zurückverwandeln, wäre ich komplett erledigt. Unersättlichkeit ist ein typischer Fehler aller Armen auf dieser Welt. Weil sie immer noch mehr haben wollen, stehen sie am Ende mit leeren Händen da.

Eines Tages aber halte ich es trotzdem nicht mehr aus und erkundige mich ganz zurückhaltend:

»Auf unserem Planeten gibt es noch so viele andere arme Leute, die verkleinert worden sind. Könnte man sie denn nicht auch so verwandeln wie mich, um sie an unserem glücklichen Leben teilhaben zu lassen?«

Doch der alte Herr, von dem ich mittlerweile weiß, dass sein

Name Petrus ist, antwortet mir ernst, wenn auch sehr freundlich, dass er und die anderen das leider nicht tun könnten.

»Du bist ein Sonderfall. Denn wir sind ja auf die Erde gekommen, um unser Leben zu genießen, und nicht, um hier die Armen zu retten. Außerdem gibt es so viele von ihnen, dass auch noch so viel Geld nie für alle reichen würde.«

»Aber wer kann die Armen denn dann retten?« Ich habe meine Frage ganz leise gestellt, so leise, dass ich nicht glaube, dass sie jemand gehört hat.

»Vor zweitausend Jahren hätte sie nur der Vorsitzende Mao retten können.«

Nach diesen Worten richtet Petrus seinen Blick zum Fenster und auch ich wende meinen Kopf herum. Gerade ist am östlichen Himmel die Morgensonne aufgegangen. Ihre glutrote Scheibe steigt langsam empor. Da trifft mich ein blendender Sonnenstrahl mitten ins Gesicht, und er trifft mich so, dass ich im selben Augenblick an die Existenz des Großen Vorsitzenden glaube.

»Dann will ich mich auf die Suche nach ihm machen.«

Ich senke meinen Kopf und sehe stumm dabei zu, wie mir zwei Tränen auf den Teller tropfen und dabei mehrere hundert Köpfe gedämpften Blumenkohl völlig durchtränken. Um all dieses Gemüse hierherzuschaffen, hätte Vater jeden Morgen um drei Uhr früh aufstehen müssen, und er hätte zusammen mit anderen Fahrern auf den Hin- und Rückwegen an die zwei Monate Überstunden geleistet. Wir dagegen waren imstande, während einer einzigen Mahlzeit den größten Teil davon zu vertilgen.

»Dann such ihn in meinem Raumgleiter, Kind. Er hat Wärmeisolierung. Die wirst du brauchen, falls du den Vorsitzenden Mao überhaupt findest.«

Der alte Herr wirft mir einen Schlüsselbund herüber, der genau vor mir landet.

»Petrus, so geht das nicht. Dieser Gott wird bestimmt nicht

alle Reichen ungeschoren davonkommen lassen«, meldet sich ein anderer alter Herr namens Jakob zu Wort, und schiebt unzufrieden seinen Teller von sich weg.

»Haben wir denn damals alle Armen ungeschoren davonkommen lassen?«, kommentiert ein dritter Riese namens Judas spöttisch.

Keiner gibt mehr einen Laut von sich.

»Versuchen wir es doch so zu sehen«, sagt Judas schließlich. »Genau wie das, was ich seinerzeit getan habe, ein Teil des göttlichen Ratschlusses gewesen ist, so sind auch alle heutigen Geschehnisse ein Teil davon.«

Bevor ich mich auf den Weg zur Roten Sonne mache, versuche ich noch, meinen Vater und meine Schwester zu treffen. Von den gegenüberliegenden Ufern des Huangpu aus sehen wir zueinander hinüber. Das hat nur Vorteile, da sie mich über den breiten Fluss hinweg deutlicher erkennen können. Vater, der mittlerweile nur noch eine Größe von neunzig Zentimetern hat, ist trotzdem in besserer Stimmung als zu seinen Ein-Meter-achtzig-Zeiten. Freudentränen rinnen ihm durch alle Furchen seines Gesichts. Meine Schwester hat ihre Barbie mitgebracht. Die eingedrückte Stirn der Puppe lässt mich nur noch intensiver an Mutter denken, an ihre tödliche Stirnwunde, nachdem irgendein Geldsack einen großen Blumentopf vom Balkon seiner Hochhauswohnung geworfen hatte.

Ich reiche den beiden einen normalen, wie eine große Strohmatte zusammengerollten Zehntausend-Yuan-Schein über den Fluss. Als es ihnen nicht gelingt, ihn entgegenzunehmen, lege ich ihnen den gerollten Schein vor die Füße. Vorsichtig treten sie darauf, damit ihn der Wind nicht davonbläst. Doch Vater meint, dass er seine alte Größe wirklich nicht wiederbekommen möchte. Er will das Geld für meine Schwester sparen, damit sie später auf die Universität gehen kann.

Alle armen Leute, die zu meiner Verabschiedung kommen konnten, sind zum Westufer des Huangpu geströmt, wo sie immer wieder laut meinen neuen Namen rufen: »Paul, Paul, Paul, Paul!« Die Reichen dagegen haben sich komplett zu Hause verkrochen und lassen sich nicht blicken. Erst vor einigen Tagen haben sie ein Gemeinschaftsschreiben verfasst, in dem sie dagegen protestieren, dass mir die Stadtregierung tatsächlich erlaubt hat, zur Roten Sonne zu fliegen, um den Vorsitzenden Mao zu suchen.

»Sollte er ihn finden und der furchtbare Gott Mao steigt auf unsere Erde herab« – so der Wortlaut des Schreibens – »dann werden nicht nur alle unsere Köpfe rollen, sondern man wird möglicherweise auch Sie als Bürgermeister zum Volksfeind erklären. Sobald dieser Tag gekommen ist, wird sich die ganze Erde in einen einzigen roten Ozean verwandeln, arme Leute werden überall auf den Straßen und Plätzen kleine rote Bücher schwenken, und die Welt wird in hoffnungslosem Chaos versinken.«

Doch der Bürgermeister hat ihren Protest zurückgewiesen. Schließlich ist Shanghai durch die Ankunft der elf Riesen aus dem Weltall mit einem Schlag mehrere hundert Male wohlhabender geworden. Außerdem hält er es für ein Märchen, dass auf der Roten Sonne ein Vorsitzender Mao leben soll. Ihm zur Seite steht nämlich ein Stab mit wissenschaftlichen Autoritäten aller Fachgebiete, und die Spezialisten aus den Bereichen Astrophysik und Astrobiologie haben bereits mit ihren Köpfen dafür gebürgt, dass auf der Roten Sonne mit absoluter Sicherheit kein Leben existiert.

Ich jedoch bin fest davon überzeugt, dass es sich nicht um ein Märchen handelt. Ich bringe meinen Gleiter auf höchste Leistung und biege in die interstellare Straße ein, die zur Roten Sonne führt. Diese Straße ist nie fertiggebaut worden, sodass ich mich auf dem letzten Abschnitt meines Weges durch den glühend heißen Raum nahe der Roten Sonne auf eigene Faust vorwärtstasten muss. Ich habe erst vor Kurzem gelernt, einen Gleiter zu fliegen, daher sind meine Flugkünste noch ziemlich miserabel. Aber mein Entschluss steht fest: Ich will mir ansehen, wie glücklich die Leute auf der Roten Sonne leben und welche Art von Gleichheit zwischen ihnen herrscht. Und dann werde ich den zweitausend Meter großen Superriesen inständig darum bitten, die Erde genauso segensreich umzugestalten wie seine Rote Sonne.

Wie wunderbar muss eine Welt sein, auf der alle Menschen hundert Meter groß sind ...

Aus dem Chinesischen von Frank Meinshausen

Nach einem ganzen Leben

Herr und Frau Su sind gerade mit dem Frühstück fertig, als das Telefon klingelt. Zuerst rührt sich keiner von beiden, um abzunehmen. Nur wenige Leute kennen ihre Nummer, noch weniger wählen sie. Jian, ihr Sohn, der im zweiten Jahr an der Universität studiert, ruft einmal im Monat an, um zu melden, dass es ihm gut geht. Die meisten Feiertage und Ferien verbringt er bei den Familien seiner Freunde, ohne auch nur die vordergründigsten Ausreden zu bemühen. Herr und Frau Su bringen es nicht übers Herz, sich zu beschweren und Jian an ihren Wunsch zu erinnern, dass sie ihn gern öfter sehen würden. Die Wohnung mit den zwei Schlafzimmern, klein und vollgestopft, ist erfüllt von Beibeis Geschrei, wenn sie nicht gerade schläft, und einem ekligen Geruch, wenn sie die Laken in ihrem Bett beschmutzt. Solange er zu Hause wohnte, schlief Jian auf einem Feldbett im Flur und verheimlichte vor seinen Freunden die Existenz einer älteren Schwester, die mit einer schweren geistigen Behinderung und zerebraler Kinderlähmung geboren war. Herr und Frau Su spürten Jians Freude, als er endlich in das Studentenheim der Uni ziehen konnte. Sie klammern sich an den geheimen Wunsch, nach Beibeis Tod – ihr ist schließlich kein langes Leben bestimmt – den verlorenen Sohn zurückzugewinnen, doch sie sprechen nicht darüber, weil sich beide beim bloßen Gedanken an diesen Wunsch schämen.

Das Klingeln hört auf und beginnt nach einem Augenblick von Neuem. Herr Su geht zum Telefon und legt die Hand auf den Hörer. »Willst du abnehmen?«, fragt er seine Frau.

»So früh, das muss Herr Fong sein«, sagt Frau Su.

»Herr Fong ist ein höflicher Mann. Er stört andere nicht beim Frühstück«, sagt Herr Su. Dennoch nimmt er den Hörer, und seine Miene entspannt sich. »Ah, ja, Frau Fong. Meine Frau ist da«, sagt er und winkt Frau Su.

Frau Su nimmt den Anruf nicht sofort entgegen. Zuerst geht sie in Beibeis Zimmer und sieht nach ihr, obwohl es für sie noch nicht Zeit zum Aufwachen ist. Frau Su streicht über das hellbraune Haar auf Beibeis Stirn, das weich ist wie das eines Babys. Beibei ist achtundzwanzig, fast neunundzwanzig; sie ist so dick, dass sie sie zu zweit umdrehen und waschen müssen; wenn sie wach ist, schreit sie stundenlang, doch eine feine Haarsträhne genügt, und Frau Su vergisst alle diese Unzulänglichkeiten.

Als sie ins Wohnzimmer zurückkehrt, hält ihr Mann noch immer den Telefonhörer in der einen Hand, mit der anderen bedeckt er die Sprechmuschel. »Sie ist schlecht gelaunt«, flüstert er.

Frau Su seufzt und nimmt den Hörer. »Hallo, Frau Fong, wie geht es Ihnen heute?«

»Miserabel. Meine Beine tun wahnsinnig weh. Hören Sie, mein Mann ist gerade gegangen. Er hat gesagt, dass er sich mit Ihrem Mann zum Frühstück trifft, und anschließend wollen sie ins Maklerbüro. Sagen Sie mir, dass er gelogen hat.«

Frau Su sieht zu, wie ihr Mann in Beibeis Zimmer geht. Er setzt sich oft zu Beibei; auch sie tut das, aber nie zur selben Zeit wie er. »Mein Mann zieht gerade seine Jacke an, also trifft er sich bestimmt gleich mit Herrn Fong«, sagt Frau Su. »Soll ich ihn fragen?«

»Fragen Sie ihn«, sagt Frau Fong.

Frau Su geht in Beibeis Zimmer und bleibt in der Tür stehen. Ihr Mann sitzt auf dem Stuhl neben dem Bett, die Augen geschlossen, um kurz auszuruhen. Es ist acht Uhr, noch zeitig, aber für einen alternden Mann bedeutet der Morgen wie alles andere weniger als früher. Frau Su kehrt zum Telefon zurück und sagt: »Frau Fong? Ja, mein Mann trifft sich mit Ihrem Mann zum Frühstück.«

»Sind Sie sicher? Tun Sie mir einen Gefallen. Folgen Sie ihm und finden Sie heraus, ob er Sie angelogen hat. Männern kann man nicht vertrauen.«

Frau Su zögert und sagt dann: »Aber ich habe keine Zeit.«

»Was haben Sie zu tun? Hören Sie, wenn mir die Beine nicht so wehtun würden, würde ich ihm selbst nachgehen.«

»Ich glaube nicht, dass es gut aussieht, wenn man seinem Mann nachläuft«, sagt Frau Su.

»Wenn Ihr Mann jeden Morgen weggeht und nach einer anderen Frau riecht, wenn er zurückkommt, was sollte es Sie da kümmern, ob etwas gut aussieht oder nicht?«

Mein Mann hat keine Affäre, erwidert Frau Su in Gedanken, doch sie will Frau Fong nicht auf ihre mangelnde Logik aufmerksam machen. Ihr Mann dient tatsächlich häufig als Alibi für Herrn Fongs Affäre, und Frau Su fühlt sich deswegen gegenüber Frau Fong schuldig. »Frau Fong, ich helfe Ihnen gern an einem anderen Tag, aber heute geht es nicht.«

»Wie Sie meinen.«

»Es tut mir leid«, sagt Frau Su.

Frau Fong beschwert sich noch eine Weile über die Unzuverlässigkeit von Ehemännern und Freunden im Allgemeinen und legt auf. Frau Su klopft an die Tür von Beibeis Zimmer, und ihr Mann schrickt auf und wischt sich schnell die Mundwinkel. »Frau Fong wollte wissen, ob du dich mit Herrn Fong triffst«, sagt sie.

»Sag ja.«

»Das habe ich schon getan.«

Herr Su nickt und schiebt Beibei die Decke bis unter das weiche, formlose Kinn. Es ärgert Frau Su, wenn ihr Mann Beibei aus welchem Grund auch immer berührt, obwohl das natürlich lächerlich ist. Eifersüchtig zu sein auf eine Tochter, die nichts begreift, und einen Mann, der die Tochter dessen ungeachtet liebt! Sie wird noch viel verrückter werden als Frau Fong, wenn sie nicht aufpasst, denkt Frau Su, dennoch irritiert es sie, wenn sie sieht, wie ihr Mann Beibeis Haar glatt streicht oder ihre Wangen streichelt. Sie geht zurück in die Küche und spült das Geschirr, während sich ihr Mann fertig macht, um auszugehen. Als er sich verabschiedet, antwortet sie höflich, ohne sich zu ihm umzuwenden.

Um halb neun verlässt Herr Su die Wohnung, gerade rechtzeitig für den halbstündigen Gang zum Büro der Aktienmakler. Meistens geht er nur hin, um den Markt zu studieren; manchmal kauft und verkauft er, führt diese Transaktionen mit ungewöhnlicher Weitsicht aus, da das Geld auf seinem Konto nicht ihm gehört. Herr Fong hat ihm die zehntausend Yuan als Darlehen angeboten und wiederholt klargestellt, dass er das Geld keineswegs dringend benötigt. Für Herrn Fong, einen pensionierten leitenden Angestellten einer militärischen Fabrik, ist es keine große Summe, doch Herr Su glaubt, dass man für jeden Tropfen Wasser, den man erhält, einen Brunnen zurückzahlen muss. Der Markt und die Wirtschaft haben ihn nicht dabei unterstützt, Herrn Fongs Großzügigkeit zu erwidern. Dennoch hat sich Herr Su nicht entmutigen lassen. Herr Su, fünfundsechzig und Mathematiklehrer im Ruhestand, glaubt daran, sowohl den Körper als auch den Geist zu trainieren – sein täglicher Ausflug in das Maklerbüro bietet Gelegenheit für beides – und sich in Geduld zu üben.

Herr Su lernte Herrn Fong ein Jahr zuvor in diesem Büro kennen. Herr Fong, ein Jahr älter als Herr Su, setzte sich neben ihn, und die beiden Männer begannen ein Gespräch. Er sei aus Neugier gekommen, sagte Herr Fong und fragte Herrn Su, ob das Aktiensystem für das Land wirklich funktionieren würde, und falls ja, wie die marxistisch geprägte

Volkswirtschaft an diese neue, eindeutig kapitalistische Lage anzupassen sei. Herrn Fongs Frage, obsolet und naiv, wie sie war, rührte Herrn Su. Da nahezu alle im Land wegen des Geldes und nur wegen des Geldes durchdrehten, begegnete man nur noch selten jemandem, der sich sowohl nach dem Alten sehnte als auch ernsthaft versuchte, das Neue zu verstehen. »Sie stellen diese Frage im falschen Stockwerk«, erwiderte Herr Su. »Die, die etwas zu sagen haben, sitzen oben in den VIP-Lounges.«

Das Büro hatte wie die meisten Börsenmaklerfirmen in Beijing Räume von einer bankrotten Staatsfirma gemietet. Hier waren früher Farbfernseher hergestellt worden, und zwar erfolgreich, bis die Fabrik einen Preiskrieg gegen eine andere Firma verlor. Die entlassenen Arbeiter waren unter den Besuchern des Erdgeschosses, eröffneten mit ihren beschränkten Mitteln Konten und hofften auf ein bisschen Glück. Zu den Kunden gehörten auch Rentner, Männer und Frauen in Herrn Sus Alter, die davon träumten, mehr aus ihrem Geld zu machen, statt es in den Banken, die nur sehr geringe Zinsen zahlten, verkümmern zu lassen.

»Was tun diese Leute hier, wenn sie für die Wirtschaft bedeutungslos sind?«, fragte Herr Fong.

»*Tausende Sandkörner ergeben einen Turm*«, sagte Herr Su. »In ihrer Gesamtheit tragen ihre Investitionen zum Erhalt vieler Firmen bei.«

»Aber werden sie mit ihren Aktien Geld verdienen?«

Herr Su schüttelte den Kopf. Er senkte die Stimme und sagte: »Die meisten nicht. Schauen Sie dort, die Frau mit dem Haarnetz in der ersten Reihe. Sie verkauft und kauft, was ihr die Zeitungen und das Fernsehen raten. Auf diese Weise wird sie nie etwas verdienen. Und dort, der alte Mann – er ist zweiundachtzig, ein sehr lustiger und gesunder Alter, aber kein kluger Investor.«

Herr Fong betrachtete die Leute, auf die Herr Su ihn aufmerksam machte, jeder Einzelne ein Beispiel für schlechte Investitionen. »Und Sie, verdienen Sie Geld?«, fragte Herr Fong.

»Ich bin der Schlimmste von allen«, sagte Herr Su lächelnd. »Ich habe nicht einmal das Geld, um anzufangen.« Herr Su beobachtete den Markt seit geraumer Zeit. Er handelte mit einer imaginären Summe, trug pflichtbewusst alle Transaktionen in ein Notizbuch ein; er kaufte antiquarisch Bücher über den Aktienhandel und entwickelte eigene Theorien. Nach einem Jahr der Übung hielt er seine Aussichten, Geld zu verdienen, für nicht schlecht. Seine Rente jedoch war gering. Mit einem Sohn, der auf die Universität ging, und einer Frau und einer Tochter, die vollkommen von ihm abhängig waren, brachte er nicht den Mut auf, einen Fen für sein persönliches Hobby zu riskieren.

Herr Fong und Herr Su schlossen sofort Freundschaft. Sie saßen in Teehäusern oder Restaurants und tauschten Ansichten über die Welt aus, von prähistorischen Zeiten bis zur Gegenwart. Sie waren bestrebt, die Ansichten des anderen zu stützen, und wechselten beim ersten Anzeichen einer Meinungsverschiedenheit das Thema. Herr Su war überrascht, in seinem Alter noch einen Freund zu finden. Sein Leben lang war er ein stiller und einsamer Mann gewesen, und die meisten Menschen, die er als Erwachsener kennenlernte, waren bloße Bekannte. Aber vielleicht war deswegen das Alter eine zweite Kindheit – aus Kameradschaft wurde leicht Freundschaft, das Eigeninteresse war geringer, und gesellschaftliche Konventionen hatten weniger Gewicht.

Nach ungefähr einem Monat gestand Herr Fong Herrn Su bei einem Mittagessen, dass er sich in einer qualvollen Situation befand. Herr Su goss Herrn Fong eine Tasse Reiswein ein und wartete, dass er fortfuhr.

»Ich habe mich in diese Frau verliebt, die ich bei einem Straßentanzfest kennengelernt habe«, sagte Herr Fong.

Herr Su nickte. Herr Fong hatte ihm bereits erzählt, dass er an einem Tanzkurs teilnahm, um Standardtänze zu lernen, und ihm die Vorteile dargelegt: eine angemessene Körperertüchtigung, eine hervorragende Gelegenheit, gut gelaunte Leute kennenzulernen, und eine ästhetische Erfahrung. Herr Su hatte daran gedacht, Herrn Fong wegen seiner Kapitulation vor westlichen Einflüssen zu verspotten, doch als er Herrn Fongs Ernsthaftigkeit bemerkte, sah Herr Su davon ab.

»Das Problem ist, dass sie jünger ist«, sagte Herr Fong.

»Wie viel jünger?«, fragte Herr Su.

»Anfang vierzig.«

»Alter sollte dem Glück nicht im Wege stehen«, sagte Herr Su.

»Trotzdem ist es nicht möglich.«

»Warum? Ist sie verheiratet?«

»Geschieden«, sagte Herr Fong. »Aber überlegen Sie mal. Sie ist ungefähr so alt wie meine Tochter.«

Herr Su musterte Herrn Fong von Kopf bis Fuß. Herr Fong war sein ganzes Leben lang Soldat gewesen und gut in Form; abgesehen von seinem lichter werdenden Haar sah er jünger aus, als er war. »Setzen Sie eine Perücke auf, und die Leute werden glauben, dass Sie fünfzig sind«, sagte Herr Su. »Ein anständiger Bräutigam, oder?«

»Alter Su, machen Sie sich nicht lustig über mich«, sagte Herr Fong und verbarg sein Lächeln nicht. Doch es erlosch sofort wieder. »Es ist eine vergebliche Liebe, ich weiß.«

»Der Vorsitzende Mao hat gesagt: *Man kann alles erreichen, solange man es sich vorzustellen wagt.*«

Herr Fong schüttelte den Kopf und nippte missmutig an seinem Wein. Herr Su betrachtete seinen Freund, den die Liebe unglücklich machte. Er trank eine Tasse Wein und hatte das Gefühl, er wäre wieder ein Teenager, der von einem Freund in Liebesangelegenheiten zu Rate gezogen wurde. »Wissen Sie was?«, sagte er. »Meine Frau und ich sind Cousin und

Cousine ersten Grades. Alle waren gegen die Ehe, aber wir haben trotzdem geheiratet. Man muss es einfach tun.«

»Das war ziemlich mutig«, sagte Herr Fong. »Kein Wunder, dass ich schon immer das Gefühl hatte, dass Sie kein gewöhnlicher Mensch sind. Sie müssen mich Ihrer Frau vorstellen. Warum besuche ich Sie eigentlich nicht morgen zu Hause? Ich muss ihr meine Aufwartung machen.«

Herr Su spürte Panik in sich aufwallen. Seit Jahrzehnten hatte er keinen Gast mehr in seine Wohnung eingeladen. »Bitte, machen Sie sich keine Umstände«, sagte er schließlich. »Eine Frau ist nach einer lebenslangen Ehe immer noch die gleiche, oder etwa nicht?« Es war ein schlechter Witz, und er bereute ihn sofort.

Herr Fong seufzte. »Da haben Sie recht, alter Su. Aber Tatsache ist, dass eine Ehefrau eine Ehefrau ist und dass man sie nach einem ganzen Leben nicht wegwerfen kann wie ein abgetragenes Hemd.«

Es war das erste Mal, dass Herr Fong eine Ehefrau erwähnte. Herr Su hatte Herrn Fong für einen Witwer gehalten, da er nur über seine Kinder und deren Familien sprach. »Sie meinen, Ihrer Frau geht es gut, und« – Herr Su überlegte gründlich – »sie lebt noch immer mit Ihnen zusammen?«

»Sie sitzt im Gefängnis«, sagte Herr Fong, seufzte erneut und erzählte die Geschichte seiner Frau. Sie war die Parteisekretärin in einer Import-Export-Abteilung des Landwirtschaftsministeriums gewesen, und selbstverständlich war Geld geflossen aus Unterabteilungen und Firmen, die ihre Genehmigung auf Dokumenten brauchten. Die üblichen Bargeld-für-Unterschrift-Transaktionen, erklärte Herr Fong, aber irgendjemand hatte sie denunziert. Sie erhielt eine schwere Rüge von der Partei und wurde pensioniert. »Schön und gut, oder? Sie hat nie einer Menschenseele etwas zuleide getan«, sagte Herr Fong. Aber leider erließ der Präsident genau zu der Zeit, als sie pensioniert werden sollte, den Befehl, dass korrupte Kader, die mehr als einhundertsiebzigtausend Yuan angenommen hatten, hart zu bestrafen waren. »Einhundert-siebzigtausend Yuan sind nichts, verglichen mit dem, was er eingesteckt hat!« Herr Fong schlug mit der Faust auf den Tisch. Leise sagte er: »Glauben Sie mir, alter Su, nur die klei-nen Fische zahlen für die Schönheitsoperationen der Regie-rung. Die großen, die werden größer und fetter.«

Herr Su nickte. Einhundertsiebzigtausend Yuan waren mehr Geld, als er sich vorstellen konnte, doch Herr Fong hatte be-stimmt recht, es war kein entsetzliches Verbrechen. »Ihr wurde wegen dieser Summe der Prozess gemacht?«

»Es war nur wenig mehr, und sie bekam sieben Jahre.«

»Sieben Jahre!«, sagte Herr Su. »Wie schrecklich und un-gerecht!«

Herr Fong schüttelte den Kopf. »Kurz gesagt, alter Su, wie kann ich sie jetzt verlassen?«

»Nein«, sagte Herr Su. »Das wäre nicht richtig.«

Sie schwiegen eine Weile und tranken Wein, während sie über das Dilemma nachdachten. Dann sagte Herr Fong: »Ich habe mir Folgendes überlegt: Bevor meine Frau nach Hau-se kommt, können wir – die Frau, die ich liebe, und ich – vielleicht zeitweise eine Familie bilden. Kein Vertrag, keine Verpflichtungen. Besser als diese, wie heißt es gleich, Sache für eine Nacht?«

»One-Night-Stand?«, platzte es aus Herrn Su heraus, und dann wurde er verlegen, da er damit gezeigt hatte, dass er mit so einem ungebührlichen modernen Vokabular vertraut war. Er kannte den Begriff aus den Boulevardzeitungen, die die Frauen in die Maklerfirma mitbrachten; er hatte den Geschichten sogar aufmerksam zugehört, doch das würde er nie zugeben.

»Ja. Ich dachte, dass wir etwas Besseres als das zustande brin-gen könnten. *Eine Tauhochzeit vor Sonnenaufgang.*«

»Und wenn Ihre Frau zurückkommt?«, fragte Herr Su.

»Sieben Jahre sind eine lange Zeit«, sagte Herr Fong. »Wer weiß, was in sieben Jahren mit mir sein wird? Vielleicht ruhe ich dann mit Marx und Engels im Himmel.«

»Sagen Sie das nicht, Herr Fong«, sagte Herr Su, betrübt beim Gedanken an die Trennung, die sie letztlich nicht würden verhindern können.

»Sie sind ein guter Freund, alter Su. Danke, dass Sie mir zugehört haben. Alle anderen Leute, mit denen wir befreundet waren, wollen seit der Verurteilung meiner Frau nichts mehr mit uns zu tun haben, als sei unser Pech ansteckend. Manche von ihnen standen früher vor unserer Tür und haben darum gebettelt, uns einladen zu dürfen!«, sagte Herr Fong, und dann schlug er aus heiterem Himmel vor, Herrn Su Geld für Investitionen auf dem Aktienmarkt zu leihen.

»Auf keinen Fall!«, sagte Herr Su. »Ich bin nicht wegen Ihres Geldes Ihr Freund.«

»Ah, wie können Sie nur so was denken?«, sagte Herr Fong. »Betrachten wir es so: Für einen alten Marxisten wie mich ist es ein gutes Experiment. Wenn Sie Profit machen, großartig; wenn nicht, gut für meinen Glauben, oder?«

Herr Su dachte, Herr Fong sei betrunken, doch ein paar Tage später erwähnte Herr Fong das Darlehen erneut, und Herr Su konnte das Angebot nicht länger zurückweisen.

Zwei Stunden später ruft Frau Fong erneut an. »Ich habe eine tolle Idee«, sagt sie, nachdem Frau Su abgenommen hat. »Ich werde einen Privatdetektiv anheuern, um herauszufinden, mit wem sich mein Mann trifft.«

»Einen Privatdetektiv?«

»Warum nicht? Meinen Sie, dass ich die Frau nicht finden kann? Ich will ehrlich zu Ihnen sein – ich vertraue Ihrem Mann überhaupt nicht. Ich glaube, er lügt Sie an, wenn es darum geht, wo mein Mann sich aufhält.«

Frau Su wird nervös. Sie hat nicht gewusst, dass man einen

Privatdetektiv engagieren kann. Das Wort klingt fremd und gefährlich. Sie fragt sich, ob er ihrem Mann etwas antun könnte, da er in dieser Sache der Komplize von Herrn Fong ist. »Sind Sie sicher, dass Sie jemand Zuverlässiges finden?«, fragt sie.

»Die Leute tun alles, wenn man sie dafür bezahlt. Warten Sie, bis ich stichhaltige Beweise in der Hand habe«, sagt Frau Fong. »Ich rufe aus folgendem Grund an: Wenn Ihr Mann, wie Sie sagen, jeden Tag aus dem Haus geht, werden Sie da nicht misstrauisch? Halten Sie es nicht für möglich, dass sie beide eine Affäre haben und sich gegenseitig decken?«

»Nein, das ist unmöglich.«

»Wie können Sie so sicher sein? Ich engagiere einen Privatdetektiv für uns beide, wenn Sie möchten.«

»Oh, bitte, nein«, sagt Frau Su.

»Sie müssen auch nicht zahlen.«

»Ich vertraue meinem Mann«, sagt Frau Su, ihre Beine geben plötzlich nach vor Angst. Wenn jemand Beibei finden kann, dann ein Privatdetektiv.

»Na gut«, sagt Frau Fong. »Wenn Sie wollen, werde ich Ihnen die Wahrheit ersparen.«

Frau Su ist Frau Fong nie begegnet. Frau Fong wurde vor Kurzem aus gesundheitlichen Gründen auf Bewährung aus dem Gefängnis entlassen, nachdem sie ein Jahr abgesessen hatte. Ein paar Tage später rief sie bei den Sus an – es war die einzige unbekannte Nummer auf Herrn Fongs Liste – und fragte Frau Su hinsichtlich ihrer Beziehung zu Herrn Fong aus. Frau Su tat ihr Bestes, um Frau Fong davon zu überzeugen, dass sie nichts mit Herrn Fong zu tun hatte und sich auch keine verdächtige jüngere Person in ihrem Haushalt befand – ihr einziges Kind sei ein Sohn, log Frau Su. Danach machte Frau Fong Frau Su zu ihrer Vertrauten und rief sie mehrmals am Tag an. Das Leben musste jetzt hart sein für Frau Fong, sie war vorbestraft, ihre alten Freunde hatten ihr den Rücken gekehrt, und ihr Mann war in eine jüngere Frau verliebt. Als sie von Frau Fongs Verurteilung erfuhr, brachte ihr Frau Su kein gesteigertes Mitgefühl entgegen – einhundertsiebzigtausend Yuan waren eine astronomische Summe für sie –, doch jetzt bringt sie es nicht übers Herz, Frau Fongs Freundschaft zurückzuweisen. Ihr Mann habe ganz bestimmt eine Affäre, vertraut Frau Fong Frau Su am Telefon an. Er hat ein paar beunruhigende und lästige Gewohnheiten angenommen – nach jeder Mahlzeit reinigt er seine Zähne mit Zahnseide, abends macht er Bauchmuskeltraining, er steckt sein Hemd sorgfältiger als früher in die Hose und reibt seine Kopfhaut mit einem Haarwuchsmittel ein. »Als würde er noch vierzig Jahre leben«, sagt Frau Fong. Er geht jeden Tag aus und trifft sich mit Herrn Su, aber aus was für einem Grund müssen sich zwei Männer so oft sehen?

»Die Börse«, sagt Frau Su wenig überzeugend. Frau Fongs Anrufe erschöpfen Frau Su, aber manchmal, nach einem ruhigen Morgen, wünscht sie sich ungeduldig, dass das Telefon klingelt.

Frau Su hat die meiste Zeit ihrer Ehe innerhalb der Wände dieser Wohnung verbracht, sich um ihre Kinder gekümmert und darauf gewartet, dass sie sie auf die eine oder andere Weise verlassen. Wenn sie zum Einkaufen geht, tauscht sie mit den Nachbarinnen kaum mehr als Grüße aus. Als Herr und Frau Su einzogen, versuchten die Nachbarinnen, sie auszuhorchen, und stellten ihr Fragen zu der Quelle des Lärms in ihrer Wohnung. Frau Su weigerte sich, ihre Neugier zu befriedigen, und sie waren ihrerseits empört, dass ihnen das Recht, das Geheimnis der Sus zu entdecken, verweigert wurde. Als Jian vier oder fünf war, lauerten ihm einmal ein paar Frauen am Eingang des Gebäudes auf und nahmen ihn in die Mangel; Frau Su fand ihn später weinend auf der Treppe, die Lippen fest verschlossen.

Frau Su geht zu Beibeis Schlafzimmertür, die sie fest geschlossen hat, damit Frau Fong Beibei nicht hört. Sie horcht einen Moment auf Beibeis Geschrei, bevor sie das Zimmer betritt. Beibei verhält sich heute sehr aufgeregt, ihre Schreie sind schriller und ungehaltener als üblich. Frau Su setzt sich ans Bett und streichelt Beibeis Augenbrauen; es gelingt ihr nicht, sie damit zu beruhigen und dazu zu bringen, dass sie wie gewöhnlich nur vor sich hin wimmert. Frau Su füttert Beibei mit ein paar Löffeln Brei, aber sie spuckt alles wieder aus, Frau Su ins Gesicht.

Frau Su steht auf und holt ein Handtuch, um Beibei und sich zu säubern. Der Gedanke an den Privatdetektiv macht ihr Angst. Sie stellt sich einen geisterhaften Mann vor, der Herrn Fong nachschleicht und seine täglichen Aktivitäten notiert. Würde der Detektiv auch über ihren Mann Erkundigungen einziehen, falls Frau Fong, aus Neugier oder Langeweile, etwas mehr Geld ausgibt, um die Geheimnisse anderer Leute in Erfahrung zu bringen? Frau Su schaudert. Sie schaut sich im Zimmer um und fragt sich, ob ein Privatdetektiv, obwohl Vorhänge und Fenster Tag und Nacht geschlossen sind, Beibei durch einen Riss in der Mauer entdecken könnte. Frau Su betrachtet Beibei und stellt sich vor, wie ein Fremder sie sehen muss: ein Fleischberg, der keinen Sonnenschein kennt, weiß wie Porzellan. Das Alter hat keine Spuren auf Beibeis Körper und Gesicht hinterlassen; sie ist noch immer wie neugeboren, weich und zart, gehüllt in einen zu großen rosa Bademantel.

Beibei kreischt, und ihre Wangen beben. Frau Su nimmt Beibeis plumpe Hand und singt flüsternd: »Die kleine Maus klettert auf den Tisch. Die kleine Maus trinkt das Öl. Die kleine Maus ist so voll, dass sie nicht mehr laufen kann. Miau, miau, die Katze kommt und fängt die kleine Maus.«

Es ist Beibeis Lieblingslied, und Frau Su glaubt, dass es einen Grund dafür gibt. Beibei kam zur Welt, obwohl alle Verwandten von Anfang an vor der Heirat von Cousin und Cousine gewarnt hatten. Nach Beibeis Geburt sagten die

Ärzte, dass sie wahrscheinlich vor dem zehnten Lebensjahr sterben werde; es wäre ein Wunder, sollte sie zwanzig werden. Sie schlugen vor, dass sie die Neugeborene der medizinischen Fakultät als Studienobjekt überlassen sollten. Sie sei schließlich für nichts anderes zu gebrauchen. Herr und Frau Su schauderten, wenn sie sich ihr Baby in einem Glas Formaldehyd vorstellten, und brachten das Kind nie mehr ins Krankenhaus zurück, nachdem Mutter und Kind entlassen worden waren. Da sie verliebt waren, ließen sie sich von dem Unglück nicht in die Knie zwingen. Sie zogen in eine andere Stadt, fort von ihren Familien und den alten Nachbarn, er wechselte die Stelle, und sie gab das Arbeiten ganz auf, um sich um Beibei zu kümmern. Sie luden keine Gäste nach Hause ein; nach einer Weile hatten sie keine Freunde mehr. Sie klatschten Beifall, als Beibei begann, Laute von sich zu geben, um ihr Bedürfnis nach Trost und Gesellschaft zum Ausdruck zu bringen; sie sahen zu, wie sie zu einer größeren Version ihrer selbst heranwuchs. Es war ein hartes Leben, aber die Liebe zueinander und zu ihrer Tochter machte es zu dem perfekten Leben, von dem Frau Su geträumt hatte, seit sie sich mit zwölf in ihren Cousin, ein Jahr älter und bereits ein schlaksiger junger Mann, verliebte, als er ihr einen Gedichtband als Geschenk überreichte.

Aus dem jungen Cousin ist der gebeugte Ehemann geworden. Das perfekte Leben ist jetzt nicht mehr so perfekt. In dem Jahr, als Beibei zehn wurde – ein Wunder, das man unbedingt feiern musste –, schlug ihr Mann vor, sie sollten über ein zweites Kind nachdenken. Warum?, fragte sie, und er sprach von einer gesünderen Ehe, einer vollständigeren Familie. Sie verstand seine Gründe nicht, und sie wusste, schon als Jian in ihrem Bauch heranwuchs, dass sie ein gesundes Baby bekommen würden und es sie trotzdem nicht vor dem schützen würde, was zerstört war. Sie hatten eine Welt um Beibei errichtet, doch ihr Mann beschloss, sich davon abzuwenden auf der Suche nach einer normalen Familie. Frau Su tat sich schwer, das zu verstehen, aber hieß es andererseits nicht seit alters, dass sich Männer stets für den Wandel und Frauen für das Bewahren interessierten? Eine Frau nahm alles im Leben hin und machte das Beste daraus; ein Mann dagegen wollte immer das Bessere, wenn auch weniger Perfekte.

Frau Su seufzt und betrachtet Beibeis formlose Gesichtszüge. In den Augen anderer muss sie so anstößig aussehen, dass Frau Su wünscht, sie könnte Beibei auf die Größe des kleinen Kindes zurückschrumpfen, das sie in ihren Armen in dieses Zimmer getragen hat; sie wünscht, sie könnte Beibei heimlich in die nächste Welt befördern, ohne dass jemand es merkt. Beibei schreit lauter, weißer Schaum tropft aus ihrem Mundwinkel. Frau Su säubert sie mit dem Handtuch, und einen Augenblick lang, als ihre Hand auf Beibeis Mund verweilt und ihr Geschrei dämpft, verspürt Frau Su den Wunsch, die Hand dort zu lassen. Drei Minuten, und Beibei blieben die Kämpfe und Demütigungen erspart, die der Tod für jedes Lebewesen in petto hat, denkt Frau Su, doch als Beibeis bleiches Gesicht rosa anläuft, zieht sie das Handtuch weg. Beibei atmet schwer. Es erstaunt und betrübt Frau Su, dass Beibeis Leben so zäh ist und die Liebe, die es einst erschuf, überlebt hat.

An einem freien Computer gibt Herr Su mit einem Finger sein Passwort ein – eine Kombination aus Beibeis und Jians Geburtstagen. Er ist noch immer ungeschickt bei der Bedienung des Computers, doch die Leute hier, die meisten alt und langsam, haben Geduld miteinander. Die Software produziert pflichtbewusst Grafiken und Zahlen, aber Herrn Su fällt es heute schwer, sich zu konzentrieren. Nach einer Weile hört er auf und überlässt seinen Platz einer wartenden Frau. Er kehrt zu den Sitzgelegenheiten zurück und sucht sich einen intakten Stuhl, um auszuruhen. Seit in den letzten Jahren das

Wirtschaftswachstum zurückging, wurde das Maklerbüro nur schlecht instand gehalten, und vielen Stühlen fehlt die orangefarbene Sitzfläche aus Plastik. Schließlich findet Herr Su einen guten Stuhl zwischen selbst genähten Baumwollkissen und setzt sich zu einer Gruppe alter Hausfrauen. Die Frauen, Ende fünfzig oder Anfang sechzig, sind die zufriedensten und geschwätzigsten Personen. Die meisten von ihnen haben Geld in Aktien angelegt, die sie jetzt wohl oder übel behalten müssen, vielleicht für immer; sie kommen tagtäglich, und zwar nur um der Geselligkeit willen. Sie reden über ihre Kinder und Enkelkinder, unerträgliche Schwiegerleute, Seifenopern vom Vorabend, Geschichten aus den Boulevardzeitungen, die ausführlich diskutiert und analysiert werden müssen.

Herr Su schaut auf den großen Bildschirm, auf dem sich die Zahlen ständig verändern. Das öffentliche Radio ist auf einen Finanzsender eingestellt, doch die Analyse des Moderators wird vom Geplapper der Frauen übertönt. Die meiste Zeit findet Herr Su sie ärgerlich laut, aber heute empfindet er Zuneigung, nahezu Zärtlichkeit für die Frauen. Seine Frau, still und nachdenklich, wird nie eine dieser alten Plaudertaschen werden, aber für einen Augenblick wünscht er, dass eine von ihnen seine Frau wäre, in gute Laune versetzt durch die banalsten Dinge, geistlos glücklich.

Nachdem er die Zahlen notiert hat, die ihn interessieren, seufzt Herr Su. Trotz aller Vorbereitung zeitigen seine Investitionen keine besseren Ergebnisse als die der Frauen. Das Leben geht aus dem gleichen Grund schief, aus dem die Menschen sich verrechnen. Mann und Frau versprechen sich lebenslange Liebe, die sich als kürzer als das Leben erweist; sie kaufen aufgrund korrekter Kalkulationen Aktien, bedenken jedoch nicht die Vorliebe des Lebens für das Unwahrscheinliche trotz aller Wahrscheinlichkeitsgesetze. Mit dreizehn verliebte sich Herr Su in seine Frau, und sie verliebte sich in ihn. Wie groß war die Chance, dass diese erste Liebe zu einer Familie führen würde? Gegen den Willen beider Familien heirateten sie, und gegen die Warnungen aller beschlossen sie, ein Baby zu bekommen. Herr Su, damals jünger und arroganter, stellte Berechnungen an und folgerte, dass die Wahrscheinlichkeit, ein krankes Kind zu bekommen, sehr gering war, so gering, dass das Schicksal fast auf ihrer Seite sein musste. Fast, aber nicht ganz, und als wäre es ein schonungsloser und bösartiger Witz, wurde Beibei mit defektem Gehirn und Rückgrat geboren. Es wäre nicht so schlimm gewesen, hätte seine Frau nicht beschlossen, sich und das Kind vor der Welt zu verstecken; Beibei erinnerte seine Frau wohl jeden Tag daran, dass ihre Ehe nicht wirklich legitim war. Es gibt nichts, wofür wir uns schämen müssen, wollte Herr Su zu ihr sagen, aber er brachte es nicht übers Herz. Er war es, der ein weiteres Kind vorschlug. Um ihnen beiden eine zweite Chance zu geben, um seine Frau vor der unnötigen Schande und dem ebenso unnötigen Schmerz zu bewahren, mit denen sie unbedingt leben wollte. Insgeheim wollte er auch das Schicksal noch einmal herausfordern. Die Wahrscheinlichkeit eines zweiten behinderten Kindes war gering, sehr gering, versuchte er seine Frau zu überzeugen; wenn sie nur ein normales Baby und eine normale Familie haben könnten! Die Geburt des zweiten Babys bestätigte seine Berechnungen – Jian war gesund, er wuchs zu einem gut aussehenden und intelligenten Jungen heran, als würden seine Eltern doppelt belohnt für das, was ihnen beim ersten Kind genommen worden war –, aber wer hätte gedacht, dass sich seine Frau nach diesem Erfolg von ihm abwenden würde, statt dass ihre Ehe glücklicher wurde? Wie arrogant er gewesen war, den gleichen Fehler zweimal zu machen, zu glauben, das Leben überlisten zu können! Was Beibeis Geburt überlebt hatte, überlebte Jians Geburt nicht, als könnte seine Frau entgegen jeder Lebensweisheit zwar Unglück mit ihm teilen, nicht jedoch Glück. Seit zwanzig Jahren vermeiden sie es gewissenhaft, zu streiten; sie sind liebevolle

Eltern, pflichtbewusste Ehegatten, aber etwas, das sie als junge Leute verrückt nacheinander gemacht hat, ist verschwunden und hat sie mit einem Schmerz zurückgelassen, den sie nicht miteinander teilen können.

Jemand klopft mit dem Finger auf Herrn Sus Schulter. Er schlägt die Augen auf und merkt, dass er eingedöst war. »Entschuldigen Sie«, sagt er zu der Frau.

»Sie haben geschnarcht«, sagt sie und lächelt ihn vorwurfsvoll an.

Herr Su entschuldigt sich noch einmal. Die Frau nickt und nimmt wieder das Gespräch mit ihren Freundinnen auf. Herr Su blickt zu der Uhr an der Wand, es ist noch zu früh für das Mittagessen, dennoch holt er eine Tüte mit Instantnudeln und einen Becher aus seiner Tasche und übergießt die Nudeln mit heißem Wasser vom Getränkestand. Die Nudeln werden weich und saugen sich voll. Herr Su nippt an der Suppe und schüttelt den Kopf. Er überlegt, ob er nach Hause gehen und mit seiner Frau sprechen, ihr ein paar Fragen stellen soll, die er bislang nicht zu stellen wagte, doch dann beschließt er, dass unausgesprochene Dinge besser unausgesprochen bleiben. Das Leben ist nicht viel anders als die Börse – man investiert in eine Aktie und bleibt darauf sitzen trotz aller möglichen anderen Fehler, die man machen könnte.

Mittags liefert das vom Maklerbüro beauftragte Restaurant Essen in die VIP-Lounges, und die Leute im Parkett erhitzen etwas in der Mikrowelle oder machen sich Instantnudeln. Herr Su freut sich wie immer an der Geruchsmischung der Essensreste von anderen Tischen und setzt sich hoffnungsvoll an einen Computer. Eines Tages, denkt er, wenn sich seine Frau nicht mehr um Beibei kümmern muss, wird er sie bitten, ihn ins Maklerbüro zu begleiten. Er möchte, dass sie das Leben anderer Leute sieht, voller belangloser, aber angenehmer Trivialitäten.

Um Punkt fünf Uhr verlässt Herr Su das Maklerbüro. Vor

dem Gebäude sitzt Herr Fong auf dem Bordstein und schaut zu ihm auf wie ein trauriges, verlassenes Kind.

»Herr Fong«, sagt Herr Su. »Alles in Ordnung? Warum sind Sie nicht reingegangen und haben mich geholt?«

Herr Fong schlägt vor, dass sie etwas trinken gehen, dann streckt er Herrn Su die Hand hin und lässt sich von ihm auf die Beine ziehen. Sie gehen in einen kleinen Imbiss, und Herr Fong bestellt ein paar kalte Gerichte und eine Flasche starken Yamswein. »Wünschen Sie nicht manchmal, dass eine Ehe nicht so lange wie das Leben dauert?«, fragt Herr Fong bei einer Tasse Wein.

»Stimmt etwas nicht?«, fragt Herr Su.

»Seitdem meine Frau entlassen wurde, stimmt nichts mehr«, sagt Herr Fong.

»Werden Sie sich scheiden lassen?«

Herr Fong trinkt eine Tasse Wein. »Ich wünschte, ich könnte es«, sagt er und beginnt zu schluchzen. »Ich wünschte, ich würde sie überhaupt nicht lieben, dann könnte ich einfach meine Sachen packen und gehen.«

Am späten Nachmittag ist Frau Su überzeugt, dass Beibei Probleme hat. In ihren Augen, die normalerweise klar und ausdruckslos sind, funkelt ein seltsames Licht, als wäre sie sich ihrer Schmerzen bewusst. Frau Su versucht vergeblich, sie zu beruhigen, und als alle anderen Mittel versagen, holt sie ein Fläschchen Schlaftabletten. Sie legt zwei Tabletten in einen kleinen Porzellanmörser und fügt dann, nach einem Augenblick des Zögerns, zwei weitere hinzu. Seit Jahren gibt sie Beibei pulverisierte Tabletten in Sirup, damit die Familie nachts ungestört schlafen kann.

Der Sirup beruhigt Beibei, und für eine Weile hört sie auf zu schreien und fängt dann wieder an. Frau Su streichelt Beibeis Stirn und wartet, dass das Medikament ihr beschränktes Bewusstsein überwältigt. Als das Telefon klingelt, rührt sich

Frau Su nicht von der Stelle. Später, als zum fünften Mal angerufen wird, schaut sie auf Beibeis Augen, die vor Schläfrigkeit halb geschlossen sind, und schließt die Schlafzimmertür, bevor sie sich meldet.

»Warum haben Sie nicht früher abgenommen? Haben auch Sie mich satt?«, fragt Frau Fong.

Frau Su sucht nach Ausreden, doch Frau Fong interessiert sich nicht dafür und schneidet ihr das Wort ab. »Ich weiß jetzt, wer die Frau ist.«

»Wie viel hat es Sie gekostet, das herauszufinden?«

»Nichts. Hören Sie, mein Mann – der schamlose alte Mann – hat gestanden.«

Frau Su ist erleichtert. »Dann ist das Schlimmste also vorbei, Frau Fong.«

»Vorbei? Keineswegs. Raten Sie mal, was er heute Nachmittag zu mir gesagt hat? Er hat mich gefragt, ob wir nicht alle drei in Frieden zusammenleben können. Er hat es so gesagt, als würde er dabei nur an mich denken. ›Wir haben genug Zimmer. Es schadet nichts, wenn wir ihr ein Zimmer und ein Bett geben. Sie ist eine gute Frau, sie wird sich gut um uns beide kümmern.‹ Um sein *Ding* wird sie sich bestimmt kümmern.«

Frau Su wird rot. »Will sie bei Ihnen wohnen?«

»Raten Sie mal. Sie hat ihre Stelle verloren. Ha, ha, keine Überraschung, was? Ich bin sicher, dass sie einziehen will. Sie bekommt alles umsonst. Mahlzeiten. Bett. Mann. Was will sie mehr? Womöglich hat sie sogar ein Auge auf unser Erbe geworfen. Stellen Sie sich vor, was mein Mann vorgeschlagen hat. Er hat gesagt, ich solle sie wie eine Tochter betrachten. Er hat gesagt, dass sie mit fünf ihren Vater verloren hat und keinen Mann kannte, der gut zu ihr war, bis sie ihn traf. Und ich habe gefragt: Sucht sie einen Mann oder einen Stiefvater? Sie *schmiert ihm Honig um den Mund*, verstehen Sie? Aber der Mann ist blind! Er hat mich sogar gebeten, Mitgefühl mit ihrem Leiden zu haben. Warum hat er sie nicht gebeten, Mitgefühl mit mir zu haben?«

Etwas prallt mit einem lauten Knall gegen die Wohnungstür, und dann fliegt sie auf. Frau Su wendet sich um und sieht einen alten Mann an der Tür lehnen, gestützt von ihrem Mann. »Herr Fong ist betrunken«, flüstert ihr Mann.

»Sind Sie noch da?«, fragt Frau Fong.

»Doch, ja, Frau Fong, es ist etwas dazwischengekommen, und ich muss aufhören.«

»Noch nicht. Ich bin mit meiner Geschichte noch nicht fertig.«

Frau Su sieht zu, wie die beiden Männer ins Bad taumeln. Nach einer Weile hört sie, wie sich jemand erbricht, das Plätschern von Wasser, die leisen tröstlichen Worte ihres Mannes, Herrn Fongs Schluchzen.

»Und ich habe gesagt: Nur über meine Leiche, und er hat geweint und mich angefleht und alle diese lächerlichen Sachen gesagt, dass man aufgeschlossen sein soll. In vielen Haushalten leben jetzt zwei Frauen in Frieden mit einem Mann, hat er gesagt. Das ist die Revolution der Ehe, hat er gesagt. Revolution?, habe ich gesagt. Das ist Rückschritt. Du hältst dich für einen guten Marxisten, habe ich gesagt, aber Marx hat nichts von Bigamie gesagt. Der Vorsitzende Mao hat dir nicht befohlen, eine Konkubine zu haben.«

Herr Su ist Herrn Fong dabei behilflich, sich aufs Sofa zu legen, und Herr Fong schließt die Augen. Frau Su sieht, wie es im tränenverschmierten Gesicht des alten Mannes zuckt. Bald vermischen sich Frau Fongs zornige Worte mit Herrn Fongs Schnarchen.

Nachdem Herr Fong eingeschlafen ist, steht Herr Su auf und geht in Beibeis Zimmer. Einen Augenblick später kommt er wieder heraus und schaut Frau Su an, sein Ausdruck traurig und gefasst, und ihr Herz beginnt zu flattern. Sie lässt den Hörer fallen, aus dem noch immer Frau Fongs Plappern dringt, und geht in Beibeis Zimmer. Dort liegt Beibei ruhig und friedlich, der Ausdruck von Schmerz ist aus ihrem Gesicht gewichen, es ist porzellanweiß, bläulich angehaucht. Frau Su kniet sich neben das Bett und nimmt Beibeis noch immer plumpe und weiche Hand. Ihr Mann tritt neben sie und streicht ihr übers Haar, das jetzt grau und dünn ist, doch seine Berührung, sanft und schüchtern, ist die gleiche wie vor einem Menschenleben, als sie als Kinder im Garten ihrer Großeltern spielten, in dem die Bienen, geschäftig und zufrieden, um die glockenförmigen feuerfarbenen Granatapfelblüten summten.

Aus dem Englischen von Anette Grube

Totentanz

Als er die Stahltür schloss, wurde es still.

Er schaltete den Kassettenrekorder aus, erhob sich und schaute auf das Thermometer am Ofen. »Neunhundert Grad«, sagte er und ging mit der Nase näher heran. »Noch nicht bis auf die Knochen verbrannt.« Wenn in diesem Stadium der Wind aus der falschen Richtung kam, lag der Geruch von geröstetem Fleisch in der Luft und weckte Hungergefühle. Doch schon zehn Minuten später wich der appetitliche Duft einem widerlichen Gestank.

Den großen Brennofen hatte er der Keramikabteilung der lokalen Kunsthochschule abgekauft. Die Studenten hatten ihn im Hof einer Töpferei abgestellt, da sie ihn nicht mehr für ihre Projekte brauchten. Nachdem die Kaufverhandlungen abgeschlossen waren, transportierte er ihn von dort auf ein kleines Grundstück am Stadtrand, das er von einem Bauern gepachtet hatte. Als der Ofen am richtigen Platz stand, strich er ihn von außen mit einer hitzebeständigen Farbe an, ersetzte ein paar fehlende feuerfeste Ziegel im Inneren und installierte ein neues elektrisches Heizelement. Nachdem er dann noch eine Unternehmerlizenz eingeholt hatte, konnte er den wunderschönen Ofen nutzen, um Leichen einzuäschern. Bislang waren es insgesamt einhundertneun.

Auf seiner langen Totenliste klebte neben jedem Namen ein Foto, damit er im Falle polizeilicher Nachforschungen sofort Auskunft geben konnte. Neunundvierzig Tote waren Opfer von Autounfällen, zwanzig hatten Selbstmord begangen, wobei die unterschiedlichsten Methoden zum Einsatz gekommen waren: Sie hatten sich erhängt, Pestizide genommen, Kohlenmonoxid inhaliert oder sich die Pulsadern aufgeschnitten. Ein Mann hatte sogar ein Kilo Eisennägel geschluckt. Unter den Selbstmördern befanden sich Stars der Pekingoper, aber auch Bauern aus der Vorstadt. Die Frau, die sich mit Kohlenmonoxid umgebracht hatte, war die Tochter eines höheren Kaders – die einfachen Menschen in der Stadt konnten sich keine Gasherde leisten. In der Spalte »Bildungsstand« fanden sich auch drei Studenten (einschließlich des Jungen, der gerade verbrannte) und dreißig Dichter (was keine Überraschung war, da es in dieser Stadt mehr Dichter gab als Prostituierte oder Müllmänner). Der letzte Neuzugang war ein einjähriges Mädchen, das aus einem Gebäude gestürzt war. Sie war ein niedlicher kleiner Leichnam und benötigte nur ein Drittel der normalerweise erforderlichen Strommenge.

Bei der Einäscherung des dreiundfünfzigsten Leichnams war das feuerfeste Ofenfenster geplatzt. Da der Unternehmer sich kein neues leisten konnte, füllte er das Loch einfach mit Ziegeln aus. Leider war ihm seitdem der schöne Anblick verwehrt, wie die Körper von den Flammen verschlungen wurden, und er musste sich bei der Berechnung der richtigen Brenndauer auf seine Erfahrungswerte verlassen. Überschritt ein Toter die Norm von einhundertdreißig Kilo, gab er noch sieben Minuten hinzu, ohne sie den Hinterbliebenen zu berechnen.

Gegenüber den staatseigenen Verbrennungsanlagen bot sein Krematorium mehrere Vorteile. Bei ihm konnten die Toten in den Klängen ihrer Lieblingsmusik schwelgen, während sie den Flammen übergeben wurden. Der Unternehmer war in der Lage, fast jeden Musikwunsch zu erfüllen, einschließlich der verderbten, von der Partei verbotenen Titel. Waren die Verstorbenen in den dreißiger Jahren des zwanzigsten Jahrhunderts aufgewachsen, spielte er so dekadente Lieder wie »Wann wird mein Prinz zu mir zurückkommen?« oder »Schöne Mädchen im Pfirsichblütenfluss«.

Zwar war er etwas teurer als die öffentlichen Krematorien, da er schließlich Stromrechnungen und Steuern zu zahlen hatte, aber dafür konnte er garantieren, dass die Toten noch am selben Tag verbrannt wurden. In den staatseigenen Einrichtungen wartete ein Leichnam mindestens eine Woche auf die Feuerbestattung; wenn besonders viel Andrang herrschte, konnten es auch über zwei Wochen werden. Die Angehörigen mussten für die Aufbewahrung des Leichnams zahlen, und oft blieb ihnen nichts anderes übrig, als den Mitarbeitern ein Bestechungsgeld zuzustecken, um den Prozess zu beschleunigen. Wenn man diese Zusatzkosten berücksichtigte, war sein Krematorium relativ preiswert. Mehr als alles andere aber sprach für das Schwelger-Krematorium – wie der Unternehmer es nannte –, dass der Leichnam mit einem Auto von zu Hause abgeholt wurde, was den Hinterbliebenen die Mühe ersparte, sich selbst um ein Transportmittel zu kümmern. Die Angehörigen konnten im eigenen Heim eine bescheidene Totenwache halten, jemanden in die Geschäftsstelle des Krematoriums in der Stadtmitte schicken, um die Formalitäten zu regeln, und das war es auch schon. Wenn der Leichnam später am Tag abgeholt wurde, konnten alle noch ein paar Tränen vergießen und sich dann wieder ihrem Alltag widmen. Bei den staatseigenen Einrichtungen zog sich das Verfahren so lange hin, dass die Verwandten zum Schluss selbst fast Leichen waren.

Die Geschäftsstelle des Schwelger-Krematoriums war eine lange, schmale Hütte, die in den Hofeingang eines alten Gebäudes in der Innenstadt hineingebaut worden war. Die Verwandten kamen ins Büro, um den Toten anzumelden, die Feuerbestattung zu planen und die Bestattungskleidung und Grabbeigaben wie etwa Papiergeld zu kaufen, die ihre Verstorbenen im Reich der Toten brauchen würden. Der Unternehmer und seine Mutter wohnten auch im Büro. Sie waren ein hervorragendes Team, und die Geschäfte liefen gut. Die Mutter hatte zwar wenig Ahnung von Elektrizität (der Unternehmer hingegen war gelernter Elektriker), wusste dafür aber alles, was es über Tote zu wissen gab. Mutter und Sohn sahen sich nur am Abend. Tagsüber kümmerte sich die Mutter um die Geschäfte im Büro, während der Sohn zum Krematorium am Stadtrand fuhr und sich der Leichen annahm. Er verließ das Büro um neun Uhr morgens und kehrte selten vor Mitternacht zurück.

Die Nacht verbrachten die beiden gemeinsam in der Hütte, die fast die Hälfte des Eingangsbereichs einnahm. Wenn der Sohn heimkam, setzte die Mutter sich aufs Bett und kontrollierte die Bestattungskleidung, die er den Leichen ausgezogen hatte. Dabei hörte sie sich an, was er zu erzählen hatte.

»Frauen brennen besser«, sagte er eines Abends. »Bei Menschen, die so dünn sind wie du, fällt das Fleisch schon bei fünfhundert Grad von den Knochen.«

»Was meinst du damit, von den Knochen fallen?«, fragte sie und blickte auf die Wände, deren untere Hälften pinkfarben gestrichen waren, eine Farbe, die es erst seit der Politik der Offenen Tür in den Geschäften zu kaufen gab.

»Na, es ist, wie wenn man Schweinerippchen brät. Wenn die Temperatur hoch genug ist, fällt das Fleisch einfach vom Knochen.«

»Ich glaube, mein Bein fault allmählich ab. Ich hätte mir diesen Furunkel schon längst herausschneiden lassen sollen.« Auf der pinkfarbenen Wand sah der Schatten der Mutter wie ein Wesen von einem anderen Stern aus. »Die Knochen hast du von mir und das Fleisch von deinem Vater«, sagte sie und senkte den Blick. Sie vermied es immer, ihrem Sohn in die Augen zu sehen.

»Darum bin ich auch so klein«, erwiderte er.

»Es liegt an deinem Vater, dass du keine Frau finden kannst. Er hatte ein Unglücksgesicht.«

»Ich weiß eine Menge über Frauen«, sagte der Unternehmer entrüstet. »Die meisten von ihnen wollen Klaviermusik hören, bevor es in den Ofen geht.«

»Und was hören Männer gern?« Die Mutter langte nach einem alten Stofftuch, das sie in einer Ecke des Bettes erblickt hatte, faltete es ordentlich zusammen und legte es wieder an seinen Platz.

»Sinfonien.« Der Sohn schlug seine knochigen Beine übereinander. »Männer sind rau und hart im Nehmen. Nur wirklich wuchtige Musik kann sie zum Schwelgen bringen.«

»Männer sind Tiere. Verschwende deine Zeit nicht damit, ihnen Musik vorzuspielen«, knurrte die Mutter und griff nach einer dunklen Wollhose.

»Jeder braucht ein wenig Zerstreuung, bevor er gehen muss.« Alle Nachbarn wussten, dass der Unternehmer ein großer Musikliebhaber war. Als die Politik der Offenen Tür ins Leben gerufen wurde, hatte er sich als Erster in der Stadt getraut, einen Kassettenrekorder schwenkend durch die Straßen zu laufen. Der Unternehmer sprang vom Stuhl auf und reckte die Faust in die Luft. Der Schatten seiner Hand bewegte sich mit. »Ich achte immer darauf, dass sie schwelgen können. Wenn die Toten beim Abschied keine Zerstreuung finden, steigen ihre Seelen nicht in den Himmel auf, habe ich gehört, und dann brennen auch ihre Körper nicht richtig. Wenn sie in Musik schwelgen, fällt es ihnen leichter, für immer Abschied zu nehmen.«

Der Schatten der Mutter wirkte auf der sauberen, pinkfarbenen Wand sehr dunkel. »Schau mal, hier hast du schon wieder ein Loch gemacht«, fauchte sie.

Jeder Gegenstand im Zimmer war aus zweiter Hand: der Tisch, die Bettwäsche und alles, was die Mutter am Leib trug. Sie saß auf dem Bett und sah zu, wie ihr Sohn unruhig auf und ab lief. Das Zimmer war zwei mal acht Meter groß und hatte eine gewölbte Decke. Im Licht des Feuers sah sie Flocken weißer Asche oder einer ascheähnlichen Substanz wie Geister an den Wänden aus roten Ziegeln weiter oben hängen. Im Hofeingang roch es so übel wie in einem öffentlichen Badehaus. Der schlimmste Gestank kam von dem Standbesitzer, der vor dem Außentor fermentierten Tofu verkaufte. Wenn sie tagsüber ihre Haustür offen stehen ließen, drang der Geruch direkt zu ihnen herein.

Von der Straße aus gesehen wirkte das Büro heiter und freundlich. Immer spielte laute Musik und überall waren Papierblumen, Papierschuhe, prächtige Kopfbedeckungen, westliche Anzüge und Krawatten ausgelegt (die Herstellung westlicher Kleidung war erst seit Einführung der Politik der Offenen Tür wieder erlaubt). Das Papiergeld, die Papierpferdchen und die Papierblumen waren nagelneu, doch die Bestattungskleidung kam immer aus zweiter oder dritter Hand. Niemals wäre der Unternehmer so verschwenderisch gewesen, einen Leichnam in dessen Totenkleidern in den Ofen zu schieben. Für den Fall, dass Verwandte zu einem letzten Abschiedsgruß vorbeikamen, ließ er den Verstorbenen bis zur letzten Minute in seiner Kleidung, dann aber zog er ihn vorsichtig aus, faltete die Sachen zusammen und brachte sie ins Büro zurück. Riss er einmal aus Unachtsamkeit den Stoff ein oder einen Knopf ab, jaulte seine Mutter darüber vor Verzweiflung auf. Wenn sie die Bestattungskleidung an die nächste Familie weiterverkaufte, war sie immer so großzügig, ein wenig Rabatt zu geben.

Aus der Ferne (oder vom höchsten Uhrenturm der Stadt) betrachtet, sah die lange, schmale Hütte wie ein weit offenes, glänzendes Auge aus. Vor der Geschäftseröffnung hatte der Unternehmer den begabtesten Künstler der Stadt, offenbar ein Mitglied der sogenannten Schule der »Wilden Biester«, mit der Anfertigung eines riesigen Wandgemäldes auf der Außenmauer der Hütte beauftragt. Fünfzig Yuan hatte er dafür gezahlt. Anfangs wollte der Künstler sich nicht dafür hergeben, seine Kunst auf einer Mauer zu verewigen: Er war der Überzeugung, dass Kunst und Schönheit dehnbare Begriffe seien und auch Aktivitäten wie Pinkeln, Rülpsen, Spucken, das Begrapschen von Frauen und Biertrinken mit einschlössen. Doch der Unternehmer war hartnäckig und überredete den Künstler schließlich doch, ein Mädchen mit goldenen Haaren zu malen, das zu den Klängen schöner Musik verbrannte. Statt auf einem Metallblech liegend malte er sie auf einer importierten Matratze der Marke »Traum des Westens«, unter der ein paar Schnörkel den Elektrorost andeuteten. Ein Blick auf das Lächeln des Mädchens und ihren sich sanft vorwölbenden Busen (welcher die laut den geltenden Plakatvorschriften erlaubte maximale Körbchengröße überschritt) – und man starb als glücklicher Mann.

Leider hatte der Künstler kaum seinen letzten Pinselstrich gemacht, als eine Frau vom Nachbarschaftskomitee mit zwei Polizisten im Schlepptau auftauchte. Sie befahlen ihm, das Dekolletee des Mädchens mit einem braunen Farbstreifen zu übermalen, der etwas dunkler als die Fleischfarbe sein sollte. Nachdem das die öffentlichen Gefühle verletzende Dekolletee nunmehr flach und wenig attraktiv war, musste der Künstler auch noch die nackten Beine des Mädchens bedecken. Der Baumwollrock, den er ihr nachträglich malte, schien die Polizisten zufriedenzustellen, denn er reichte bis über die Knie. In die linke obere Ecke der Wand hatte das »Wilde Biest« einen dünnen, kleinen Gott gesetzt, den chinesischen Herrn des Himmels, über dessen Penis er nun unaufgefordert noch schnell eine Wolke tupfte, der er aus Symmetriegründen noch zwei weitere Wölkchen unter den Füßen des Gottes beigab. Als Hintergrund malte er eine repräsentative Volksmenge aus Arbeitern, Bauern, Geschäftsleuten, Studenten und Soldaten, die mit strahlendem Lächeln gen Himmel blickten. Unter ihnen befanden sich auch ein paar »Vieraugen« (wie man die Intellektuellen nannte), die mit Beginn der Öffnungspolitik wieder aus der Versenkung aufgetaucht waren. Die letzten freien Flecken füllte der Künstler mit hübschen Engeln und betörenden Teufelchen aus – man konnte die einen von den anderen nur anhand der Hörner unterscheiden. Am unteren Rand des Bildes stand der Herr der Unterwelt, der mit seinen gegenteiligen Aufgaben das Pendant zum Herrn des Himmels bildete. Die gewählten Szenen machten klar, dass er für die Bestrafung der schlimmsten Kategorie von Verbrechern zuständig war: der Konterrevolutionäre. Für seine Foltertechniken hatte er sich von Christentum, Islam und Buddhismus inspirieren lassen. Die Opfer wurden in siedendem Öl ertränkt, von Autos überfahren, von Adlern zu Tode gepickt oder bei lebendigem Leib von Schlangen gefressen. Später klebte die Mutter des Unternehmers ein paar Papierpferdchen über diesen grausamen Abschnitt der Wandmalerei.

Das alte Wohngebäude mit dem halb zugebauten Eingangsbereich sah dem Militärmuseum der Chinesischen Volksrevolution in Beijing sehr ähnlich (natürlich ohne das prunkvolle Säulenportal und ohne die riesigen Bogenfenster). Die Fassadengestaltung spiegelte die verschiedenen Ebenen von Wohlstand wider, die man den jüngsten Reformen verdankte. Bei ein paar gut situierten Familien waren die alten Holzfenster durch Aluminiumrahmen und getöntes Glas ersetzt worden. Ein Amtsleiter hatte sich sogar eine Klimaanlage einbauen lassen, ein ausländisches Modell, das heiße Luft absaugte und kalte in die Räume hineinblies. Stil und Zustand der Kleidung, die an Bambusstangen aus den Fenstern hing, verrieten einiges über die Vermögensverhältnisse des jeweiligen Haushalts. Im Erdgeschoss waren die meisten Räume in Läden verwandelt worden. Im Fenster des Friseursalons ›Genosse Lei Feng‹ hing ein Plakat mit einem ausländischen Filmstar.

Die Mutter hockte sich aufs Bett und fischte ein Nachthemd unter den Bestattungssachen heraus. Der Rauch eines Räucherstäbchens stieg in Spiralen durch den muffigen Geruch. Das Nachthemd war bereits von drei verschiedenen Leichen getragen worden, und am Kragen konnte man immer noch einen Hauch Aftershave (vermutlich ein französisches) riechen. Mit einer Sorgfalt, als würde sie den eigenen Körper inspizieren, überprüfte die Mutter das Kleidungsstück auf Mängel. Ihre flinken Finger waren die ganze Nacht hindurch am Werk und flickten jedes Loch und jeden Riss. Am Morgen lag das wie neu aussehende Nachthemd ordentlich gefaltet im obersten Regal des Büros.

Auf dem Bett jedoch lag immer noch eine bestickte Jacke. Wäre der Unternehmer nicht so begriffsstutzig gewesen, hätte er vielleicht geahnt, was sie damit vorhatte.

In der Abenddämmerung begann der Unternehmer die Toten zu verbrennen, die sich im Laufe eines Tages angesammelt hatten. Er arbeitete bis Mitternacht, dann kehrte er mit Kleidern und persönlichen Gegenständen beladen nach Hause zurück. Manchmal hatte er Goldzähne oder Schmuckstücke dabei. Morgens fuhr er dann wieder mit seinem Armeemotorrad durch die langgezogene Häusersiedlung, die erst vor Kurzem auf einem freien Feldstreifen errichtet worden war, zu seinem Krematorium am Stadtrand hinaus. Es war eine schlichte Baracke, die er aus den Ziegeln eines ehemaligen Hühnerstalls gebaut hatte. Ein an das rechteckige Metalldach geschweißtes Eisenfass diente als Schornstein. Seine beiden Fahrer luden die Leichen auf dem Betonboden der Hütte ab oder legten sie auf eines der drei Metallbleche. Wenn die Toten ins Krematorium kamen, schienen sie sich in ihrer neuen Umgebung so wohl zu fühlen wie ein Musikliebhaber im Konzertsaal.

Der Unternehmer achtete peinlich darauf, dass die Toten noch am Tag ihrer Anmeldung abgeholt wurden. Er wusste schließlich, wie es war: Blieb ein Verstorbener länger als drei Tage im Haus, hörten die Verwandten nicht nur auf zu weinen, sondern begannen sich durch dessen Gegenwart regelrecht

gestört zu fühlen. Genauso umsichtig sorgte der Unternehmer dafür, dass den Hinterbliebenen innerhalb einer Woche
die Asche zugestellt wurde. Nur einen Tag später, und ihm
wäre im Haus des Verstorbenen ein äußerst frostiger Empfang sicher gewesen.

Manchmal kamen die Hinterbliebenen auch persönlich im
Stadtbüro vorbei (sie fanden es anhand der Adresse oben auf
der Rechnung des Unternehmers), um die Asche abzuholen.
Allerdings enthielten die Schachteln nur selten die Asche des
Verstorbenen, dessen Foto auf dem Deckel zu sehen war. In
der Regel verteilte der Unternehmer die Asche eines Toten auf mehrere Schachteln, ein kleiner Betrug, zu dem er
gezwungen war, um die sofortige Lieferung der sterblichen
Überreste zu garantieren. Außerdem war für ihn die Asche
eines Menschen so gut wie die eines anderen. Seine Fahrer
benutzten einen kleinen gebrauchten Fiat, auf dessen Seiten
folgender fröhlicher Text leuchtete:

ANDERE SIND UNS WICHTIG. DIE PARTEI IST UNS WICH-
TIG. DAS VATERLAND IST UNS WICHTIG. WIR WOLLEN
HELFEN, DAS NATIONALE BRUTTOSOZIALPRODUKT BIS ZUM
21. JAHRHUNDERT ZU VERDOPPELN! KOMMT HINAUS ZU
DEN BAUERN! KOMMT IN DIE GRENZGEBIETE! KOMMT INS
SCHWELGER-KREMATORIUM!

Auf dem Kofferraum des Autos prangte das Bild einer größeren Menschenmenge, die auf einem fußballgroßen Globus
stand. Ein ins Auge springender Schriftzug darunter verkündete: HOCH MIT DER PRODUKTION! RUNTER MIT DER
POPULATION!

»Ich mag sie wirklich – die Toten sind viel netter als die
Lebenden«, hatte der Unternehmer einmal zu ein paar wei-
nenden Angehörigen gesagt, als er Asche ablieferte.

»China hat 1,2 Milliarden Einwohner. Wenn sich nicht mehr

Menschen beeilen und schnell sterben, ist unser Land bald am Ende«, sagte er zu einer anderen Familie. »Außerdem kann man nicht gerade behaupten, dass Ihr Verstorbener ein Revolutionsheld war, oder?«, fügte er nach einem Blick auf die Bezeichnung »Proletarier« in der Spalte »Politische Klasse« hinzu.

Das größte Talent des Unternehmers aber war es, Musik für die Verstorbenen zu empfehlen. Ein Blick auf den Beruf, die politische Klasse, Alter, Geschlecht und das Foto im Anmeldeformular genügte ihm, um die geeignete Musik aus seiner Liste auswählen zu können. Natürlich passte er den Preis eines jeden Musikstücks der Inflation an, die durch die Politik der Offenen Tür ausgelöst worden war.

BEETHOVENS ›FÜNFTE‹: 5 YUAN

›NOCTURNE‹ VON CHOPIN

(*geeignet für junge Mädchen und Dichter*): 7 YUAN

TSCHAIKOWSKYS ›PATHETIQUE‹

(*Karajans letzte Einspielung*): 8 YUAN

POTTIERS ›DIE INTERNATIONALE‹: 1,5 YUAN

ORFFS ›FORTUNA, HERRSCHERIN DER WELT‹

(*als Sonderangebot; ein bei Intellektuellen beliebtes Stück*):

2 YUAN

Schon für einen halben Yuan gab es auch so alte Ohrwürmer wie »Flusswasser«, »Der sich in zwei Teichen spiegelnde Mond« und »Ohne Kommunistische Partei kein neues China« oder auch »Junge Kohlköpfe«, »Ich gebe mein Leben für die Partei« und »Nehmt euch ein Beispiel am Genossen Lei Feng«. War der Verstorbene Mitglied bei den Jungen Pionieren gewesen, spielte der Unternehmer gratis »An einem Sonntag lassen sich viele gute Taten vollbringen«.

Wenn die Angehörigen sich nicht entscheiden konnten, was sie auswählen sollten, reckte der Unternehmer das Kinn vor, rückte ein wenig näher und flüsterte: »Ich habe noch ein paar andere Bänder auf Lager, aber für die müssen Sie in Foreign Exchange Certificates zahlen.« Zu diesem geheimen Vorrat, für den man in der Spezialwährung für Ausländer zahlen sollte, gehörte englischer Rock, amerikanische Countrymusic, erotischer französischer Discopop und Hongkonger Originalaufnahmen des taiwanischen Popstars Deng Lijun. »Die Zentralregierung hat begonnen, Bänder von Deng Lijun zu konfiszieren«, erklärte er ihnen in Respekt einflößendem Ton. »Wer mit seiner Musik erwischt wird, muss mit einer fünfjährigen Gefängnisstrafe und dem Verlust der städtischen Wohnerlaubnis rechnen.«

Oft hielten die Kunden sich an seine Empfehlungen. Manchen fiel es schwer, sich zu entscheiden, weil sie nicht wussten, welchen Musikgeschmack der Verstorbene hatte.

»Vertrauen Sie mir«, sagte der Unternehmer zu einer Familie. »Ich sehe schon, dass Ihrer Tochter ›Unsere Liebe steht unter einem schlechten Stern‹ und ›Die treue Meng weint an der Großen Mauer‹ gefallen würde.«

»Aber sie war noch Jungfrau«, flüsterten die Angehörigen.

Der Unternehmer schaute noch einmal auf das Foto im Formular. Die Frau war bereits weit über vierzig.

»Nun, es ist Ihre Entscheidung. Ich habe auch ›Ave Maria‹ oder ›Discomusik für Verliebte‹. Das sind zwar unterschiedliche Stilrichtungen, aber sie haben beide dieselbe Wirkung. Es bleibt ganz Ihnen überlassen, wie Sie Ihre Tochter zum Alten Mann im Himmel schicken.« Weil die Angehörigen über einen niedrigen Bildungsstand verfügten, hatte er »Alter Mann im Himmel« gesagt und nicht »Gott«.

»Sie allein entscheiden, ob Sie eine Jungfrauen-Feuerbestattung bekommen soll. Wollen Sie oder wollen Sie nicht?« Er lächelte so selbstgefällig wie ein Heiratsvermittler bei einer Hochzeit.

»Sie wollte immer in die Partei eintreten«, gestand die Mutter mit einem verstohlenen Lächeln.

»In die Partei eintreten wollen und wirklich in die Partei eintreten sind zwei grundverschiedene Dinge.« In politischen Fragen war der Unternehmer seinem eigentlichen Alter an Weisheit weit voraus. »Aber wenn Sie wollen, kann ich ›Die Partei hat meinem Leben neuen Auftrieb gegeben‹ und ›Der Sozialismus ist gut‹ spielen, dann muss sie im Tod nichts bedauern.«

Bald hatte es sich in der Stadt herumgesprochen, welch exzellenten Service der Unternehmer bot, und die Menschen erkannten, dass der Tod sich gar nicht so sehr vom Leben unterschied.

Aus der Baracke des Unternehmers drang immer Lärm. Den Kassettenrekorder hatte er gleich nach Beginn der Öffnungspolitik von der ersten aus Japan importierten Warenladung gekauft. Er hatte vier Lautsprecher. Wenn die Zeit es erlaubte, versuchte der Unternehmer, möglichst allen Musikwünschen der Angehörigen nachzukommen. Das einzige Publikum jedoch waren die streunenden Hunde draußen im Hof. Sie wurden vom Geruch der brennenden Schwelger angezogen und lagen meist faul in der Sonne oder durchwühlten die Bestattungskleider. Manchmal aber machte sie der köstliche Geruch, der aus der Baracke drang, geradezu rasend und sie rannten einander wie verrückt jagend durch den Hof.

Hin und wieder übernachtete der Unternehmer auch in der Baracke. Er hatte schon recht eigene berufliche Angewohnheiten, vielleicht sollte man sein unmoralisches Verhalten einmal genauer betrachten: Ein dreißigjähriger Junggeselle muss etwas zu verbergen haben. Die Trauer, die ihn beim Anblick weiblicher Leichen überkommt, hat etwas höchst Unnatürliches. Würden wir Qigong praktizieren und ihn mit unserem »Auge der Weisheit« durch die Wände seiner Baracke hindurch beobachten, könnten wir sehen, wie dieser selbst ernannte Unternehmer im Raum auf und ab geht, schließlich vor den Füßen eines gewissen hohen Kaders stehen bleibt und diesen anfunkelt wie ein Mann, der den Tod seines Vaters rächen will. Die Liste der Verstorbenen in der Hand, unterzieht er jeden Schwelger einem schonungslosen Verhör, bei dem er sich hin und wieder unterbricht, um der Leiche kräftig gegen das Schienbein zu treten.

Eines Tages lagen dem Unternehmer folgende Personen zu Füßen: ein Polizist, ein Parteisekretär, der Leiter des städtischen Wohnungsamtes, ein pensionierter zweitrangiger Parteikader und die Vorsitzende des Nachbarschaftskomitees. Keiner dieser Toten konnte ihm jetzt noch etwas anhaben, sie lagen einfach zusammen mit einem Intellektuellen, einem Arzt und einem Pianisten auf dem Fußboden, doch der Unternehmer verfluchte sie alle miteinander.

Im Tod sind alle gleich. Hätten diese wichtigen Personen geahnt, wie übel man ihnen nach dem Tode mitspielen würde, sie hätten dem Schurken noch zu Lebzeiten das Handwerk gelegt. Doch jetzt konnten sie nur still daliegen, während er Gericht über sie hielt. Er beschimpfte den Polizisten dafür, dass er sich nicht an die Verkehrsvorschriften gehalten und ihm zu Unrecht den Motorradführerschein entzogen hatte. Den Leiter des Wohnungsamtes verfluchte er, weil dieser ihn bei der Wohnungssuche behindert hatte. »Du wolltest mich sogar aus meiner Hütte hinauswerfen lassen«, zischte er. Allen ohne Ausnahme warf er vor, korrupt gewesen zu sein: »Von dem vielen Geld, das ich damit vergeudet habe, euch zu schmieren, hätte ich mir eine Villa auf dem Land kaufen können.« Dann ging er zum Leiter des Wohnungsamtes zurück und trat ihm in den Bauch. »Du hattest die Stirn, meine Hütte als Schandfleck für die Stadt zu bezeichnen. Aber als der albanische Premierminister auf Staatsbesuch kam, hat niemand anderer als du die Entscheidung getroffen, die ganze Stadt mit diesen hässlichen Bretterwänden zuzupflastern.«

Der Unternehmer beglich alte Rechnungen. In dem Jahr,

in dem der Besuch des albanischen Premierministers Shehu erwartet wurde, hatte die Stadtverwaltung beschlossen, die schäbigen Häuser an den wichtigsten Straßen mit Hartfaserplatten zu verkleiden und auf diese eine lange, ordentliche Häuserreihe zu malen. Shehu würde so schnell vorbeifahren, dass ein oberflächlicher Eindruck völlig genügte. Auch an dem Gebäude, in dem der Unternehmer und seine Mutter damals noch lebten, wurden Hartfaserplatten angebracht. Es kam weder Licht noch Luft in ihre Wohnung, denn die Fenster in den Hartfaserplatten waren im Fünfmeterabstand gesetzt, und wie es der Zufall wollte, bekam nicht ihre Wohnung ein Fenster ab, sondern die des Nachbarn. Die Nachbarn bekamen von der Stadtverwaltung sogar eine Gardine zugeteilt, die sie behalten durften, vorausgesetzt, sie wurde während der kurzen Zeit, in der Shehus Auto vorbeifahren sollte, ins Fenster gehängt. Der Unternehmer fand dies sehr ungerecht, da die Nachbarn einen ähnlichen Klassenhintergrund hatten wie er selbst – sie gehörten beide zu einer Gruppe der »fünf schwarzen Elemente«, denen alle staatlichen Arbeitsstellen verwehrt waren. Später sollte sich die entgangene Gardine noch als ein eher geringfügiges Problem erweisen. Als die »Hartfaserhäuser« wieder abmontiert wurden, nutzte der Unternehmer das allgemeine Chaos und stahl ein Stück Hartfaserplatte und zwei Holzplanken, um daraus später einmal Möbel zu schreinern. Doch jemand hatte ihn beobachtet und verpfiff ihn bei der Polizei, woraufhin er ins Büro für Öffentliche Sicherheit gebracht und stundenlang verhört wurde. Damals war er vierzehn Jahre alt gewesen.

Es wurde Nacht, und der Parteisekretär nahm ein gespenstisches Aussehen an. Stolz stieg in dem Unternehmer auf, als er über die Leichenreihe hinwegblickte. Endlich hatte er die Macht, die eigentlich jedem Menschen zustand. Die Toten lagen ihm mit stieren Blicken zu Füßen und mussten seine Demütigungen hilflos über sich ergehen lassen.

Der Unternehmer hatte einmal das Theaterstück ›Der Sesamsamen-Offizier mit dem Hauptschulabschluss‹ gesehen, in dem es um einen selbstlosen kommunistischen Kader ging. Das Stück hatte ihn so bewegt, dass er ein feines Gespür für soziale Gerechtigkeit entwickelte. Proletarier schob er in den Brennofen, ohne sie vorher zu filzen. Er überprüfte noch nicht einmal ihre Zähne. (Immerhin entsprach der Wert eines Goldzahns in dieser Stadt dem Jahreseinkommen einer normalen Familie.) Es war ein Fall von »Ausgleich zwischen Arm und Reich« oder »Sonnenschein nach Regenschauern«. So zumindest sah er es. Da ihn der Tod seines Vaters immer noch beschäftigte, war er zu Rechtsabweichlern und jedem, der von einem Auto überfahren worden war, ganz besonders zuvorkommend.

Wenn er durch die Straßen ging und die Menschen sah, die an Bushaltestellen Schlange standen oder stehen blieben, um ein wenig miteinander zu plaudern, schossen ihm Bilder aus dem Krematorium durch den Kopf: die tranigen Dampfschwaden, die aus verkohlter Haut aufstiegen, oder die sich allmählich zusammenziehenden Skelette. Die gelbe oder goldene Haut der gebratenen Hühnchen an den Straßenständen musste er unwillkürlich mit der zarten weißen Gesichtshaut des kleinen Mädchens vergleichen, bevor es in den Brennofen gekommen war.

Die Toten wuchsen ihm von Tag zu Tag mehr ans Herz. Wie glücklich er sein würde, dachte er, wenn auch seine Mutter erst zu diesen Toten gehörte (und ihr Mundwerk für alle Zeiten stehen bliebe). Der Tod hatte ihn zum Millionär gemacht, zum Vorsitzenden des inoffiziellen Parteikomitees des Krematoriums. Die Toten redeten keinen Unsinn. Sie dokterten nicht an seinen Formularen herum und ließen die Finger von seinen Rechnungsbüchern. Es scherte sie nicht, wie er gekleidet war, wo er wohnte oder wohin er reiste. Je mehr Leichen hereinkamen, desto breiter wurde auch das

Spektrum ihrer Altersgruppen und Persönlichkeiten, und er liebte sie noch mehr. Obwohl die häufigen Stromausfälle dazu führten, dass sich die Toten manchmal stauten (einmal hatte es ein Leck in einem Chemiewerk gegeben und die umliegenden Felder waren von vergiftetem Wasser überflutet worden; sieben Menschen starben an dem Tag, und natürlich wurden alle gleichzeitig zu seiner Baracke gebracht), hatte er immer noch das Gefühl, es gäbe viel zu viele Lebende und nicht genügend Tote.

Mit der Zeit verstand er immer weniger, warum die Menschen unbedingt so lange leben wollten. Als seine Mutter ihn einmal schalt, weil er einen Knopf von einer tadellosen Wollhose abgerissen hatte (genau genommen fehlten schon drei Knöpfe an der Hose, und es waren ausländisch aussehende Knöpfe im Messingstil, für die man nur in dekadenten Boomstädten wie Shenzhen Ersatz bekam), stellte er sich plötzlich vor, wie ruhig sie im Tod sein würde. Als er sie später hinter dem roten Baumwolltuch sah, das sie vor dem Schlafengehen zwischen sich aufspannten, kam ihm dieser Gedanke wieder. »Das Reich des Buddha ist voller Gnade«, hätte er am liebsten zu ihr gesagt. Er machte den Mund auf, aber die Worte wollten ihm nicht über die Lippen kommen.

»Frauen brennen besser als Männer«, erklärte er ihr stattdessen noch einmal. Diesmal war sein Ton nachdrücklicher. »Wenn sie frisch im Ofen sind, riechen die Toten wie gebratenes Fleisch.« Nur wenige Minuten später allerdings entwichen den Innereien widerlich stinkende Gase, aber das behielt er für sich.

»Du solltest einmal mit zur Baracke kommen und dir alles anschauen«, fuhr er fort. »Es gibt einen Polstersessel, der früher, vor der Kampagne gegen die ›Vier Alten‹, einem reichen und mächtigen Mann gehörte. Du könntest in dem Sessel sitzen und zusehen, wie die Leichen in den Ofen wandern und zu den Klängen ihrer Lieblingsmusik ins Reich des Glückes und des Friedens eingehen.«

»Es heißt, dass eines Tages Wattebällchen vom Himmel fallen werden«, murmelte die Mutter, und ihr Schatten flackerte länglich auf der pinkfarbenen Wand hinter ihr. »Wenn ich die fallen sehe, werde ich mit dir zur Baracke kommen.«

Panik erfasste den Sohn. Als er noch ein Kind war, hatte die Mutter seine Lügen immer durchschaut. Jetzt war er schon weit über dreißig, fühlte sich in ihrer Gegenwart aber immer noch unsicher. »Komm einfach mal mit und schau es dir an«, sagte er. »Mehr will ich gar nicht.«

Kurz vor Tagesanbruch lugte die Mutter durch die Ritzen in der Holztür nach draußen. Dann wandte sie sich zu ihm um, und ihre grünen Augen funkelten wie die einer alten Katze. Der Sohn traute sich nicht, diesem Blick zu begegnen, doch er spürte, dass etwas Wichtiges vor sich ging. Er wusste, was zu tun war, rollte sich zur Seite und stieg aus dem Bett.

Der Beginn dieses Tages schien Mutter und Sohn aufgewühlt zu haben, denn ihre übliche Morgenroutine war durcheinandergeraten. Normalerweise drückte die Mutter in dem Moment, in dem der Sohn den roten Vorhang beiseiteschob, die Klinke der Eingangstür hinunter und stieß sie auf. Während die Mutter den Herd mit Holzkohlebriketts füllte, lief der Sohn mit der Zahnbürste im Mund durch den verrauchten Raum und trat in den Hof hinaus, um sich draußen die Zähne zu putzen. Wenn die Mutter dann ihren Nachttopf auf die andere Seite des Herds gestellt hatte, ging er wieder hinein, legte seine Zahnbürste weg und trug den Nachttopf zur öffentlichen Latrine. An diesem Tag jedoch war nichts mehr wie sonst. Es war so schlimm, dass seine Mutter schon auf dem Nachttopf saß und pinkelte, als er gerade Zahnpasta auf seine Bürste drückte. Eigentlich durfte er das Pinkeln nur ganz in der Frühe mitbekommen, wenn er noch halb schlafend im Bett lag.

Dies schien der Beginn von etwas Neuem zu sein, und er glaubte, handeln zu müssen. Aber womit sollte er anfangen?

In den letzten zwei Jahren hatte er es sich im Leben gut eingerichtet. Seine Geschäftserfolge übertrafen seine kühnsten Erwartungen. Den Brennofen hatte er eigentlich nur gekauft, weil er ihm gefallen, ja, ihn fasziniert hatte. Dass man ihn nutzen könnte, um Tote darin zu verbrennen, war ihm eher zufällig aufgegangen, als er einer Unterhaltung in der öffentlichen Latrine lauschte. Daraufhin hatte er das Krematorium eröffnet, und bald schon rauschten die Toten durch den Schornstein wie das Wasser aus einer Pumpe. Er selbst war ständig in Bewegung wie die Drehkette der Wasserpumpe, denn in seiner Stadt starben die Leute täglich und bei jedem Wetter, sonntagnachmittags genauso wie mittwochabends. Für ihn war der Sonntag nie ein Ruhetag, denn sonntags schienen sogar noch mehr Leute als sonst zu sterben, besonders Frauen. Frauen wählten immer einen Sonntag, um sich umzubringen. Studenten zwischen sechzehn und zwanzig Jahren zogen zum Sterben den Montag vor. Hausfrauen mittleren Alters starben dienstags. Der Dienstag war der schlimmste Tag für den Unternehmer, weil er die unförmigen fetten Frauenkörper ganz allein durch den Raum schleifen musste. Babys und Frauen, die im Kindbett starben, kamen meist am Mittwoch oder Donnerstag herein. Ältere Parteikader starben am Freitag, einem besonders düsteren und anstrengenden Tag. Er musste die Todesanzeigen in den Zeitungen bis ins kleinste Detail studieren, um herauszufinden, ob der Verstorbene ein Reformist oder ein Reaktionär gewesen war; dann galt es, die Vorbereitungen für ihr endgültiges Abtreten zu treffen. Menschen zwischen zwanzig und dreißig starben gern samstagabends. Die einen überraschte der Tod auf dem Weg zu einer Verabredung, die anderen fanden ihn im Alkoholrausch nach einer Trennung.

Kein Abend der Woche war so romantisch wie der Samstagabend. Die Liebe strömte ins Krematorium wie frisches Blut, und aus dem Kassettenrekorder auf dem klapprigen Tisch schmetterte die ganze Nacht Orffs ›Fortuna, Herrscherin der Welt‹.

Der Sohn beobachtete, wie der Schatten seiner Mutter über die Wand glitt, über den grauen Betonboden kroch und langsam mit dem Kohleofen verschmolz.

Der Morgen ging ruhig vorüber.

Am Nachmittag kämmte die Mutter sich ihr Haar ordentlich und folgte ihrem Sohn nach draußen. Sie sperrte die Haustür ab, setzte sich hinter ihn auf das Motorrad und fuhr zum ersten Mal seit siebzehn Jahren von zu Hause weg. (Wenige Wochen später sollte ein Straßenschreiber aus einer anderen Provinz, der für Analphabeten Briefe verfasste, in die Hütte ziehen.) Zusammen fuhren sie aus der Stadt hinaus. Die Mutter war in ihrem ganzen Leben nie weiter als fünf Blocks gekommen.

Von Kopf bis Fuß in Bestattungskleidung gehüllt, die schon viele andere vor ihr getragen hatten, sah sie bereits wie eine schwelgende Tote aus. Als sie zum Krematorium fuhren, blieben alle stehen und starrten die Frau in den Totenkleidern an. Sie trug sogar die rituellen Papierschuhe an den Füßen. Einige erkannten in ihr die alte Frau, die in der Geschäftsstelle des Bestattungsunternehmers lebte. Als sie den Stadtrand erreichten, kam die Sonne heraus. Der Himmel war blau und es schwebte kein einziges Wattebällchen in der Luft.

Der Sohn führte seine Mutter in die Baracke und starrte sie an. Jetzt erkannte er, dass sie bereits eine Schwelgerin wie alle anderen war und keine Macht mehr über ihn besaß. Sie schienen sogar die Rollen getauscht zu haben. Es hätte ihm körperliche Schmerzen bereitet, diese Frau »Mutter« zu nennen. Sie hatte nichts mehr mit ihm zu tun. In der kühlen Luft der Baracke fühlte er sich plötzlich selbstsicher, und seine neue Rolle war ihm angenehm. Er konnte sich also doch noch verändern. Bis zu diesem Tag hatte er immer nur die Rollen gespielt, die man ihm zuwies, er selbst hatte nichts zu sagen gehabt. Er war nur Sohn gewesen: der Sohn seiner Mutter, der Sohn der Partei, der Sohn des Vaterlands. Bis ins Mark war er Sohn und ausführendes Organ gewesen, doch als er jetzt die Schwelgerin vor sich sah, spürte er, dass er endlich sein eigener Herr war, ein Individuum, auch wenn er noch nicht sicher wusste, wer genau dieses Individuum war. Eines aber war sicher: Er war weder ein gerissener Geschäftsmann noch jemand, der sich insgeheim für eine Führungsperson hielt, und auch nicht der Sohn eines verstorbenen Rechts- abweichlers, der von seinen Schulkameraden gehänselt und verprügelt wurde.

Sein ganzes Leben lang war er an seine Mutter und ihre gemeinsamen Erfahrungen gekettet gewesen. Er hatte wie ein Hund geschuftet, um sie beide über Wasser zu halten, denn wenn sie in dieser Welt überleben wollten, mussten sie Miete, Wasser- und Gasrechnungen zahlen, Unmengen von Pflicht-Prämienanleihen kaufen und mit der durch die Po- litik der Offenen Tür ausgelösten Inflation zurechtkommen. Als er den elektrischen Brennofen der Kunstakademie kaufte, hatte er noch keine Ahnung gehabt, was die Zukunft für ihn bereithalten oder welche Talente er unter Beweis stellen wür- de. Mittlerweile aber vermutete er, dass er die künstlerische Sensibilität seiner Mutter geerbt hatte. Das alte Kohlgesicht war während seiner Kindheit immer wie ein Affe durchs Zimmer gehüpft und hatte dazu gesungen: »Wann wird mein Prinz zu mir zurückkommen?« Sie kannte die gängigen Lie- der aus den dreißiger Jahren des zwanzigsten Jahrhunderts und hatte ihre Liebe zur Musik an den Sohn weitergegeben. (Jener Rechtsabweichler hatte sie wegen ihrer Stimme ge- heiratet, und als er auf der Straße von einem Auto überfahren wurde, hatte er viele glückliche Erinnerungen mitnehmen können.) Obwohl der Sohn heute keine Spuren ihres früheren Zaubers mehr entdecken konnte, wusste er doch, dass diese gewöhnlich aussehende Frau vor ihm das einzige weibliche Wesen war, mit dem er jemals Umgang gehabt hatte. Sie war es, die ihn großgezogen hatte. Diese Vorstellung war ihm besonders zuwider, wenn er es morgens zwischen ihren Beinen plätschern hörte und ihm der Geruch ihres warmen Urins in die Nase stieg. Er hatte nicht mehr damit gerechnet, jemals der lebenslangen Strafe des Sohnseins zu entkommen, doch gerade als er jede Hoffnung aufgeben wollte, hatte das Schicksal ihm ein Licht gezeigt.

Endlich würde dieser schwere alte Schwelger-Körper, der zum Frühstück zwei Dampfbrötchen und eine Schüssel voll Tofu in sich hineingeschaufelt hatte, dem Heer der Toten beitreten. Er wusste, was zu tun war, doch die unvorhersehbare Entwicklung der Ereignisse hatte ihn aus dem Gleichgewicht gebracht. Plötzlich war er nicht mehr der arrogante Parteisekretär seiner Fantasien. Dies war die Wirklichkeit, er konnte sogar seine eigenen Körperausdünstungen auf der Haut der Mutter riechen. Dass die alte Frau außerdem noch Totenkleider trug, verlieh dem Ganzen eine eigenartig dramatische Note. Seine Mutter schien sich jedoch wohlzufühlen; sie glaubte, genau wie im Büro alles unter Kontrolle zu haben, und schien die Bewegungen ihres Sohnes wie mit einer Fernbedienung in der Hand zu steuern.

Sie wuselte wie eine Kakerlake zwischen den Leichen umher, überprüfte Hände und Zähne und kritisierte den jeweiligen Kleidungsstil.

»Diese Frau hat immer noch ihr Armband um«, sagte sie und kniete nieder.

Der Sohn kam herbei, hob die Hand der Toten hoch, um das Armband zu inspizieren, und zog es ihr dann ab.

»Ich kenne diesen Mann. Er hat in der Apotheke in der Friedensstraße gearbeitet.« Die Papierschuhe der Mutter streiften den Kopf eines anderen Leichnams. Sie wirkte aufgekratzt. Der Sohn schaltete kurz den Ofen ein, um zu überprüfen, ob Strom da war.

»Verbrenn den da als Ersten«, sagte sie und überprüfte Hände und Zähne des Apothekers. »Er wusste, dass ich getrocknete Rüben mag, du weißt schon, die, mit denen ich immer Klöße fülle, nachdem ich sie eingeweicht habe.«

Der Apotheker wurde zur Melodie der ›Internationale‹ in den Ofen geschoben. (Nach seinem Tod sollte man ihn posthum zum Mitglied der Kommunistischen Partei Chinas ernennen.) Nachdem der Sohn die Stahltür verriegelt hatte, schaltete die Mutter den Ofen an, und ihre Augen funkelten neugierig und hoffnungsfroh wie die eines jungen Mädchens. Vor ihrer Hochzeit mit dem Kunstlehrer, der später zum Rechtsabweichler erklärt wurde, hatte sie mit einem Lachen reagiert, als ihre Großmutter ihr erzählte, ihr Vater habe sich gerade von einem Gebäude gestürzt. Damals waren ihr die Tränen der Großmutter gleichgültig gewesen, stattdessen musste sie daran denken, wie der Leiter des Zentralkomitees die Kapitalisten in Shanghai genannt hatte, die sich aus Angst vor den Kommunisten von den höchsten Gebäuden stürzten: Fallschirmspringer. Sie hielt das für eine sehr witzige und zutreffende Bezeichnung.

»Du Monster!«, hatte die Großmutter gerufen und ihr ins unschuldige kleine Gesicht geschlagen. »Dein Vater stürzt ab und schlägt sich den Schädel auf, und dir fällt nichts anderes ein, als zu lachen.«

Die Augen der Großmutter hatten vor Wut geblitzt, doch die Mutter konnte nur kichern, denn sie hatte einfach noch keine Vorstellung vom Tod. Nachdem sie dann den Rechtsabweichler geheiratet hatte, lernte sie bald, was für Katastrophen es gab. Für den Rest ihres Lebens musste sie all ihr Können und ihre Gerissenheit einsetzen, nur um über die Runden zu kommen. Allerdings beschäftigte sie sich nicht gerne mit der Vergangenheit. Solange sie genug zu essen bekam, dachte sie immer, würde sie sich schon in dieser grausamen Welt zurechtfinden, es sei denn, sie beschlösse eines Tages, ihrem Leben selbst ein Ende zu setzen. Sie akzeptierte einfach, dass Not und Leid unausweichlich waren. Und außerdem – was hätte sie mit all den Fähigkeiten anfangen sollen, die sie sich über die Jahre hinweg angeeignet hatte, wenn das Leben zu leicht wurde? Möglicherweise wäre ihr dann wirklich nichts anderes übrig geblieben, als zu sterben. Sollte sich jedoch jemals herausstellen, dass der Tod keine Tragödie war, sondern eine neue Art von Leben, eine Flucht, dann könnte er ihr vielleicht sogar ganz attraktiv erscheinen.

Die Mutter saß im Sessel, kämmte sich das glänzende schwarze Haar und wartete darauf, dass das posthume Parteimitglied wieder aus dem Ofen kam. Sie überlegte, ob sie ihre Goldohrringe anbehalten sollte oder nicht, wenn sie an der Reihe sein würde.

Der Sohn zog das Metallblech heraus.

Der Apotheker war makellos weiß. Er sah aus, als wäre er gerade aus der Dusche gekommen. Ein zarter Duft stieg von seinen ordentlichen weißen Knochen auf. Alles Fleisch war vom Körper verschwunden. Erleichtert stellte die Mutter fest, dass auch seine fürchterlich fetten Lippen weg waren.

»Er sieht völlig anders aus«, sagte sie und betastete voller Freude die heißen weißen Knochen.

»Sind sie nicht wunderbar schön und zart?« Ohne Fleisch wirkte der Apotheker alterslos. Wer nicht mit eigenen Augen gesehen hatte, wie er in den Ofen kam, würde ihn sicher für ein Kind oder ein Wesen aus himmlischen Sphären halten.

»Meine Güte!«, rief die Mutter und schlug sich gegen die Brust. »Wenn ich das früher gewusst hätte!«

Der Sohn glaubte zu ahnen, was in seiner Mutter vorging. Vermutlich dachte sie über die »Unsterblichkeit« nach – jenes

Wort, das er schon so oft bei Bestattungsfeiern gehört hatte. Die Mutter wusste jetzt, dass das posthume Parteimitglied unsterblich geworden war.

»Er ist jetzt unsterblich«, sagte der Sohn. »Egal, ob er in den Himmel aufsteigt oder zur Hölle fährt, er wird nicht mehr hierher zurückkommen. Und immerhin hat er es geschafft, sein Erdenleben abzuschließen, ohne dass ihm jemals größere Fehler unterlaufen wären.« Er ging zum Kassettenrekorder und schaltete die ›Internationale‹ aus, um als Gratisbeigabe noch eine Arie aus ›Salammbô‹ einzulegen.

Mutter und Sohn waren erfüllt von dem beglückenden Anblick des Apothekers, der seine sterbliche Hülle abgeworfen hatte, und eine heitere Stimmung ergriff sie. Sie steckten ihre Hände ins heiße Gerippe des Apothekers und nahmen das Mysterium des Todes in sich auf. Betreten stellte der Sohn fest, dass an der Ofentür noch ein Fetzen dampfenden Fleisches hing – eine Schlamperei seinerseits – und entfernte ihn schnell mit einer Metallstange.

»Was für Musik war das gerade?«, fragte die Mutter in melodiösem Tonfall.

»Mussorgskys ›Salammbô‹«, antwortete der Sohn.

»Musso – wer?« Von moderner Musik hatte die Mutter keine Ahnung.

»Für deinen Geschmack ist er vielleicht ein bisschen zu modern.« Der Sohn war nicht willens, auf so dumme Fragen detaillierte Antworten zu geben.

»Ich hätte nichts dagegen, wenn du das Stück auch für mich nähmest.«

Einen Moment lang schwieg der Sohn, dann flüsterte er: »Ich habe noch immer die alte Aufnahme, auf der du diese … diese verderbten Lieder singst.«

»Auch gut. Aber zuerst musst du ›Salammbô‹ spielen.«

»Eigentlich ist es egal, welche Musik ich spiele, du wirst auf jeden Fall weiß wie Schnee aus dem Ofen kommen.«

»Makellos? Versprichst du mir das?« Die Mutter klang, als schachere sie mit einem gewieften Händler.

»Makellos – vorausgesetzt, es gibt keinen Stromausfall.« Aus beruflichem Pflichtgefühl fügte er noch hinzu: »Manchmal kommen Frauen mittleren Alters leicht gelb heraus, ein blasses Goldgelb, wie die Farbe von Getreide. Aber ich werde mein Bestes tun, damit du noch weißer als der Apotheker wirst.«

Dieses neue Gefühl von gegenseitigem Vertrauen machte plötzlich möglich, dass sie sich in die Augen sehen konnten. Sie waren zu einem stillen Einverständnis gekommen und fühlten sich jetzt noch verbundener als in dem Moment, in dem sie gemeinsam Zeugen der wundersamen Verwandlung des Apothekers geworden waren. Früher hatte der Sohn in seiner Mutter immer eine alte Wölfin gesehen. Als Kind bekam er Angst, wenn sie sich ein Kopftuch umband, weil er glaubte, im nächsten Moment würden ihr weiße Ohren sprießen. Hörte er seine Mutter leise summen, wäre er am liebsten weggerannt, denn er befürchtete, sobald sie sich glücklich fühlte, könnte ihr ein grauer, schwingender Schwanz unter dem Rock hervorwachsen. Doch als sie sich jetzt zum vermutlich ersten Mal in ihrem Leben in die Augen blickten, waren sie sich noch einiger als an dem Tag, an dem er im Büro für Öffentliche Sicherheit verhört worden war und ihre ganze Zukunft auf dem Spiel stand.

»Wenn es keinen Stromausfall gibt«, versprach der Sohn, »werde ich dir eine wunderschöne Einäscherung bescheren.« Er wurde jetzt ganz aufgeregt. Er nahm sich ein Stück gebogenen Draht, stocherte in einer breiten Tischspalte und fischte eine Hongkonger Originalaufnahme der Lieder Deng Lijuns heraus. Es war die Aufnahme, die von Premierminister Deng Xiaoping ausdrücklich verboten worden war, die mit dem unanständigen Lied: »Wann wird mein Prinz zu mir zurückkommen?« Es hatte den dekadenten Refrain: »Komm und vertreib die Einsamkeit aus meinem liebeskranken Herzen …«

Der Sohn war bereit. Er hatte allen Groll, den er jemals seiner Mutter gegenüber gehegt hatte, vergessen und wollte jetzt nur noch ihren Bedürfnissen nachkommen. Vorbei waren die Zeiten, in denen sie sich in ihrer Hütte im Hofeingang angegiftet und die Fragen des jeweils anderen nur mit einem kurzen Grunzen beantwortet hatten. Jetzt waren sie ein Herz und eine Seele, einander verbunden wie ein Paar eineiiger Zwillinge. Es war eine Erleichterung. Dieses stille Einverständnis war so tröstlich wie die weichen und warmen weißen Knochen. Das Gesicht der Mutter glühte vor Mutterliebe. Sie war eine Frau, die in ihrer Jugend unanständige Lieder gesungen und deren Augen einen Maler verrückt gemacht hatten. Im Gesicht der alten Frau wirkten dieselben Augen jetzt sanft und freundlich, ein Ausdruck, wie man ihn in der heutigen Zeit gar nicht mehr kennt. Man könnte zehn Jahre lang durch die Straßen der Welt ziehen und würde keinen solchen Blick finden (zumindest nicht in chinesischen Gesichtern. Ein westliches Gesicht mag sanft, ruhig und freundlich wirken, aber in China sind diese Ausdrucksweisen genauso vollständig verschwunden wie Zeichen von Anteilnahme, Mitleid und Respekt.).

Hätte man die beiden durchs Fenster beobachtet, wäre man kaum darauf gekommen, dass sie gerade von intensiven Gefühlen überwältigt wurden. Die beschämende Idee, die dem Unternehmer am Vorabend gekommen war, hatte sich in eine glorreiche Mission verwandelt. Er holte die Schachtel mit dem Foto des Apothekers auf dem Deckel hervor und schüttete ein wenig Asche hinein, dann öffnete er das Fenster, kippte den Rest der Asche hinaus und machte es wieder zu. (Einmal hatte er vergessen, das Fenster zu schließen, sodass sich die draußen herumstreunenden Hunde hereingeschlichen und die zwölf Schwelger, die auf dem Boden aufgereiht lagen, halb aufgefressen hatten.) Er wischte das noch heiße Metallblech mit einem feuchten Lappen ab und legte eine Kassette in den

Kassettenrekorder. Alles war in schönster Ordnung, alles lief nach Plan. Nun musste die Mutter sich nur noch auf das Blech legen. »Jetzt ist es so weit«, sagte er mit sanfter Stimme.

Sie streckte sich lang auf dem Blech aus, so wie sie es gerade bei dem posthumen Parteimitglied gesehen hatte. Die Hände lagen entspannt seitlich am Körper und ihr Blick war zur Decke gerichtet. Gerade als der Sohn den Brennofen einschalten wollte, hielt die Mutter eine Hand hoch und sagte: »Mach die Musik an!«

»Natürlich«, erwiderte er, beugte sich zurück und drückte die Einschalttaste. Zu den Klängen der Arie aus ›Salammbô‹ schob er das Blech langsam in den Ofen. Die Papierschuhe verschwanden als Letztes. An den Sohlen sah er eine graue Aschenflocke und einen hell leuchtenden Reißnagel kleben.

»Die Stromrechnung liegt unter den Prämienanleihen!«, hörte er seine Mutter im Brennofen rufen, als der Refrain des unanständigen Liedes aus dem Kassettenrekorder plärrte. Wortlos strich er sich das Haar zurück und schlug die Stahltür zu.

Aus dem Englischen von Anne Rademacher

Skizze nach der Natur

Dem Vermieter hatte sie früher als Fahrradabstellplatz gedient, doch nun war sie mein Arbeitszimmer: die kleine, schäbige Hütte, die acht Kilometer von dem Ort entfernt lag, in dem ich mit Frau und Kind wohnte. Zu diesem Arbeitszimmer machte ich mich für gewöhnlich jeden Morgen auf den Weg und kehrte am Abend zurück. Ausgerechnet in der allerkältesten Zeit des Jahres hatte ich mit der Begründung, zum Schreiben in strikte Klausur gehen zu müssen, meine Frau für eine Weile um Urlaub gebeten. Ich verstaute also ein paar Dutzend Yuan, die sie mir mitgab, dicht am Körper unter der Kleidung und eilte an meinen Arbeitsort. Honghuacun – Färberdisteldorf – so hieß er. Noch in der Nacht meiner Ankunft begann es zu schneien. Fest in meine Decke gewickelt lag ich im Bett und hörte im Halbschlaf, wie draußen jemand, offenbar mein Vermieter, im Hof umherging und mit einer leisen, seltsam klingenden Stimme sagte: »Oh, es schneit ja.«

Am anderen Morgen saß ich dann, die Füße vor dem Heizgerät ausgestreckt, regungslos über meinem Konzeptpapier und brütete sorgenvoll vor mich hin. Die Erzählung, an der ich gerade arbeitete, hatte bereits die Hälfte der veranschlagten Länge erreicht, doch ihr dramatischer Höhepunkt schien nach wie vor in weiter Ferne zu liegen. Ich fügte ein paar Schriftzeichen hinzu und strich sie kopfschüttelnd wieder durch. Viele weitere Versuche folgten, aber nie war ich wirklich zufrieden. Dann kam mir auch noch der Gedanke, der Höhepunkt könnte sich vielleicht schon hinter einigen der bereits ausgestrichenen Wörter verborgen haben, ich also womöglich nur zu unschlüssig gewesen sein. Während ich so grübelte, fing plötzlich mein Funkrufempfänger zu piepsen an, und eine mir völlig unbekannte Telefonnummer erschien auf dem Display. Trotz der vom Nordwind durch die Luft gewirbelten, eilig tanzenden Schneeflocken lief ich zu einem kleinen Lebensmittelgeschäft, um zurückzurufen. Den Schirm stellte ich am Eingang des Ladens ab und bedeutete dem rauchend auf einem Hocker sitzenden Inhaber mit einer entsprechenden Geste, dass ich telefonieren wolle. Bevor ich aufgetaucht war, hatte er apathisch in den Himmel hinausgestarrt, und so bereitete ihm mein Erscheinen einen Moment lang sichtliches Vergnügen. Wegen des starken Schneefalls waren nur wenige Fußgänger auf der Straße, aber wenn er seinen Lebensunterhalt nicht gefährden wollte, blieb dem Inhaber trotzdem nichts anderes übrig, als den Laden geöffnet zu halten. Er erhob sich vom Hocker, stampfte kurz mit den Füßen auf und blies in seine Hände. Ich hatte schon oft Brot und Zigaretten bei ihm gekauft und war demnach bereits ein alter Kunde, sodass sich jedes Mal, wenn wir uns begegneten, der Austausch von ein paar Höflichkeitsfloskeln kaum vermeiden ließ. Bei solchen Gelegenheiten stellte er mir dann formelhafte Fragen wie »Und, kann dein Töchterchen jetzt schon sprechen?« oder »Na, wie sieht's aus, geht's voran mit dem Veröffentlichen?«. Wohl weil er sich langweilte und wegen des Wetters gab er sich dieses Mal ganz überrascht:

»Ach, da fällt so viel Schnee, und du kommst trotzdem hierher? Es ist doch viel schöner, jetzt zu Hause bei Frau und Kind zu bleiben!«

Ich warf ihm ein kurzes Lächeln zu und dachte bei mir: Na, frierst du dir hier in deinem kleinen Lädchen ohne Kundschaft nicht auch aus freien Stücken den Hintern ab?!

»Oh ja, oh ja, aber was bleibt einem schon übrig?«, antwortete ich, wobei ich seinen gekünstelten Tonfall nachahmte.

Ich wählte die auf meinem Funkrufempfänger angezeigte Nummer, und am anderen Ende der Leitung meldete sich eine unbekannte Männerstimme: »Hallo, ist da Xu Zhi?«

»Ja, hier spricht Xu Zhi.«

»Wo steckst du? Der erste Schnee in diesem Jahr ist doch herrlich, nicht wahr?!«

»Äh … oh ja … der Schnee.«

»Und was macht deine Arbeit? Ich meine das Schreiben.«

»Da läuft alles wie gehabt.«

Plötzlich besann ich mich: »Eh, hör mal, mit wem habe ich denn die Ehre?«

»Willst du raten? Ach was, lassen wir's. Du kriegst es vermutlich doch nicht raus. Ich sag's dir: Ich bin Guo Ping von der Nanjinger Kunsthochschule, Fachbereich Bildende Kunst.«

»Ah, Guo Ping, hallo! Gibt's was Besonderes?«

»Nein, nein. Ich wollte bloß ein wenig mit dir plaudern.»

Durch den Türrahmen drang ein Windstoß und blies mir ins Gesicht, sodass ich vor Kälte unwillkürlich zusammenfuhr. Ich umklammerte den Hörer und drehte mich zum Ladeninneren, wo die hereingewehten, schmelzenden Schneeflocken große nasse Flecken auf dem Fußboden hinterließen. Der Geschäftsinhaber saß schon wieder o-beinig und mit gekrümmtem Rücken auf seinem Schemel neben der Theke und rauchte. Nur ab und zu reckte er seinen Hals und hustete, woraufhin er sofort wieder in sich zusammensackte und weiter vor sich hinstarrte, das eine Auge zusammengekniffen, das andere weit geöffnet. Der lebhafte Schwung, den mein Anblick bei ihm ausgelöst hatte, war mit dem Windstoß auf und davongeweht.

»Na, dann …« Ich kam nicht weiter, da mich Guo Ping unterbrach:

»Wenn du mal irgendwann Zeit hast, könnten wir beide uns über die Schriftstellerei unterhalten. Ich meine ja, dass es zwischen dem Malen und dem Schreiben viele Gemeinsamkeiten gibt.«

»So ist es, so ist es.« Ich wechselte auf dem eisig kalten Boden kurz die Stellung meiner tauben Füße.

»Letztlich handelt es sich in beiden Fällen um Kunst.«

» … außerdem habe ich dieser Tage auch etwas geschrieben und wollte dich bei Gelegenheit um eine kritische Stellungnahme bitten.«

»Ach, dafür bin ich doch gar nicht kompetent genug.« Ich musste wohl oder übel den Bescheidenen spielen. »Also …«

»He …«, er sprach jetzt um einiges lauter, »ich habe gehört, dass du unter schwierigen Bedingungen arbeitest. Hält denn das Dach deines kleinen Zimmers noch? Ist es nicht undicht?»

»Nein, nein, das ist noch in Ordnung, ganz in Ordnung.«

Draußen fuhr ein Auto vorbei. Die Reifen drückten den aufgehäuften Schnee zusammen, dass es knirschte. Zurück im Arbeitszimmer kramte ich in meinem Kopf verzweifelt nach Informationen über Guo Ping. Wann und unter welchen Umständen war ich ihm bloß über den Weg gelaufen? Seinem Tonfall nach zu urteilen, wusste er bestens über mich Bescheid, sodass er zumindest der Freund eines Freundes von mir sein musste. Zwar war ich schon ein paar Mal an der Nanjinger Kunsthochschule gewesen und hatte dabei auch mehrere Dozenten des Fachbereichs Bildende Kunst kennengelernt, aber dieser Guo Ping hatte allenfalls einen blassen Eindruck bei mir hinterlassen. Ich erinnerte mich, dass mir Mao Tao bei meinem Besuch einer Gemäldeausstellung in der Galerie der Fakultät einmal einige seiner Kollegen vorgestellt hatte. Vermutlich war Guo Ping darunter gewesen. Damals hatte ich Mao Taos Kollegen nur grüßend zugenickt, ohne ihr Aussehen weiter zu registrieren. Ich schob die Füße vor das Heizgerät, nahm erneut den Stift zur Hand und beugte mich über das chaotisch bekritzelte Konzeptpapier, dem ich in der Hoffnung, einen Weg zum Höhepunkt der Erzählung zu finden, rasch ein paar Worte hinzufügte. Guo Ping verbannte ich erst einmal aus meinen Gedanken.

Der Schneefall machte keinerlei Anstalten, zum Stillstand zu kommen, sondern hüllte mein Arbeitsstudio von oben bis unten hermetisch ein. Ab und zu stieß ich die Tür meiner kleinen Hütte auf, um auf die Toilette zu gehen, und sah, wie alle Bäume und Felder entlang des Weges unter einer dekorativen weißen Schneedecke ruhten. Dann empfand ich Trauer darüber, in einer fremden Gegend zu sein (isoliert und ganz auf mich gestellt, mit immer weniger Geld in der Tasche), der aber auch heimliche Freude beigemischt war (über das stillschweigende, vor der restlichen Welt verborgene Abkommen, das ich mit dem Schreiben geschlossen hatte, dem einzigen Lebendigen, das mir in dieser Eis- und Schneelandschaft Gesellschaft leistete).

Meinen Bericht über die durchgestandene »Belagerung«, den ich eine Woche später – nachdem sich der Himmel aufgeklart hatte und ich wieder nach Hause zurückgekehrt war – meiner Frau präsentierte, konnte man daher tatsächlich als leicht dramatisch bezeichnen. Ich hatte mich vom Schnee »einschließen« lassen, weil ich jene Mischung aus Trauer und heimlicher Freude ganz bewusst am eigenen Leib erfahren wollte. Das Schneegestöber hatte mir dabei nur einen nützlichen Dienst erwiesen. In Wahrheit aber waren weder der Schnee noch irgendwelche anderen objektiven Faktoren jemals die unmittelbare Ursache meiner Handlungen gewesen.

Mehrere Monate hindurch war ich ununterbrochen mit Schreiben beschäftigt, sodass fast ohne Atempause eine Erzählung nach der anderen entstand. Wenn ich nicht irgendwelchen spontanen Ideen nachgab, fuhr ich normalerweise jeden Morgen zu meinem kleinen Studio und jeden Abend zurück nach Hause. Fast unmerklich begann sich um mich herum das Wetter zu ändern, es wurde allmählich wärmer. Als ich eines Morgens, stimmungsmäßig noch ganz auf Frühling eingestellt, nach Färberdisteldorf radelte, bemerkte ich, dass ich zu viel anhatte und am ganzen Körper schwitzte. Also nahte bereits der Sommer. Die blendende Sonne schien mir ins Gesicht, und plötzlich fiel mir jener Guo Ping wieder ein, mit dem ich im vergangenen Winter telefoniert hatte. Und so machte ich mich eines sehr heißen Nachmittages zur Nanjinger Kunsthochschule auf, um ihm einen Besuch abzustatten.

Am Eingangstor der Hochschule versperrte mir ein Torwächter den Weg.

»Wer bist du und zu welcher Einheit gehörst du?«

Da ich keine Lust hatte, die Frage zu beantworten, sagte ich nur: »Ich suche Herrn Guo Ping vom Fachbereich Bildende Kunst.«

»Ah!« Sofort nahm sein Gesicht einen sanften Ausdruck an. »Du kannst durchfahren.«

Anscheinend ist Guo Ping ziemlich beliebt, dachte ich mir im Stillen. Um vom Eingangstor der Hochschule zu seinem Atelier zu gelangen, musste man eine Wiese überqueren. So weit ich die ausladende, stille Wiese in diesem Moment überblicken konnte, standen darauf nur ein paar mächtige, geduckte Bäume, deren Zweige und Blätter im Wind schwankten, während die Sonnenstrahlen das Gras mit mehreren Schichten kreisförmiger Lichtreflexe besprenkelten. Das klappernde Geräusch, das entstand, als ich mit meinem Fahrrad über den Rasen fuhr, stieg unaufhörlich nach oben, bis es eine Höhe von mehreren hundert Metern erreicht hatte. Würde man von irgendwo dort oben hinabblicken, dann wären ich und mein Fahrrad zu zwei kleinen schwarzen Punkten geworden, verschwindend klein inmitten eines auffälligen, breiten Stücks grüner Wiese, das eine Ecke des

Universitätsgeländes einnahm und von einem dicht mit Bäumen bewachsenen Hügel flankiert wurde. Guo Pings Atelier lag in einem einstöckigen Gebäude, das direkt an den Hang des Hügels gebaut war.

Ich stellte mein Fahrrad ab, stieg ein paar Treppen hoch und schon stand ich vor der Eisentür zum Atelier. Die Tür war einen Spaltbreit geöffnet, sodass ich erst mal den Kopf ins Zimmer steckte. Es handelte sich um einen großen Raum, in dem vor allem ein gewaltiges Ölbild den Blick auf sich zog. Auf dem Bild waren mehrere vollständige menschliche Körper sowie eine Reihe einzelner Köpfe in schmutzig-dunklen Farben zu erkennen. Jemand in kurzem Hemd und kurzer Hose (ich sah ihn nur von hinten) kauerte in der Nähe der aufgestellten Leinwand auf dem Boden. Er hielt einen Pinsel in der Hand und mischte gerade Farben in einer Schale. Als ich an Guo Ping herantrat, blickte er sich um und zwinkerte mir kurz zu. Ich hatte den vagen Eindruck, als hätte ich dieses charakteristische Augenzwinkern schon einmal gesehen. Vermutlich war es ein Ausdruck seiner freundschaftlichen Verbundenheit mit mir.

»Hallo, Xu Zhi!«

Ohne zu zögern rief er mich direkt beim Namen.

»Bitte, nimm Platz.«

Er wies mit dem Kinn auf einen bunt bemalten Holzstuhl, dann drehte er sich wieder um und fuhr in seiner Arbeit fort. Ich rückte den Stuhl vor den Ventilator. Trotz des Luftzugs hörte ich nicht auf zu schwitzen, wahrscheinlich weil ich mich beim Radfahren lange der Sonne ausgesetzt hatte. Natürlich konnte es auch daran liegen, dass ich nervös war. Guo Ping richtete sich auf und setzte noch ein paar Striche auf die Leinwand. Mit zur Seite geneigtem Kopf musterte er sie einen Augenblick. Dann erst warf er den Pinsel mit lautem »Klack« in die Schale, hockte sich auf einen neben mir stehenden Schemel und blickte mich an.

»Was du da malst, ist ...« Ich versuchte, mein Nicht-Verstehen auf angemessene Weise zum Ausdruck zu bringen.

»Xi'an.«

Er beugte sich vor und reichte mir eine Dose Cola vom Tisch herüber. Ich warf einen flüchtigen Blick auf das Bild. Das sollte die Stadt Xi'an sein?! Doch ich sagte stattdessen:

»Ah, dein künstlerischer Geschmack ist wirklich ungewöhnlich.«

Guo Ping winkte bescheiden ab.

»Hier drinnen ist es zu schwül. Komm, setzen wir uns in ein kleines Lokal«, schlug er vor und erhob sich.

Das Lokal lag an der Nordseite des Universitätsgeländes und besaß eine reliefgeschmückte Tür, die Guo Ping öffnete. Die Einrichtung im Inneren war erlesen. An den Wänden hingen einige Ölgemälde, und in einem Winkel lief eine Klimaanlage unbeirrt vor sich hin. Das Serviermädchen war schlicht gekleidet und saß bei unserem Eintreten in sich zusammengesunken da wie eine Blume mit hängendem Kopf. Guo Ping und ich – wir waren die einzigen Gäste – bestellten zwei Flaschen Bier bei ihr. Guo Ping schenkte mir mein Glas ein, und ich beobachtete die vom Boden und den Wänden des Glases aufsteigenden Blasen. Beide sahen wir einander nicht direkt ins Gesicht, oder wenn einer von uns den anderen anschaute, so ließ dieser seinen Blick zwischen Zimmerdecke und Theke schweifen.

»Wo hast du eigentlich früher gearbeitet?«, wollte Guo Ping wissen.

»Bei der Stromversorgung.«

Unsere Bedienung hatte Arme und Kopf schläfrig auf die Theke gebettet.

»Dort hast du ein hohes Gehalt bezogen, nehme ich an.«

»O ja. Damals habe ich monatlich ungefähr tausend Yuan bekommen.«

Er schüttelte bedauernd den Kopf:

»Dass du gekündigt hast, war ein wenig … na ja, allerdings kann man als Künstler wirklich nicht für fünf Scheffel Reis seinen Rücken krumm machen.«

Ich wusste ganz genau, dass ich keine so edlen Motive gehabt hatte, wie Guo Ping sie mir unterstellte, aber ich versuchte auch nicht, mich zu rechtfertigen.

»Tja, so ist das Leben …«, sagte ich nur zweideutig.

Das Serviermädchen hob den Kopf, strich sich über die Stirn und veränderte die Position ihrer auf die Theke gestützten Arme. Dann ließ sie unwillkürlich wieder ihren Kopf dahinter verschwinden.

Unser Gespräch wandte sich allmählich dem künstlerischen Schaffen zu. In diesem Moment kam eine junge Frau zur Tür herein, ihr folgte ein kleines Mädchen mit Zöpfen. Schnellen Schrittes gingen sie an uns vorbei, auf die Theke zu.

»Ich möchte telefonieren.«

»Nur zu«, entgegnete das Serviermädchen träge.

Klack, klack, klack, klack, klack, klack, klack.

»Hallo, guten Tag …«

Ich wandte meinen Blick von der telefonierenden Frau ab und sagte: »Die Kunstwerke, die mir gefallen, sind diejenigen, die voller Überraschungen und Emotionalität stecken. Mit Überraschungen meine ich nicht solche der Story oder der Beschreibung, sondern unvorhergesehene Entwicklungen in Bezug auf die sinnliche Wahrnehmung und die Erzähltechnik. So als würde ganz unerwartet ein Lichtstrahl aus dem Werk hervorbrechen und auf einen Außenstehenden fallen. Genauso wie wir beide jetzt in diesem kleinen Lokal sitzen und plaudern und eigentlich gar nichts weiter los ist, dann aber einfach so diese junge Frau mit dem kleinen Mädchen hereingestürzt kommt und wir unvermittelt spüren, dass da nun etwas ist oder sich etwas verändert hat.«

Den Kopf zur Seite geneigt, starrte Guo Ping auf das Mädchen und die Frau am Telefon. Dann inhalierte er tief den Rauch seiner Zigarette. Schon hatte die junge Frau ihr Gespräch beendet und den Hörer eingehängt. Mit dem Mädchen an der Hand durchquerte sie wieder das Gastzimmer. Nachdem sie verschwunden war, pendelte die Tür noch ein paar Mal hin und her und kam dann zur Ruhe. Das Serviermädchen setzte ihr Nickerchen auf der Theke fort, während die Leuchtstofflampen, die an den vier Wänden angebracht waren, den Raum in ein leicht irreales, milchfarbenes Licht tauchten. Ich war mir unsicher, ob meine Worte bei Guo Ping angekommen waren, ja, ob er mir überhaupt zugehört hatte. Ein verwirrter Ausdruck lag in seinen Augen, wahrscheinlich weil das Bier in seinem Körper bereits Wirkung zeigte. Doch dann hörte ich unverkennbar, wie seine langsam sich öffnenden Lippen einige zusammenhanglose Silben formten:

»Überraschungen … Licht … Frauen.«

Schwankend stand er auf und ging zur Toilette, sodass ich mit der dösenden Bedienung allein im Gastzimmer zurückblieb. Ich nippte an meinem Bier und betrachtete dabei die Bilder an den Wänden. Nach einer Weile kehrte Guo Ping frisch und munter an seinen Platz zurück.

»Aaaah!« Er stieß einen tiefen Seufzer aus. »Wirklich gemütlich hier.«

Ich hatte gerade einen kühlen Schluck Bier genommen, als Guo Ping seine zu schmalen Spalten zusammengekniffenen Augen mit einem Mal weit aufriss und mich unmittelbar fixierte.

Dann begann er zu erzählen, wie er vor einigen Jahren im Spätsommer, das neue Semester hatte eben begonnen, mit einer Klasse von frisch an der Uni aufgenommenen Studenten in den Süden der Provinz Anhui gefahren war, um mit ihnen Skizzen nach der Natur anzufertigen. Unglücklicherweise jedoch fiel ihre Ankunft in einem kleinen Bergdorf gerade in die Regenzeit, sodass vor den Fenstern ihres Quartiers ununterbrochen starke Schauer niedergingen. Der hohe, saftig grüne Bergkamm lag zwar zum Greifen nah, doch man konnte kaum vor die Tür treten. Der Regen schloss sie quasi den ganzen Tag lang in ihren Unterkünften ein – mehreren Dutzend aus Bambus konstruierten und über dem Boden schwebenden Pfahlbauten, die dicht nebeneinander errichtet und durch einen langen, schmalen Wandelgang miteinander verbunden waren. So legten sie sich tagsüber aufs Ohr und veranstalteten abends Partys, auf denen sie sich bis in den Morgen hinein amüsierten, bevor sie, begleitet vom Rauschen des Regens, wieder schlafen gingen. Ein paar Tage später machte ein aus Shanghai kommender Trupp von Kunststudenten im selben Bergdorf Station. Die Unterkunft der Shanghaier Studenten war von ihrer eigenen durch einen Fluss getrennt, aber dieser »Fluss« war in Wirklichkeit nicht viel mehr als ein Wassergraben. Kaum hatte die neue Gruppe ihr Gepäck abgestellt, schickte sie auch schon ein kleines Vorauskommando zu ihnen übers Wasser, das die Lage auskundschaften sollte.

Bald darauf bekam Guo Ping die Anführerin des Shanghaier Trupps zu Gesicht: eine ehemalige Kommilitonin. Als sie beide an der Kunstakademie studiert hatten, war sie zwei Klassenstufen unter ihm gewesen. Damals hatten sie sich oft auf Partys bei gemeinsamen Bekannten getroffen. Keiner von ihnen hätte damit gerechnet, dass sie sich nun an diesem Ort wiedersehen würden. Noch dazu lag ihr Universitätsabschluss bereits etliche Jahre zurück, sodass sie einander beinahe schon vergessen hatten. Doch sowie sie sich jetzt erblickten, brachen sie beide gleichermaßen in laute Rufe der Überraschung aus und klopften sich ganz zwanglos auf die Schultern. Sie legten sofort einen Zeitpunkt fest, an dem sich beide Gruppen treffen und einen Tanzabend größeren Ausmaßes auf die Beine stellen sollten. Und so traten Guo Ping und seine Studenten eines Abends mutig dem Regen entgegen (die Schirme, die sie besaßen, konnte man an einer Hand abzählen, weshalb die meisten von ihnen ungeschützt durch den Regen laufen mussten) und setzten über den Fluss. Die Studenten aus Shanghai hatten bereits für Bier gesorgt und bereiteten ihnen einen herzlichen Empfang. Sie gerieten in eine richtig leidenschaftliche Stimmung, wie sie da so tranken und gleichzeitig im Rhythmus der Musik aus dem Kassettenrekorder das Tanzbein schwangen. In einem unbeobachteten Moment schlüpfte Guo Ping mit seiner Kommilitonin still und heimlich in den stockdunklen Wandelgang hinaus, wo das laute Getrommel des Regens die Musik überlagerte und fortwährend Wassertropfen auf ihre Arme spritzten. Gemächlich spazierten sie den Gang entlang.

»Ich spürte undeutlich, dass ihr langer Rock gegen meine Beine flatterte. Ihre Augen glichen zwei schwarzen, flügelschlagenden Schmetterlingen und schienen durch mich hindurch bis in mein Inneres blicken zu können. Ich wusste nicht, was ich mit ihr reden sollte, und so atmete ich nur den faszinierenden Duft ein, der von ihrem Körper ausging, was eigentlich unglaublich war, da der starke Dauerregen bereits alles mit einem Schimmelgeruch durchdrungen hatte.«

Der aus Bambusrohren gefertigte Wandelgang knarrte unter ihrem Gewicht, während sie sich immer weiter von den tanzenden Studenten entfernten. In einer Ecke berührten sich ihre Hände, und dann nahmen sie sich in die Arme. Aber schnell lösten sie sich wieder voneinander. Der Regen und der gewundene Gang hatten eine gewaltige, unsichtbare Schubkraft erzeugt, die sie gefühlsmäßig völlig von der Außenwelt isolierte.

»Was wir nun erlebten, war ganz anders als unsere sonstigen Erfahrungen: Erfahrungen aus einem Lebensraum, in dem sich so viele Menschen drängten, die Wünsche jedes Einzelnen ständig größer wurden und sich jeder bis zur Erschöpfung nur für sich selbst (und nicht etwa für die anderen) abstrampelte. In jenem kurzen, flüchtigen Augenblick, in diesem Wandelgang, diesem Bergdorf – fernab von all den anderen Menschen und inmitten des prasselnden Regens – spürten wir, dass es auf dieser Welt außer uns beiden nichts und niemanden gab, der über uns bestimmen konnte. Mit einem Mal erfassten wir, was das Wesen des Menschen ausmachte. Und indem wir bis ins Innere dieser Wahrheit vordrangen, vergaßen wir ganz und gar die Tatsache, dass wir Menschen waren, oder anders gesagt: Es bestand keine Notwendigkeit mehr, dies länger zu betonen (während wir uns normalerweise ständig selbst daran erinnern).«

In der grenzenlosen Dunkelheit umarmten sie sich noch einmal. Längst hatte sie der starke Regen bis auf die Haut durchnässt.

»Wie zwei aus Regen gebildete Wesen verschwammen wir ineinander. Es war eine wunderbare Erfahrung, die sich schwer mit Worten ausdrücken lässt.«

Am Tag nach dem Fest hatte es aufgehört zu regnen, und die Studenten saßen auf der Wiese zu beiden Seiten des kleinen Flusses und arbeiteten an ersten Naturskizzen. Hell und klar war die Landschaft nach ihrer Reinigung durch den Regen, und Teile des fernen, blauen Himmels wurden nur noch von den Berggipfeln verdeckt. Guo Ping und seine ehemalige Kommilitonin zogen ihre Schuhe aus und schritten durch das seichte Wasser. Einige mittelgroße Fische wichen ihnen träge aus. Es gab aber auch ein paar dreiste, die ihre Füße als Leckerbissen betrachteten und mehrmals heftig nach ihnen schnappten, was furchtbar kitzelte. Guo Ping bückte sich, stieß seine Hand mehrmals mit einer plötzlichen Bewegung in den Fluss und holte eine Reihe von Fischen heraus, die er aber alle wieder zurück ins Wasser setzte. Seine Kommilitonin versuchte es ihm nachzumachen. Als sie einen Fisch zu fassen bekam, freute sie sich wer weiß wie und gluckste vor Lachen wie ein plätschernder Bach. Mit ihren weißen Füßen trat sie gegen das Wasser, dass die Gischt nach allen Seiten spritzte.

»Es schien, als ob wir schon von klein auf in der frischen Luft dieser Bergwildnis gebadet hätten, als ob wir hier aufgewachsen wären. Kummer und Traurigkeit waren wie weggespült.«

In der Abenddämmerung hielten sie sich unter einem großen Baum umschlungen und lauschten dem geheimnisvollen und fernen, hohlen und doch klangvollen Echo des Windes sowie den Gesängen der Tiere und Insekten, die kurz aus dem Bergwald auftauchten, um gleich wieder darin zu verschwinden. Das Glück hatte von ihnen Besitz ergriffen – aber es war nicht mehr das Glück, nach dem wir Menschen streben, um das Elend dieser Welt zu kompensieren, sondern das reine, natürliche Glück, das wie unsere Chromosomen vom Schicksal bestimmt ist und sich von selbst einstellt.

»Unsere Exkursion dauerte einen halben Monat, mir aber kamen diese zwei Wochen wie mehrere Jahre vor. Danach flogen wir beide (meine Kommilitonin und ich) wie zwei Vögel in verschiedene Richtungen fort und hörten nichts mehr voneinander. Zurück an meiner Schule dachte ich nicht länger an sie, noch dachte ich an die Tage, die ich in Süd-Anhui verbracht hatte. Ich war sehr beschäftigt und fand einfach keine Zeit dafür. Gleichzeitig gab es so gut wie nichts, was mein reales Leben mit ihr und Süd-Anhui verband, weshalb ich noch weniger Lust verspürte, mir das Vergangene ins Gedächtnis zurückzurufen. Und wenn du mich heute nicht besucht hättest, dann hätte ich mich wohl auch weiterhin nicht an sie erinnert. Denn die Tage mit ihr sind verschwunden, und zwar so was von vollständig verschwunden, dass ich mittlerweile gar nicht mehr eindeutig sagen kann, ob ich überhaupt in Süd-Anhui gewesen bin und ob ich jemals eine Kommilitonin gehabt habe, die den Männern so den Kopf verdrehen konnte.«

Guo Ping und ich verbrachten noch den ganzen restlichen Nachmittag in der Kneipe. Als wir schließlich nach draußen traten, wurde es schon dunkel.

Am Eingangstor des Universitätsgeländes sagten wir einander Auf Wiedersehen. Ich schwang mich aufs Fahrrad, wandte mich dann aber noch einmal um und blickte zurück: Das große Tor der Nanjinger Kunstakademie wirkte im Dämmerlicht noch viel höher und mächtiger. Guo Pings hagere, lange Silhouette stand unbeweglich darunter. Ich trat ein paar Mal kräftig in die Pedale, das Rad überwand eine ganz leichte Steigung und rollte dann den Hang hinab. Die Lenkstange fest umklammert, bog ich meinen Körper so weit wie möglich nach vorne, während ich mit beiden Füßen auf den Pedalen blieb, jedoch ohne zu treten. Es war ein schier endloses Gefälle, und zuletzt stellte ich mir sogar vor, dass ich in dieser Haltung bis zu mir nach Hause rollen könnte.

Aus dem Chinesischen von Frank Meinshausen

XIAOLU GUO

Briefe an eine Stadt der Illusionen und Hoffnungen

Brief an G.

Erinnerst Du Dich noch an den Winter des Jahres 1993, als der mongolische Wind über Beijing hinwegfegte? Du warst achtzehn und ich war zwanzig. Wir eilten durch die Nacht, über die Jimen-Brücke. Die Menschen nennen den Kanal dort Xiaoyue He – Kleiner Mondfluss. Das Wasser strömte noch, obwohl es schon fror. In diesem Kanal hat es niemals einen Fisch gegeben, noch nicht einmal Boote sind dort gefahren. An einem der betonierten Ufer lag ein kleines Kiefernwäldchen, aus dem Händchen haltende und sich küssende Liebespaare kamen, Studenten der Kunsthochschule. Für Verliebte gab es nachts nur das Wäldchen als Zufluchtsort. Du hast über die sechziger Jahre in Paris geredet. Ach, all der interessante Quatsch, den wir in der Bibliothek der Filmhochschule gelesen haben, dem einzigen Ort in Beijing, an dem die Zensur keinen Zugriff auf Kunst aus dem Westen hatte. Du hast über Jean-Paul Sartre und Simone de Beauvoir gesprochen. Natürlich. Du hast gar nicht mehr aufgehört, von ihnen zu reden. Du lebtest in einer völlig anderen Zeit und Welt, einer Welt, in der die Männer wie der junge Sartre waren und die Frauen wie die junge de Beauvoir. Du konntest Dir zwar nur zwei Päckchen Fertignudeln am Tag leisten, aber die Bibliothek war kostenlos. Ja, wir lebten zur Zeit der rauen Sandstürme in Beijing, wir waren die Waisen unserer Landesgeschichte. Uns Kinder der Kulturrevolution hatte man nur gelehrt, dass Geschichte und Feudalismus ein und dasselbe sind. Deshalb musste die Geschichte sterben.

Brief an H.

Als ich letztes Mal in Beijing war, wollte ich Dich besuchen, doch man sagte mir, der Fußmassagesalon, in dem Du gearbeitet hast, würde renoviert. Außerdem glaubte ich ohnehin nicht, dass Du noch dort warst.

Ich war die Kundin, die immer gegen Mitternacht kam. Ja, ich war die mit der fettverschmierten Brille, die manchmal einschlief, während Du sie massiertest. Ich war diejenige, die auf Dich einredete, dass Du diese Art Arbeit nicht länger machen solltest. Weil Du der schlaueste Junge in diesem Massagesalon warst, solltest Du aufs College gehen.

Als Du mir erzähltest, dass alle aus Deiner kleinen Heimatstadt in die Großstädte abgewandert seien, um im Massagegeschäft zu arbeiten, wollte ich Dir nicht glauben. Wie viele Einwohner hatte Deine Heimatstadt? 3000? Oder 30000? Du hast gesagt, Henan sei mit mindestens 100 Millionen Einwohnern die am dichtesten bevölkerte Provinz Chinas. Ich stellte mir Tausende junger Menschen aus Henan vor, die ihr Zuhause verließen, um an den Füßen irgendwelcher Großstadtbewohner zu arbeiten. Ja, alle kamen sie nach Beijing oder Shanghai, um an müden Füßen herumzukneten, tagaus, tagein immer nur Füße. Vielleicht erinnerst Du Dich an die Füße Deiner Kunden, jedoch bestimmt nicht an ihre Gesichter.

Du warst siebzehn und hast mir erzählt, dass Du gerne Schauspieler werden würdest. Du seiest gut in den Kampfsportarten und würdest Deine Arbeit jederzeit für eine Rolle in einer Fernsehserie aufgeben. Ich habe Dir die Telefonnummer eines Filmstudios gegeben und Dir geraten, dort anzurufen. Danach habe ich Dich nie mehr wiedergesehen.

Brief an S.

1996 redeten in Beijing noch alle über das legendäre UFO, das ein Jahr zuvor am Himmel über der Stadt aufgetaucht war. Du hast Romane im Stil von Jorge Luis Borges geschrieben, während ich versuchte, mich mit Drehbüchern für Fernsehseifenopern über Wasser zu halten. Wir haben Kohlköpfe in den Hutongs geklaut, und Du hast mir Geld für Zigaretten geliehen. In Beijing durchlebten wir die grausame Geschichte der Jugend – oder ist das der Titel eines Films von Nagisa Oshima? Grausame Geschichte der Jugend, die düsteren sechziger Jahre in Japan. Eines Tages nahmst Du mich mit in ein schummeriges Jazz-Café in der Nähe von Wudaokou. Es hieß ›Lush Life‹ und befand sich direkt neben der Beijinger Hochschule für Sprachen. Du hast behauptet, dass dort der beste Jazz der Stadt gespielt würde. Auf der Bühne standen ein paar schwarze amerikanische Musiker und spielten Saxofon, wir beide waren die einzigen Zuhörer. Ich glaube, es war das erste Mal, dass ich schwarze amerikanische Jazzmusiker sah. Warum waren sie nach Beijing gekommen? Das Leben hier musste doch hart für sie sein. Waren sie nicht einsam? Du wusstest keine Antwort auf meine Fragen. Am nächsten Tag sagtest Du zu mir:»Ich bin ein Mann, ich muss mein Leben in die Hand nehmen. Ich werde bald gehen.«

Dann bist Du verschwunden, genauso wie das Jazz-Café. Sie haben angefangen, die alten, schmutzigen Gassen von Wudaokou abzureißen, in denen man die billigste Chilipaste und das billigste koreanische Essen bekommen konnte. Am liebsten mochten wir den eingelegten Tintenfisch. Das alles ist verschwunden.

Brief an A.

Du warst schön. Wir mochten dieselbe Musik, Miles Davis und Pink Floyd. Und wir liebten die Romane von Eileen Chang. Alle haben Dich für meine jüngere Schwester gehalten. Du hattest Qufu, Deine Heimatstadt in der Provinz Shandong, in der auch Konfuzius geboren wurde, verlassen und warst nach Beijing gekommen, um zu singen. Popsongs aus Hongkong und Taiwan – ›Good bye my Love‹ von Deng Lijun und ähnliche Sachen. Sie waren typisch für die achtziger Jahre, China imitierte immer noch Taiwan. Doch nebenher hast Du auch noch in einer Beijinger Band, einer Art Tanzkorps der Armee, Propagandasongs gesungen. Du hattest einen hübschen Freund, er war aus Beijing und Schauspieler. Bei ihm hast Du gewohnt, in einem alten Hutong-Haus in der Nähe des Bahnhofs Dongcheng. Jedes Mal, wenn ein Zug in die Provinz abfuhr, hast Du das Pfeifen und die Glocken gehört. Ich habe Dich in Deinem kleinen Haus ohne Fenster besucht. Wir haben Hot Pot mit Lamm und Pak Choi gegessen. Das Haus war verfallen, und an der von Feuchtigkeitsflecken übersäten Betonwand hing ein großes Stück Stoff mit Blumenmuster – Lilien blühten auf der Wand. Es waren silberne Lilien. Du lebtest im Haus der silbernen Lilien.

Dann hast Du mich in meiner Kunsthochschule besucht, in meinem Studentenzimmer mit den vier Stockbetten und dem großen Schornstein, der schwarzen Rauch nach draußen spuckte. Du bist einfach hereingekommen, in der einen Hand etwas Entenfleisch, in der anderen ein Buch – der Titel lautete ›Existenzialismus oder Postmarxismus?‹ Es stammte von einem Harvard-Professor – oder war er aus Berkeley? »Verstehst Du, was da drinsteht?«, fragte ich Dich. »Ich muss es verstehen«, hast Du geantwortet.

Du wolltest Dein Leben ändern, denn Du hattest erkannt, dass eine kleine Popsängerin keine Zukunft hatte. Du wolltest ins Ausland, nach Amerika, ganz egal wohin, Wisconsin oder Oregon oder Kentucky. Wir haben über Max Weber diskutiert, einen Deutschen, der als Neomarxist galt. Ja, zu der Zeit haben wir an den Kunsthochschulen noch über Neomarxismus diskutiert, zumindest noch so lange, bis wir uns den Kopf darüber zerbrachen, wie man an ein MBA-Diplom kam. Später sind wir in eine dunkle Bar gegangen, um uns Beijinger Punkbands anzuhören. Dort sang Cui Jian den ›Rock and Roll auf einem neuen Langen Marsch‹. Es gab auch Teenager-Bands. Du kanntest sie alle und warst ihr größter Fan. Du hast Dir die Haare rot gefärbt und glitzernde Schlaghosen getragen. War das nun Elvis-Presley-Stil oder eine Imitation der Hongkongmode? Eines Tages hast Du mir dann geschrieben: »Ich bin verheiratet und lebe jetzt in Kopenhagen. Und ich vermisse Beijing.«

Brief an W.

Ich wollte Dir Fotos von dem Brunnen schicken, jenem Brunnen in der Verbotenen Stadt, in dem die Lieblingskonkubine des Kaisers auf Befehl seiner Mutter Cixi ertränkt wurde.

Sicher erinnerst Du Dich noch an unseren Ausflug in die Verbotene Stadt. Ich hatte das Gefühl, es könne auf der ganzen Welt kein Museum geben, das so leer war wie dieses. Na gut, es war nicht völlig leer, aber dafür waren alle Galerien geschlossen.

»Wo sind die vielen Schätze?«, habe ich gefragt. »Wahrscheinlich alle in Taiwan, im Verbotenen Palast von Taipeh«, lautete Deine Antwort. »Oder im British Museum, wo sie die Jade und die Buddhas hingeschleppt haben, und die Stühle, auf denen einmal – oder auch ihr ganzes Leben lang – die Kaiser saßen.«

Wie typische chinesische Touristen aus der Provinz machten wir Fotos von dem berühmten Brunnen, dem Zhen-Fei-Brunnen. Sein Wasser schien bodenlos tief zu sein und es machte mir Angst. Die Geschichte der Konkubine Zhen Fei, die von Kaiser Guangxus Mutter umgebracht wurde, war zu traurig. Drehen wir die Zeit zurück ins Jahr 1900, das Jahr, in dem die ›Allianz der Acht Nationen‹ – die Armeen von England, den USA, Frankreich, Deutschland, Russland und anderen Ländern – in China eindrang. Kaiserinwitwe Cixi musste mit all ihren Eunuchen vor den Ausländern aus der Stadt fliehen. Die Eindringlinge eroberten Beijing und brannten die Häuser nieder. Kaiser Guangxu liebte seine inoffizielle Konkubine Zhen Fei gegen den Willen seiner Mutter. Cixi floh ohne den Kaiser aus der Hauptstadt, weil dieser dort mit den Eroberern verhandeln sollte, doch bevor sie aufbrach, ließ sie noch Zhen Fei in den Brunnen werfen. Das Mädchen ertrank. Möglicherweise war dies nicht der »historische« Brunnen, der vielleicht ganz woanders und noch nicht einmal in der Verbotenen Stadt lag. Aber das spielt keine Rolle. Für all die verwirrten Chinesen, denen während der Kulturrevolution ihre Geschichte abhanden kam, zählte nur eines: Eine schöne Konkubine wurde in einem Brunnen ertränkt, weil sie ihren Herrn liebte – oder weil die Geschichte wie ein Kassettenrekorder immer weiterlaufen sollte.

Jetzt, wo ich über diesen Fotos sitze, möchte ich Dich bitten, noch einmal dorthin zu gehen. Schau nach, ob der Brunnen immer noch da ist oder ob er längst einem ›Starbucks‹-Café weichen musste. Er war im Norden der Verbotenen Stadt, direkt hinter dem Ningshou-Palast. Ich hoffe, er ist nicht ausgetrocknet.

Brief an M.

Mitten in der Nacht habe ich am Flughafen von Beijing auf Dich gewartet. Wir sind im Taxi gefahren, Deinen roten Koffer zwischen uns. Du schautest auf die Pappeln, die in Reih und Glied an der Schnellstraße standen. Stille in der Dunkelheit. »Brave Bäume«, war Dein Kommentar. Brave Bäume – war das Deine Einstellung zu Beijing? Oder meintest Du die Bürger der Stadt und ihren Gehorsam? Die Regierung? Nein, die Regierung bestimmt nicht, das konnte wirklich nicht sein.

In dem roten Koffer hattest du mir einen Kunstbuchroman mit dem Titel ›Griffin und Sabine‹ mitgebracht. Ich hatte noch nie zuvor ein ausländisches Buch gesehen und erst recht nicht einen Roman, in dem echte Briefumschläge und Postkarten steckten, die man lesen musste, um der Geschichte folgen zu können. Vielleicht war es eine Liebesgeschichte, aber für mich war es das erste Kinderbuch für Erwachsene – und bis zu diesem Tag hatte ich in meinem ganzen Leben noch kein Kinderbuch gelesen.

Es war das Jahr 2001 und ganz Beijing litt unter den Bauarbeiten an den verrückten neuen Ringstraßen. Ich verließ die eine Hochschule und begann an einer anderen zu unterrichten. In dieser Zeit musste ich oft an die Briefliebe zwischen Griffin und Sabine denken – ein Mann in London schreibt Postkarten an eine Frau auf einer mysteriösen Insel im Südpazifik. Wo genau im Südpazifik mochte diese Insel liegen? In meinem von Kakerlaken bevölkerten Appartementturm stand ich auf dem Bett und schaute auf die an die Wand geklebte Weltkarte. Ob sie Fidschi meinten? Samoa? Nauru? Oder die Salomonen?

Und dann wurde ich allmählich wie der Mann in ›Griffin und Sabine‹, der so einsam war, dass er sich eine Frau erfinden musste. Damals machte ich in Beijing nichts anderes, als in meinem Schlafzimmer zu sitzen und Tagebücher vollzukritzeln. Die Bauarbeiter arbeiteten weiter an der Vierten und dann an der Fünften Ringstraße, die zwar alle um die Verbotene Stadt herumführten, aber keine in sie hinein. Das ist Beijing. Ein Kraftwerk, dem die Tür zu seiner wichtigsten Kammer fehlt.

Als der Frühling kam, sprangen die Blüten im Chaoyang-Park auf und ich las in den Zeitungen über den »Lebensstil des Erfolgs« – Autos, Hypotheken, den kollektiven Mittelklassetraum.

Ich verwandelte mich in Griffin, und Sabine verwandelte sich in mich.

Ein Jahr später verließ ich Beijing. Ich ging nach London. Jetzt sitze ich auf dieser windigen Insel, weit entfernt von allen Kontinenten der Welt, in einem Schlafzimmer, von dem aus ich die Ahornbäume in London Fields sehen kann, über denen dunkle Regenwolken hängen. Auch hier klebt eine Weltkarte an der Wand. Bevor ich diesen Brief an Dich schließe, muss ich aufstehen und auf die Karte schauen. Ich will diese Stadt wiederfinden, diese Stadt der Illusionen und Hoffnungen unserer Jugend.

Aus dem Englischen von Anne Rademacher

Ein Besuch in der Heimat

Der Bahnhof in Kanton glich wie immer einem brodelnden Topf mit gefüllten Teigtaschen: Kreuz und quer durcheinander saßen, lagen, standen oder kauerten Menschen, oder sie drängelten sich vor den Fahrkartenschaltern wie eine Herde von Schweinen. Hätte man dort ein Ticket kaufen wollen, wäre man seinem Ziel vermutlich selbst mit gebundenen, winzigen Lilienfüßen keinen Schritt näher gekommen. Qian Xiaohong begann sich eben Sorgen zu machen, als plötzlich ein junger Mann auf sie zutrat.

»Wohin die Reise? Wohin wollen Sie?«

»Wohin ich will? Was geht dich das an?«

Qian Xiaohong warf ihm einen verächtlichen Blick zu. Sein verschwitztes, fettglänzendes Gesicht stieß sie ab.

»Ich kann Ihnen Fahrkarten besorgen, egal wohin.«

Er sagte das lachend, ohne sich über ihre barsche Antwort verärgert zu zeigen. Ein leibhaftiger Lei Feng am helllichten Tag!

»Ich muss nach Changsha. Was kostet da ein Ticket?«

»Ha, 15 Prozent Aufschlag auf den Normalpreis, einverstanden? Kleine Aufwandsentschädigung fürs mühevolle Anstehen!«

Je näher es auf den Mittag zuging, desto heißer brannte die Sonne vom Himmel. Am liebsten hätte Qian Xiaohong auch ihr ärmelloses Trägerkleid ausgezogen.

»Na gut. Ich nehme eine Karte.«

»Dann rühren Sie sich nicht vom Fleck. Ich bin in drei Minuten wieder da.»

Genau drei Minuten und zehn Sekunden später kam der junge Mann zurück. Mit gesenkten Händen rückte er ganz dicht an sie heran, als gehörten er und Qian Xiaohong zusammen.

»Der Zug fährt um 18 Uhr«, sagte er leise, »geben Sie mir das Geld bitte so unauffällig wie möglich.«

Qian Xiaohong warf einen symbolischen Blick auf die Fahrkarte und bezahlte. Rasch war der junge Mann in der Menge verschwunden.

»Das ist kein echtes Ticket!« Es war 18 Uhr, sie stand an der Fahrkartenkontrolle, und die abweisende Stimme der Kontrolleurin wirkte auf Qian Xiaohong wie ein betäubender Donnerschlag.

»Kein echtes?«

»Es ist gefälscht.«

»Meinen Sie etwa, ich will Sie betrügen?«

»Wo haben Sie das gekauft?«

Der Lockenkopf der Kontrolleurin, auf dem eine große Dienstmütze thronte, erinnerte an ein Hühnernest.

»Auf dem Bahnhofsvorplatz.«

»Das sind fliegende Ticketverkäufer. Garantiert echte Tickets gibt es nur an den Schaltern!«

Beim Wort Bahnhofsvorplatz schien die Kontrolleurin erleichtert. Sie lachte geringschätzig: »Die fliegenden Händler legen die Leute doch nur rein.«

Mittlerweile war es schon fast völlig dunkel geworden. An diesem Tag konnte sie sicher nicht mehr fahren. Allerdings blieb Qian Xiaohong keine Zeit, um sich viele Gedanken zu machen, denn schon kamen nacheinander Grüppchen von Leuten auf sie zu, die Dienstausweise von Hotels um den Hals trugen.

»Unterkünfte! Suchen Sie eine Unterkunft? Ticketservice! Wir besorgen Ihnen auch Zugtickets. Transport in kostenlosen Pendelbussen. Auf die Echtheit unserer Tickets ist absolut Verlass!«

Dieser letzte Satz klang verlockend. Und so stieg Qian Xiaohong in einen der luxuriösen Busse und ließ sich in ein abgelegenes Gästehaus im Kantoner Stadtteil Sanyuanli bringen. Dort hatte jedes Zimmer fünf Betten, das Bett für 30 Yuan die Nacht – eine von lauten Schnarchgeräuschen begleitete Nacht. Am anderen Tag kaufte sich Qian Xiaohong endlich ihr Ticket und bestieg ohne weitere Verzögerungen den Zug.

Das Schwanken der Waggons korrespondierte mit ihrer inneren Unruhe und Nervosität: Eigentlich hatte sie noch gar nicht genügend Zeit gehabt, um über die Sache mit ihrem Schwager nachzudenken. Ob die Leute aus ihrem Heimatdorf die Geschichte wohl schon vergessen hatten? Ihre Taschen waren mit Spielsachen und Süßigkeiten für die Neffen sowie mit Kleidern für ihre ältere Schwester vollgestopft. Auch dem Schwager hatte sie etwas kaufen wollen, es nach längerem Grübeln aber dann doch gelassen. Von den Seidentüchern, den Haarspangen, den Lippenstiften und den anderen zusammengewürfelten Kleinigkeiten hatte sie gleich ein paar Dutzend besorgt. Zu gegebener Zeit würde sie sie an Nachbarn und gute Freunde verschenken, beziehungsweise an alle diejenigen, die sie mit einem Lächeln begrüßten.

Qian Xiaohong ist zurück! Nach über einem Jahr weg von zu Hause ist sie wieder da! Auch in diesem Dorf, das über keinerlei moderne Kommunikationsmittel verfügte, verbreiteten sich Nachrichten in Windeseile, also keineswegs langsamer als über elektronische Medien. Kaum hatte Qian Xiaohong ihr Elternhaus betreten und einige Schlucke kalten Tee geräuschvoll ihre Kehle hinunterrinnen lassen, kamen daher bereits die ersten Leute lachend zur Tür herein. Sie begutachteten Qian Xiaohong, sagten, sie sei schlanker und hübscher geworden, strichen über ihr Kleid – das ist mal wirklich ein anderes Muster! – und zogen erst zufrieden ab, nachdem jeder von ihnen irgendein kleineres oder größeres Mitbringsel in den Händen hielt. Dann kam die Schwester nach Hause. Sie verhielt sich wie eine echte ältere Schwester, denn sie erwähnte die damaligen Geschehnisse mit keinem Wort und fragte Qian Xiaohong stattdessen nur nach allen möglichen anderen Dingen. Als Qian Xiaohong die Kleider vor ihr ausbreitete und ihr zum Geschenk machte, war sie von den leuchtenden Farben wie geblendet.

»Was für schicke Sachen«, meinte sie. »Wo kann man darin bloß hingehen?«

»Na, du kannst sie zu Hause anziehen oder wenn du in den nächstgrößeren Ort bummeln gehst. Du kannst sie aber auch zur Arbeit auf dem Feld anziehen. Ich kaufe dir noch mal welche.«

Auf dem Gesicht der Schwester breitete sich ein gequältes Lächeln aus.

»Xiaohong«, sagte sie, »was hast du in S. eigentlich gemacht?«

»Na, ich war Zimmermädchen in einem Hotel. Das habe ich euch doch geschrieben, Schwesterchen.«

Qian Xiaohongs ältere Schwester schüttelte den Kopf: »Binde mir doch keinen Bären auf. Alle im Dorf sagen, dass du … du … du in jenem Gewerbe, na du weißt schon, tätig warst.«

»Das hab ich nicht gemacht, ich hab mich nicht verkauft! Ich hatte eine anständige Arbeit. Schwester, die Leute mögen mich für eine Lügnerin halten, aber glaubst du mir denn ebenso wenig?«

Bekümmert schüttelte die Schwester ein weiteres Mal heftig den Kopf. Nichts zu machen: Jeder, der nach S. ging, tat dort nur eine Sache, davon waren alle überzeugt.

»Schau dich doch an. Wer würde das nicht vermuten, so gut wie du gekleidet bist.«

»Du merkst es vielleicht gar nicht, aber du redest ganz schön schäbig über mich.«

Qian Xiaohong spürte langsam Wut in sich aufsteigen: Diese Bande! Gerade hatten sie sich noch lachend von ihr verabschiedet, in Wahrheit aber verbreiteten sie hinter ihrem Rücken Verleumdungen über sie. In der Spucke von Gerüchten war schon manch einer halb ertrunken. Aber Qian Xiaohong war schließlich nicht umsonst in S. gewesen und hatte dort etwas von der Welt gesehen. Außerdem hatte sie kaum noch etwas mit ihrem Heimatdorf zu tun und würde sich bloß für kurze Zeit hier aufhalten. Sollten die Leute also ruhig dumm daherreden. Was ihr jedoch aufs Gemüt schlug, war, dass überraschenderweise auch ihre Schulkameraden und Freunde aus der Kinderzeit auf Distanz gingen und sie mieden, als hätte sie die Pest. Unterkühlt antworteten sie auf ihre Fragen, die von keinem Schmutz befleckten Köpfe hoch erhoben.

»Ihr blinden Esel! Ich spuck auf euch! Verfluchte Herde von blinden Eseln! Ihr seht nichts, und kapieren tut ihr auch nichts«, schimpfte Qian Xiaohong insgeheim, denn sie verachtete solche Selbstgefälligkeit von ganzem Herzen. An diesem Tag hatte sie noch Kraft in den Beinen und rannte daher trotz der anstrengenden Nacht im Zug von einem Nachbarn zum anderen. Am folgenden Tag aber gab sie auf. Wie waren diese Leute, die von morgens bis abends im Schlamm wateten, nur an ihre plötzliche Reinheit und Erhabenheit gekommen? Und was hatte sie so bösartig gemacht?

Trotzdem: Wollte man Qian Xiaohongs Heimkehr schon nicht mit einem Blitz vergleichen, so hatte sie doch zumindest die Wirkung einer Leuchtstofflampe, die ja – wenn auch weit weniger intensiv – gleichfalls Helligkeit verbreitete.

Qian Xiaohongs Heimkehr erzeugte ein ungewohntes Licht, oder anders gesagt, sie sorgte für eine frische Brise. Schon wenige Tage später gaben sich die Leute in Qian Xiaohongs Elternhaus erneut die Klinke in die Hand. Einige von ihnen baten ihre Schwester, doch für sie ein gutes Wort bei ihr einzulegen. Sie wollten, dass Qian Xiaohong ihren Söhnen und Töchtern dabei half, eine Arbeit in der Stadt zu finden. Ihre Schwägerin Chun Shu tat sich in dieser Hinsicht am meisten hervor, denn sie schickte eine Mittelsperson und kam außerdem noch persönlich vorbei. Chun Shu litt an beiden Augen an einer Bindehautentzündung, deren Schwellungen die Form von kleinen Dreiecken hatten. Bei windigem Wetter liefen ihr ununterbrochen die Tränen übers Gesicht. Nach dem Wind pflegte sie außerdem ihr Fähnlein zu hängen: Was immer ihr auch zu Ohren kam, sie glaubte es und übernahm es kritiklos. Um das Gerücht, Qian Xiaohong sei in S. »jener Tätigkeit« nachgegangen, erwarb sie sich unleugbare Verdienste, indem sie es unter allen Leuten verbreitete und so noch Öl ins Feuer goss. Nachdem sie Qian Xiaohongs Geschenk, eine bunte Haarklammer, entgegengenommen hatte, überlegte sie bei sich zu Hause erst eine Weile hin und her und passte dann eine günstige Gelegenheit ab, um die Nachbarin erneut zu besuchen. Dabei überschüttete sie Qian Xiaohong zunächst aus heiterem Himmel mit Lobeshymnen, bevor sie tief aufseufzte und zu einer bewegenden Rede ansetzte:

»Ach, in diesen Zeiten kann man sich nicht mal mehr eine gute Ausbildung leisten, jede Kleinigkeit kostet gleich Geld. Unsere zweite Tochter hat aber auch gar keinen Ehrgeiz, ihre Noten sind schlecht, da wollen wir dieses Jahr nicht einfach noch mal Geld zum Fenster rauswerfen. Aber weißt du, wenn sie tagein, tagaus nur zu Hause hockt, dann macht mich das ganz nervös, und so nutzlos herumzuhängen ist doch auch nichts Gescheites! Kleine Schwester Hong, nimm sie doch mit nach S., dort könnte sie sich einen Job suchen und etwas Geld verdienen, meinst du nicht auch?«

Was für eine schamlose Frau, dachte Qian Xiaohong. Überall hat sie von meiner angeblichen Arbeit in S. herumerzählt, und jetzt würde sie so weit gehen, ihre eigene Tochter ins Verderben zu stoßen.

Chun Shu wischte sich über ihre geschwollenen Augen und versuchte, einen traurigen Eindruck zu machen, um von den niederen Absichten abzulenken, die hinter ihrem Vorschlag steckten. Qian Xiaohong dagegen schnitt ein neues Thema an, indem sie mit gespielter Verwunderung fragte:

»Schwägerin Chun Shu, sind deine Augen denn immer noch so zugempfindlich? Sobald ich wieder in S. bin, werde ich mich sofort nach einer vernünftigen Medizin für dich umsehen.«

»Kleine Schwester Hong, du bist wirklich mitfühlend. Das mit meinen Augen ist ein altes Problem, das ist nicht so schlimm. Aber was die Zukunft meiner Tochter betrifft, da darfst du nicht vergessen, uns zu helfen.«

»Ja, ich weiß. Aber sie kommt bloß mit mir mit, wenn du dir keine Sorgen machst.«

»Wenn ich sogar beunruhigt wäre, wenn sie mit dir weggeht, mit wem könnte ich sie denn dann weggehen lassen, ohne mir Sorgen zu machen!«

Trotz ihrer Speichelleckerei wurde Chun Shu nicht im Geringsten rot. Und wie es im Volksmund heißt: Menschen geben bei Freundlichkeit nach und Eier bei Reibung. Nachdem ihr ihre vierzigjährige Nachbarin derart geschmeichelt hatte, begann in Qian Xiaohong daher wirklich die Absicht zu keimen, der Tochter zu helfen. So sagte sie:

»Sobald ich wieder in S. bin und Kontakte geknüpft habe, werde ich dir schreiben. Warte einfach, bis du Nachricht von mir bekommst!«

Chun Shu schwang sofort begeistert ihren Hintern herum,

lief nach Hause und kam mit über einem Dutzend Eiern wieder zurück.

»Kleine Schwester Hong, wir haben viele Hennen zu Hause, die legen schnell wieder neue Eier, sieh es einfach als einen Gefallen, den du mir tust, und iss sie gleich auf. Hast du auch Lust auf Hundefleisch? Wenn ja, dann bitte ich jemanden, unseren Hund zu schlachten.«

»Schwägerin Chun Shu, rühr auf keinen Fall euren Hund an. Ich reise gleich nach dem Drachenbootfest ab. Aber die Eier werde ich mir kochen. Alles andere lass sein, du machst dir zu viele Umstände!«

Ihren Schwager sah Qian Xiaohong am Tag des Drachenboot-festes wieder, er saß ebenfalls am Mittagstisch. So wie es sich für einen Festtag gehörte, gab es ein großes Essen, doch während alle tüchtig zulangten, machte ihr Vater einen trübsinnigen Eindruck. Zum einen weil Qian Xiaohong schon am folgenden Tag abreisen wollte, und zum anderen weil die Leute im Dorf einmütig behaupteten, er habe eine Tochter, die sich in S. prostituiere. Dadurch hatte er völlig sein Gesicht verloren.

»Unsere Familie steht doch nicht ohne Geld da, wie konnte so was also nur passieren?« Der Vater hatte ein paar Schlucke Schnaps getrunken und machte nun seinem Herzen Luft.

»Es ist mir egal, wenn andere so daherreden, aber wenn selbst ihr mir nicht glaubt, dann bin ich wirklich erledigt! Mir ist der Appetit vergangen!«, rief Qian Xiaohong und warf ihre Essstäbchen auf den Tisch.

»Schwester, Schwager – ihr beide glaubt mir also auch nicht?«

Die Schwester blieb so schweigsam wie ein Kopf Grün-kohl, während der Schwager – ebenfalls ohne ein Wort zu verlieren – wie ein Esel an seinem Essen weiterkaute. Aus den Augenwinkeln warf er einen heimlichen Blick auf Qian Xiaohong und entdeckte, dass sie viel westlicher aussah als früher. Unversehens hatte sie sich weit von ihm entfernt: ein von seiner Handfläche auf- und davongeflogener kleiner Vogel. Ein jähes Gefühl des Verlustes stieg in ihm hoch, und er fasste den Entschluss, Qian Xiaohong, bevor sie ging, also gleich an diesem Abend, noch mal so richtig flachzulegen.

Qian Xiaohong, die keinen Bissen mehr hinunterbrachte, saß nun stumm am Esstisch und weinte. Ihr Herz wurde so kalt wie das Essen in den Schüsseln und Schalen.

»Bei Mamas Grab: Sobald ich zurück in S. bin, werde ich mich tatsächlich verkaufen. Erst dann wird mir wieder leichter ums Herz sein!«

Mit diesen dahingeschleuderten Worten stand sie vom Tisch auf und lief in ihr Zimmer. Dort wollte sie eigentlich in hemmungsloses Weinen ausbrechen, aber nachdem sie eine ganze Weile mit den Tränen gekämpft und doch keine hervorgebracht hatte, merkte sie, dass sie sich eigentlich überhaupt nicht traurig fühlte. Was die Leute dachten und wie ihre Familie sie behandelte – all das war ihr in Wirklichkeit herzlich gleichgültig.

Nachdem sie ihre Sachen für die Reise gepackt und sich die Kehle mit einem Schluck Wasser befeuchtet hatte, entschied sie, am anderen Tag in aller Frühe aufzubrechen. Wenn sie nur still zum Abschied winkte, würde sie niemanden stören; sie würde so unauffällig gehen, wie sie gekommen war. Gerade als sie Papier und Stift aus einer Schublade kramte, um ihrem Vater einen Brief dazulassen, flog, von einem kalten Windstoß begleitet, mit einem Mal die Tür auf und der Schwager stand im Zimmer. Seine Augen glänzten und funkelten wie die einer Katze bei Nacht. Qian Xiaohongs Schreck war so groß, dass ihre Brust bebte und sie Papier und Stift von sich stieß.

»Was schleichst du dich hier lautlos an wie ein Geist? Willst du mich zu Tode erschrecken? Weshalb bist du gekommen?«

»Da du ja morgen früh weg willst, bin ich extra gekommen … um dir etwas Gesellschaft zu leisten.«

Der Schwager trug ein Unterhemd und darunter eine lange Hose. Seine Füße steckten in Pantoffeln. Er schlurfte ins Zimmer und zog dabei die Tür hinter sich zu, deren Schloss ein helles Klacken hören ließ.

»Beeil dich! Wenn wir zu lange brauchen und deine Schwester sieht nach dir, dann haben wir den Salat.«

Noch während er sprach, knöpfte er sich die Hose auf und zog ein billiges Kondom aus der Tasche, das er anscheinend kostenlos von der kommunalen Abteilung für Geburtenplanung erhalten hatte. Er legte es auf den Tisch und fuhr fort, sich hastig seine Kleider abzustreifen.

»Zieh dich wieder an, du bist ja verrückt! Was machst du da?«, stellte ihn die fassungslose Qian Xiaohong zur Rede.

»Was ich da mache? Ich hab's dir schon verdammt lange nicht mehr besorgt, und wenn wir es heute nicht tun, wer weiß, wann wir's dann wieder machen können!«

Die Hände des Schwagers wurden langsamer. Schließlich zog er seine Hose am Bund hoch und blieb starr und verwundert stehen. So hatte er Qian Xiaohong noch nie erlebt.

»Du willst mich immer noch vögeln? Und würdest du mich am Ende zu Tode vögeln, dann wär dir das auch egal, was? Außerdem …«, Qian Xiaohong deutete auf das Kondom auf dem Tisch, »warst du nicht ebenfalls der Meinung, ich würde in S. auf den Strich gehen? Verdammt noch mal, du bist wirklich widerwärtig!«

Qian Xiaohong packte die Wut. Allein der Gedanke an die vielen Male, die ihr erbärmlicher Schwager auf ihr gelegen hatte, löste einen Brechreiz bei ihr aus. Jetzt sah sie aus jeder seiner Poren Schmutz und Stumpfsinn quellen, wie bei einem Stück Vieh. In den Fluss sollte er springen, dachte sie, um sich mal richtig sauber zu waschen.

»Haben dich all deine Freier auf den Hund gebracht? Ich

zeige dir meine Zuneigung, und zum Dank beschimpfst du mich?!«

Diese Worte ihres Schwagers nahmen Qian Xiaohong fast den Atem. Sie machte einen Satz auf ihn zu und gab ihm – klatsch! – eine schallende Ohrfeige, so schnell, dass er ihrer Hand nicht mehr ausweichen konnte.

»Mensch aus der Familie Yang, du elender Dreckskerl, dich habe ich zum letzten Mal Schwager genannt.«

Der Schwager wollte schon zurückschlagen, zögerte dann aber und gab Qian Xiaohong nur einen Stoß.

»Und du schlägst mich auch noch«, sagte er mit dumpfer Stimme.

Nun, da er wusste, dass Qian Xiaohong nicht so leicht zu bändigen war wie ihre ältere Schwester, wurde er erkennbar nachgiebiger.

»Das sage ich dir: Behandele bloß meine Schwester gut. Und wenn du noch einmal wild in der Gegend herumvögeln solltest, dann hacke ich dir deine Eier ab und gebe sie den Hunden zu fressen, pass nur auf!«

Ihre Warnung begleitete Qian Xiaohong mit einer Geste des Abhackens. Den Schwager überlief ein kalter Schauer und er hielt unwillkürlich seine Hände vor den Schritt.

»Kleine Schwester Hong, du … du … du … Über ein Jahr bist du weggewesen, wie bist du bloß so boshaft geworden?«

»Vor über einem Jahr, da war ich eine echte Sau. Aber das kannst du ja doch nicht verstehen. Und nun zieh Leine, schnell. Ich will schlafen!«

Qian Xiaohongs Brust ging heftig auf und ab. Der Schwager stopfte das Kondom zurück in die Tasche und verschwand wie ein Schatten, sein Gesicht ein einziges Fragezeichen. Da Qian Xiaohong ohnehin nicht einschlafen konnte, legte sie sich den Briefbogen zurecht und schrieb mit Tränen in den Augen – Tränen, hervorgerufen durch die Demütigungen und Verletzungen des Schwagers – den Brief an ihren Vater weiter.

Papa,

ich bin schon weg. Heute komme ich bis Changsha, wo ich versuchen werde, noch ein Zugticket für diesen Abend zu ergattern. Im Zug werde ich mich dann die Nacht über behelfsmäßig einrichten, ohne richtig schlafen zu können. Dann bin ich noch mal über zwei Stunden mit dem Bus unterwegs, bevor ich es geschafft habe. Über meinen Besuch hat sich niemand im Dorf gefreut, weil die Leute eine falsche Meinung von mir haben. Für sie tun offenbar alle, die nach S. gehen, dort unmoralische Dinge. Fremde Leute stellen nun mal gerne wilde Vermutungen an, sie müssen mir nicht glauben. Aber dass meine eigene Familie genauso denkt, hat mich sehr verletzt. Es gibt vieles über S. zu berichten, das ich Dir wegen der knappen Zeit nicht erzählen konnte, außerdem wusste ich, dass Du all die Tage über wütend auf mich gewesen bist. Alles, was ich sagen wollte, kann ich Dir jetzt nur in Form dieses Briefes zurücklassen. Keiner von euch ist je in S. gewesen, ihr habt alle lediglich Gerüchte darüber gehört, sodass ihr nur Bruchstücke der Wahrheit kennt. Ihr wisst nicht, dass dort viele Leute ihr Geld sehr mühsam und hart verdienen. In den Fabriken essen sie in der Mittagspause einfache Fertignudeln zu fünf Mao das Päckchen und kleine Snacks, die einen Yuan zehn kosten. In einem fort müssen sie Überstunden leisten und arbeiten auf diese Weise über zehn Stunden pro Tag. Trotz der Plackerei kommen sie lediglich auf einen Monatslohn von drei- oder vierhundert Yuan. Sie teilen sich zu acht oder neunt ein kleines Zimmer und können sich das ganze Jahr hindurch nur mit kaltem Wasser waschen. Ihre Betten sind sehr schmal, ständig kommt es vor, dass jemand nachts im Schlaf von ganz oben aus einem Stockbett stürzt. Einige brechen sich dabei sogar die Beine und werden arbeitsunfähig, aber in der Fabrik trägt trotzdem niemand die Verantwortung dafür. Kein einziger Betrieb wird jemals Mitgefühl mit seiner Belegschaft haben. Die soll lediglich arbeiten wie eine Maschine und so selbst zu einer riesigen Gelddruckmaschine werden, allein das wird erwartet. In einer Metallwarenfabrik ist einem Jungen mal während der Arbeit von einer Maschine die Hand abgetrennt worden, und die Fabrik soll ihm angeblich nur ein paar Tausend Yuan Schadensersatz gezahlt haben. Damit zeigte sie sogar noch einen Funken Gewissen, denn es gibt andere Fabriken, denen es schlicht egal ist, wenn du stirbst oder einen Unfall hast, und in denen die Arbeiter nicht wissen, wo sie sich beschweren können. Ich selbst habe es noch einigermaßen gut getroffen, ja, ich kann fast von Glück reden. Weil mir jemand geholfen hat, bin ich in eine Fabrik geraten, in der es zwar lange Arbeitszeiten gab, in der die Arbeit selbst aber noch relativ leicht war. Ein paar Monate später konnte ich dann als Zimmermädchen in einem Hotel anfangen, wo es viel besser ist als in der Fabrik.

Papa, natürlich gibt es Frauen, die in jenem Gewerbe tätig sind, doch ich finde, dass man auch mit ihnen großes Mitleid haben sollte, denn es ist keineswegs so, dass sie von Natur aus Spaß an dieser Arbeit hätten. Ein großer Teil von ihnen hat viel Not und Elend durchgemacht, und einige wurden auch vom Leben in diese Rolle gezwungen. In S. habe ich ein paar junge Frauen kennengelernt, die auch aus unserer Gegend stammen, hübsche Mädchen mit einem guten Charakter. Eine von ihnen hat diesen Weg eingeschlagen, weil sie Geld brauchte, um ihrer Mutter eine Operation zu bezahlen. Sollten wir Menschen wie sie auch noch beschimpfen?

Ganz etwas anderes, Papa: Denk nicht nur immer an Deine Arbeit, sondern kümmere Dich stattdessen mehr um meine Schwester. Und pass auf Deine Gesundheit auf. Um mich brauchst Du Dir keine Sorgen zu machen.

Leb wohl, Papa.

Die Luft des frühen Morgens war frisch und kühl, als Qian Xiaohong in aller Stille das Dorf verließ. In einiger Entfernung setzte sie sich zwischen ein paar Weiden an einen Fluss und blieb dort lange sitzen. Erst als das Gras unter ihr schon ganz zerdrückt war und ihr Magen zu knurren begann, erhob sie sich und lief eilig zum Bahnhof. Doch dort angekommen, zeigte die Uhr erst kurz nach acht, sodass sie in einer nahe gelegenen Imbissbude noch eine Schale Paprikanudeln aß. Von ihrem Platz aus studierte sie die Passanten und zählte die Beine, die an ihr vorbeiliefen. Wer wusste schon, wohin diese Leute gingen. Wer wusste, ob sie auch etwas zum Frühstück gegessen hatten, ob sie am Abend zuvor Sex gehabt hatten, ob sie über ihren Alltag klagten oder ob sie besondere Dinge in ihrem Leben erreichen wollten. Richtungslos schweiften Qian Xiaohongs Gedanken mal hierhin, mal dorthin. Dann war es beinahe Zeit für sie, aufzubrechen, doch mit einem Mal hatte sie aller Mut verlassen. Plötzlich stand sie ganz allein in der Welt.

Aus dem Chinesischen von Frank Meinshausen

HA JIN

Die Frau aus New York

Keiner aus der Nachbarschaft hätte je geglaubt, dass Chen Jinli zurückkommen würde. Als sie vor vier Jahren beschloss, nach Amerika zu gehen, hatten viele von uns versucht, ihr das auszureden. Was wollte sie denn noch? Sie unterrichtete Mathematik am Lehrerseminar unserer Stadt, hatte einen fürsorglichen Ehemann und eine reizende Tochter, die bald in den Kindergarten kam, und die Familie hatte gerade eine Vierzimmerwohnung im Parterre eines Neubaus zugeteilt bekommen. Wir konnten einfach nicht verstehen, warum sie unbedingt ins Ausland wollte. Manche Leute sagten, es sei wegen des Geldes, doch die meisten von uns bezweifelten das. Natürlich hörte man immer wieder, in Amerika läge das Geld auf der Straße, aber wer glaubte das schon? Wäre sie ein junges Mädchen gewesen, hätte man ihre Motive schnell erraten. Dann nämlich hätte sie es entweder auf einen Platz im College oder auf einen ausländischen Ehemann abgesehen .gehabt – einen Auslandschinesen oder einen Weißen. Aber sie war bereits über dreißig und hatte Familie. Entgegen aller Ermahnungen reiste sie in jenem Frühsommer ab. Bald darauf erzählten ihre Schwiegereltern, beides hohe Beamte in der Stadtverwaltung von Muji, ihren Kollegen und Freunden, dass Jinli nicht zurückkommen werde. Der Kommentar der älteren Leute lautete einhellig: »Was für eine herzlose Frau. Wie kann man seine Familie einfach im Stich lassen? Was ist schon so toll an Amerika?«

Und nun war sie wieder da. Sie wirkte völlig verändert, trug eine Goldkette um den Hals, hatte rot geschminkte Lippen und getuschte Wimpern, ja, sogar ihre Fußnägel waren rot lackiert. Wir fragten uns, warum ihre Absätze zehn Zentimeter hoch sein mussten, obwohl sie kaum damit gehen konnte und immer wieder bei anderen Halt suchte. Ihr Make-up und ihr Auftreten schienen das Gerücht zu bestätigen, dass sie die fünfzehnte Konkubine eines reichen Chinesen in New York geworden war.

Während der ersten Monate ihrer Abwesenheit erzählte uns ihr Mann Chigan, dass sie an einer Sprachenschule Englisch lerne, um später ein Graduiertenprogramm für Mathematik absolvieren zu können. Dann hörten wir, dass sie krank geworden und ans Bett gefesselt sei. Ein Jahr später ging das Gerücht um, sie habe ein Juweliergeschäft in New Yorks Chinatown eröffnet. Das, so glaubten viele, konnte nur ein Geschenk von diesem reichen alten Mann sein.

In den letzten Briefen an Chigan teilte sie mit, dass sie zurückkommen und für immer bei ihm und dem Kind bleiben werde. Doch als sie dann auftauchte, hatten wir unsere Zweifel. Sobald man sie fragte, ob sie wieder zurück nach New York ginge, sagte sie jedes Mal: »Nein. Ich habe meine Arbeit dort verloren. Das Juweliergeschäft wurde geschlossen.« Einige ihrer Verwandten versuchten herauszubekommen, wie viel Geld sie drüben gemacht hatte, doch auf deren neugierige Fragen erwiderte sie bloß: »Ich habe kein Geld. Wie kann man als Bedienung reich werden? In Amerika geht die Hälfte des Lohnes für Steuern drauf. Man verdient zwar mehr, aber alles ist auch entsprechend teuer.«

Junge Leute, die gern mehr über das »Schöne Land«, wie es im Chinesischen heißt, erfahren wollten, versuchten, mit ihr über New York zu reden, doch sie schüttelte bloß den Kopf und sagte: »Eine schöne Stadt, allerdings bloß für Reiche.«

»Aber die New Yorker sind doch fast alle Millionäre, oder?«

»Nein. Ein paar gibt es, aber die Mehrzahl der Leute arbeitet härter als wir. Einige haben nicht mal eine Wohnung und müssen auf der Straße schlafen.«

Ihre Worte waren eine herbe Enttäuschung für die leichtgläubigen jungen Menschen, die überzeugt waren, die Wall Street sei mit Goldbarren gepflastert.

Der Zeitpunkt ihrer Rückkehr war unglücklich gewählt. Es war Hochsommer, eigentlich die schönste Jahreszeit im Nordosten, wenn das Wetter angenehm ist und die Märkte frisches Obst und Gemüse anbieten. Aber ihre Tochter Dandan hatte Schulferien und blieb auch über Nacht bei Chigans Eltern, wohin sie eine Woche vor Jinlis Rückkehr gebracht worden war. Es sah beinahe so aus, als wollte man das Kind aus dem Weg schaffen. Die Kleine hatte ihre Mutter fast schon vergessen. Wenn wir sie fragten, ob sie sie vermisste, sagte sie: »Nein.«

Jinli war enttäuscht, ihre Tochter nicht treffen zu können, und ließ ihre Wut an Chigan aus. Er versuchte, sie zu beruhigen, und versicherte, Dandan werde in ein paar Tagen zurück sein.

Eine Woche lang machte Jinli Hausputz. Obwohl Chigan als Maschinenschlosser beim Institut für Schiffsbau arbeitete, war er ein ungeschickter Mann. Als verwöhntem Einzelkind hatte ihm zudem niemand beigebracht, wie man einen Haushalt in Ordnung hält. Jinli kehrte Eierschalen unter dem Bett hervor und fand die Heimorgel unter Staub erstickt, ebenso die Schränke und Regale. Spinnweben hingen in allen Zimmerecken, und in den Räumen roch es muffig, sodass sie erst einmal tagelang lüften musste. Die Bettdecken starrten vor Schmutz, manche hatten Brandlöcher von Zigaretten. Sie erfuhr auch, dass die Waschmaschine, die sie vor zwei Jahren aus Amerika geschickt hatte, bei ihren Schwiegereltern stand. Am schlimmsten aber war, dass alle ihre Jasmin- und Päonienpflanzen vertrocknet waren. Wie ausgedörrte Skelette standen sie in ihren Töpfen, deren Erde mit Zigarettenkippen und halb abgebrannten Zündhölzern übersät waren. Bereits nach drei Tagen war in der Wohnung wieder das einst so gewohnte Türenschlagen und Geschirrklappern zu hören – das Paar nahm seinen Dauerzwist wieder auf.

»Pack deine dreckigen Socken und Unterhosen zusammen und wasch sie gefälligst bei deinen Eltern«, kommandierte sie.

Ohne ein Widerwort sammelte er seine Wäsche in eine Pappschachtel. Dann beklagte sie sich über die Zigarettenkippen in Küche und Bad. »Hier kommt man sich vor wie in einem Krematorium«, wiederholte sie ständig.

Schließlich schob er seine Drahtrandbrille mit den Fingerspitzen nach oben und sagte: »Wenn es dir hier nicht mehr gefällt, warum bist du dann überhaupt zurückgekommen?«

»Bild dir bloß nicht ein, ich wäre wegen dir wieder hier.« Sie biss sich auf die Unterlippe, sodass ihre regelmäßigen, weißen Zähne zum Vorschein kamen. Auch das blieb eines ihrer Geheimnisse: Bevor sie nach Amerika gegangen war, hatte sie krumme, vorstehende Zähne gehabt, jetzt waren sie gerade und von schimmerndem Perlmutt. Infolgedessen stand auch ihre Oberlippe nicht mehr vor. Die amerikanischen Zahnärzte verstanden ihr Handwerk, so viel war klar.

Sie war tatsächlich nicht wegen Chigan zurückgekehrt. Sie hatte ihre Tochter vermisst, und eben deshalb wollten Chigans Eltern nicht, dass Dandan ihre Mutter traf. Sie hassten Jinli, verleugneten sie als Schwiegertochter und nannten sie in Gegenwart anderer »Flittchen«. Als Jinli dann eines Abends an der Tür ihrer Schwiegereltern erschien und bat, kurz mit ihrer Tochter sprechen zu dürfen, wies ihre Schwiegermutter sie mit den folgenden Worten ab: »Sie will dich nicht sehen. Eine Mutter wie du existiert für sie nicht. Lass dich hier nicht mehr blicken mit deinen angemalten Augen.«

Chigans Vater stand, eine Fliegenklatsche in der Hand, im

Wohnzimmer und schüttelte bloß den grauen Kopf. Er hatte der Tür den Rücken zugewandt und tat so, als hätte er seine Schwiegertochter nicht gesehen.

»Wann … wann wird sie nach Hause kommen?«, fragte Jinli.

»Ihr Zuhause ist hier«, entgegnete Chigans Mutter.

»Lasst sie mich wenigstens kurz sehen.« Tränen standen in ihren Augen, doch sie versuchte, sie zurückzuhalten.

»Nein, sie möchte nicht von dir gestört werden.«

»Mutter, verzeih mir nur dieses eine Mal, bitte!«

»Nenn mich nicht ›Mutter‹. Du bist nicht länger meine Schwiegertochter.«

Die Tür wurde geschlossen. Jinli begriff, dass sie ihr Kind nie zu sehen bekommen würde. Was sie auch unternahm, es gelang ihr nicht, mit Dandan, die in dem Backsteinbungalow russischer Bauart festgehalten wurde, Kontakt aufzunehmen. Chigan einzuschalten hatte keinen Sinn; sie wusste, dass er nie etwas gegen seine Eltern unternehmen würde. Womöglich war er mit deren Vorgehen sogar einverstanden.

Als wir erfuhren, dass sie ihre Tochter nicht sehen durfte, meinten einige, das geschehe ihr recht, schließlich habe sie das Kind im Stich gelassen. Einige wenige jedoch hatten Mitleid mit ihr und vertraten die Ansicht, dass sie Chigan nun, da sie das Kind nicht sehen durfte, verlassen sollte, schließlich habe er diese Art der Ergebenheit nicht verdient. Wir waren jedenfalls gespannt, was sie als Nächstes tun würde.

Zwei Jahre nach Jinlis Abreise war ihr Name von der Lohnliste des Lehrerseminars gestrichen worden, also gehörte sie nicht länger einer Arbeitseinheit an, sondern zählte zum Heer der Arbeitslosen. Wir fragten uns, wie sie ohne Arbeit existieren konnte. Das hier war das sozialistische China und nicht New York, wo es genügte, einem alten Kerl schöne Augen zu machen. Sie wusste nicht, dass sie ihre Stelle als Lehrerin für immer verloren hatte, sondern war davon ausgegangen, die Streichung von der Lohnliste sei nur vorübergehend. Als man ihr sagte, dass sie infolge ihres Lebenswandels in Amerika nicht länger als Lehrerin in Frage käme, war sie völlig schockiert.

Dann kam ihr zu Ohren, dass es Professorin Fan Ling gewesen war, die das Konkubinen-Gerücht in Umlauf gesetzt hatte. Einige rieten ihr, die Kollegin offen anzugreifen. Niemand mochte Professorin Fan; sie war gerissen wie eine Tigerin und hatte Anfang der fünfziger Jahre einen Abschluss in Erziehungswissenschaften an der Universität Moskau gemacht. Fan Ling habe sie nur deshalb verleumdet, behauptete Jinli, weil sie sich geweigert habe, für deren Neffen zu bürgen, als dieser in den USA studieren wollte. »Schließlich bin ich keine amerikanische Staatsbürgerin«, erklärte sie den anderen, wobei sie die schlanken Hände mit dem ziselierten Goldring am Mittelfinger vorstreckte. »Rechtlich gesehen war ich dazu gar nicht befugt.« Das mochte stimmen, aber ihre Worte überzeugten nicht.

Man ließ Jinli wissen, dass Fan Ling am Dienstagnachmittag einer Lehrerkonferenz beiwohnen würde. Das wäre eine gute Gelegenheit, sie öffentlich bloßzustellen. Erwartungsvoll sahen wir der Szene entgegen und waren zur Stelle, um einzugreifen, falls die Sache aus dem Ruder laufen sollte. Schließlich war Fan Ling eine alte Dame und litt an Bluthochdruck und einer Nierenschwäche.

Doch zu unser aller Enttäuschung erschien Jinli am Dienstagnachmittag nicht im großen Hörsaal. Professorin Fan saß in einer der letzten Reihen und döste vor sich hin, während der Rektor uns darüber informierte, wann wir die Gruppe von Kriegshelden aus dem vietnamesischen Grenzgebiet willkommen heißen sollten, die auf dem Campus zu den Studenten sprechen sollten.

Später erklärte Jinli, dass sie gegen Fan Ling eine »Verleumdungsklage erheben« werde und diese »bezahlen« müsse. Was für eine sonderbare Einstellung! Wer hatte je davon gehört, dass ein Gericht sich mit derlei Lappalien befasste? Abgesehen davon gab es für private Konflikte keine Rechtsanwälte; solche Fälle wurden entweder durch Vermittlung des Seminars oder zwischen den Betroffenen selbst geschlichtet. Manche meinten, jetzt sei Jinli endgültig übergeschnappt; man musste annehmen, dass sie im Ausland tatsächlich einen sehr freizügigen Lebenswandel geführt hatte. Wie wäre sie sonst darauf verfallen, dass »zahlen« eine Lösung für ein solches Problem sein könnte? Schließlich ging es hier um die Ehre ihres Namens, die keine noch so hohe Summe wiederherstellen konnte. Sie hätte selbst darum kämpfen und Gleiches mit Gleichem vergelten müssen.

*

Eines Morgens ging sie zum städtischen Büro für Auswärtige Angelegenheiten, um sich nach einer Arbeitsstelle zu erkundigen. Sie hatte gehört, dass dort Englisch-Dolmetscher gesucht wurden, da die Stadt vor Kurzem für ausländische Besucher geöffnet worden war. Um Touristen anzulocken, hatte man auf einer der Inseln im Songhua-Fluss einen Freizeitpark errichtet. Jinli füllte sechs verschiedene Formulare aus, konnte sich aber bei keinem der zuständigen Personalleiter persönlich vorstellen. Eine junge Sekretärin sagte ihr, sie solle am kommenden Donnerstag wiederkommen, bis dahin würde das Büro ihre Personalakte kommen lassen. Jinli heftete den Formularen die Zeugniskopie einer amerikanischen Sprachschule bei, aus der hervorging, dass sie alle vorgeschriebenen Prüfungen abgelegt habe und ihr mündliches Englisch »hervorragend« sei. Sie sagte der Sekretärin, dass sie am liebsten als Fremdenführerin arbeiten würde.

»Soweit ich weiß, sollen neun eingestellt werden«, flüsterte die junge Frau, die den Blick nicht von den Lippen der Bewerberin abwenden konnte. Eine dicke Schicht Lippenstift ließ sie fast violett erscheinen.

Da Jinli vermutete, dass sie eine Sprachprüfung ablegen müsse, hörte sie täglich mindestens drei Stunden BBC oder Voice of America und arbeitete noch einmal eines ihrer TOEFL-Lehrbücher durch. Selbst beim Wäschewaschen hatte sie das Radio an. Als sie am Donnerstag wieder in das Büro kam, wurde sie zum Abteilungsleiter vorgelassen. Der Beamte war groß, um die fünfzig und hatte eine kleine Glatze. Er hörte aufmerksam zu, während sie ihre Qualifikation für die Arbeit mit ausländischen Touristen darlegte. In ihrem Eifer ließ sie sich hinreißen, ihm zu erzählen:»Ich habe vier Jahre lang in New York gelebt und bin viel in Amerika herumgekommen. Ich könnte unserer Stadt in mancher Hinsicht nützlich sein, denn ich habe viele Bekannte dort. Außerdem besitze ich einen internationalen Führerschein.«

Der Mann räusperte sich und sagte:»Fräulein Chen, wir freuen uns über Ihr Interesse an dieser Stelle.« Sie wunderte sich, dass er sie nicht mit »Genossin« anredete, schließlich war sie weder Ausländerin noch kam sie aus Taiwan. »Vorgestern haben wir uns Ihre Akte angesehen«, fuhr er fort.»Leider müssen wir Sie enttäuschen, wir können Sie nicht einstellen.«

»Warum?« Sie war völlig verwirrt. Es konnte unmöglich schon genügend Bewerber für die neun Stellen geben.

»Ich will ja nicht unhöflich sein, aber wenn Sie darauf bestehen, den Grund zu erfahren: Wir brauchen Leute, denen wir vertrauen können.«

»Warum? Bin ich etwa keine Chinesin?«

»Sie haben bereits eine dauerhafte Aufenthaltsgenehmigung für die Vereinigten Staaten, nicht wahr?«

»Ja, aber ich bin nach wie vor Staatsbürgerin der Volksrepublik China.«

»Es hat nichts mit Ihrer Staatsbürgerschaft zu tun. Wir wissen nicht, was Sie in New York gemacht und wie Sie in den vergangenen Jahren gelebt haben. Wie können wir Ihnen da vertrauen? Wir müssen darauf bedacht sein, den Ruf unseres Landes zu schützen.«

Jetzt verstand sie; weitere Einwände waren zwecklos. Man hatte ihre Akte aus dem Lehrerseminar angefordert und war darin auf ihren Lebenswandel in New York hingewiesen worden. Ihr Gesicht rötete sich vor Wut.

»Nehmen Sie es nicht zu persönlich, Fräulein Chen. Ich wollte Sie nicht verletzen, ich habe Ihnen nur die Entscheidung des Büros mitgeteilt.« Auf seinem Schreibtisch marschierte eine glänzende Ameise geradewegs auf sein Tuschefass zu; er zerquetschte sie unterm Daumennagel und wischte das tote Tier an seinem Oberschenkel ab.

»Ich verstehe.« Sie stand auf und verließ grußlos das Zimmer.

Während sie vor dem Verwaltungsgebäude auf den Bus wartete, konnte sie die Tränen nicht zurückhalten. Immer wieder tupfte sie sich mit einem zartrosa Papiertaschentuch die Wangen. Sie angelte in der Handtasche nach ihrem Schminktäschchen und wischte mit Hilfe des Spiegels die Reste ihres Make-ups weg. Das Kunstlederetui erregte die Aufmerksamkeit eines jungen Mädchens, dessen Blick begehrlich zwischen Jinlis Halskette und dem schimmernden Täschchen hin und her wanderte.

*

Nachdem es mit der Anstellung nicht geklappt hatte, verfolgte sie eine neue, für uns höchst überraschende Idee. Sie versuchte, Chigan zu überreden, mit ihr nach Amerika zu gehen. Das machte ihm Angst. Abgesehen von ein paar Floskeln wie »Good morning«, »Long live China!« und »Friendship« sprach er kein Englisch. Während der vergangenen drei Jahrzehnte war keine Familie aus unserer Stadt so weit fortgezogen;

niemand hatte den Pazifik überquert, lediglich ein paar wenige sind nach Hongkong und Japan gegangen. Eine junge Frau, so erzählte man sich, sei von ihrem Ehemann, kaum waren sie in Hongkong angekommen, an ein Bordell verkauft worden. Kein Wunder also, dass Chigan von den Plänen seiner Frau verunsichert war. Er war fest überzeugt, dass sie ihn nach der Ankunft als Arbeiter oder Gigolo verkaufen würde. Er war gut gebaut, ein wenig klein geraten vielleicht, aber kräftig, mit einem flachen Gesicht und runden Schultern. Diese Art von Arbeit würde er nicht lange durchhalten. Er weigerte sich also energisch, sie zu begleiten, und sagte: »Ich bin Chinese. Ich will kein ausländischer Teufel werden.«

»Aber New York hat ein großes Chinesenviertel«, versuchte sie ihm die Sache schmackhaft zu machen. »Dort brauchst du kein Englisch zu sprechen. Überall gibt es Chinesen; Bücher, Zeitungen, Fernsehen, Filme, alles ist chinesisch. Keine Sorge, du musst kein amerikanischer Teufel werden.«

»Ich will aber nicht!« Seine Knopfaugen funkelten, und die Nasenflügel bebten.

»Ach komm, wir könnten jede Menge verdienen. Das Leben dort ist besser als hier. Du kannst jeden Tag Fleisch und Fisch essen.«

»Warum bist du dann zurückgekommen?«

»Um dich mitzunehmen.« Ihre aprikosenfarbenen Augen blinzelten ihm unter langen Wimpern zu. »Ich bin doch nicht um meinetwillen ins Ausland gegangen. Habe ich dir vor vier Jahren nicht gesagt, dass ich ein neues Leben für unsere Familie aufbauen würde?«

»Ja, das hast du gesagt.«

»Na also, und jetzt bin ich gekommen, um dich und das Kind zu holen. Wenn wir hart arbeiten, können wir reich werden und uns ein großes Haus kaufen und zwei Autos. Würdest du nicht gern am Steuer eines nagelneuen Ford sitzen?«

»Nein. Ich kann doch gar nicht fahren.«

»Das kann man lernen, ich habe es auch gelernt. Glaub mir, es ist einfacher als Fahrrad fahren.« Ihre Hände umfassten ein imaginäres Lenkrad, das sie nach links und rechts drehte, während sie den Kopf mit halb geschlossenen Augen nach hinten lehnte.

Er schluckte. »Nein. Selbst wenn du mir einen Berg aus Gold versprichst, ich gehe nicht.«

»Außerdem, Chigan, können wir dort noch ein Kind bekommen.« Wieder blinzelte sie ihm zu, und ein Grübchen bildete sich auf ihrem Kinn.

Das schien ihn nachdenklich zu stimmen, denn er hatte sich schon immer einen Sohn gewünscht, durfte aber in China keine weiteren Kinder haben. Doch nach einem Augenblick des Schweigens sagte er: »Dandan genügt mir. Ich möchte nicht noch mehr Kinder.«

»Bist du wirklich damit zufrieden, dein Leben lang als Maschinenschlosser in dieser Schiffswerft zu arbeiten?«

»Glücklich ist, wer sich zu bescheiden weiß.«

»Na gut, wenn du wirklich nicht willst, dann lass wenigstens Dandan mit mir gehen. Sie wird dort eine gute Zukunft haben. Sie kann nach Harvard gehen.«

»Was ist das?«

»Die beste Universität der Welt.«

»Besser als Oxford auf keinen Fall.«

»Bitte, lass sie mitgehen.« Wieder versuchte sie zu lächeln, doch ihr Gesicht wirkte verzerrt.

Natürlich würde er ihr das Kind nie anvertrauen. Sie konnte seine Zurückweisung nicht länger ertragen, und so bat sie ihn unter Tränen, dass er sie Dandan wenigstens einmal sehen ließe. Ihr Weinen stimmte ihn ein wenig milder, und er willigte ein, mit der Tochter zu sprechen, um zu hören, was sie davon hielt.

Am folgenden Nachmittag radelte er zu seinen Eltern. Auf dem Gepäckträger seiner »Fliegenden Taube« hatte er einen Karton mit einem elektronischen Keyboard befestigt, ein Geschenk, das Jinli ihrer Tochter aus Amerika mitgebracht hatte.

Chigans Vater reagierte ungehalten. Er nannte seinen Sohn einen Dickkopf und hielt ihm vor, dass Jinli das Kind, sobald sie mit ihm spräche, leicht überreden könnte, mit ihr nach Amerika zu gehen. »Wieso durchschaust du diesen simplen Trick nicht?«, fragte der alte Mann und deutete, eine angebissene Tomate in der Hand, auf seinen Sohn.

Das Keyboard wurde weggeräumt; man würde es Dandan zum geeigneten Zeitpunkt geben. Dann wiesen die Großeltern das Kind an, das im oberen Stockwerk gerade eine Folge der Fernsehserie »Kinderleichte Wissenschaft« ansah, es solle an seine Mutter schreiben. Chigan brachte den kurzen Brief noch vor Einbruch der Dunkelheit zu seiner Frau zurück. Sie schloss sich in ihrem Zimmer ein und weinte still vor sich hin. Der Brief lautete: »Geh fort, böse Frau. Eine Mutter wie dich will ich nicht!«

Damit endeten Jinlis Pläne, ihre Familie mit ins Ausland zu nehmen. Was würde sie jetzt tun? So bald wie möglich nach New York zurückkehren, vermuteten wir. Doch wenn man sie fragte, sagte sie nur, dass sie jetzt, da weder ihr Mann noch ihre Tochter sie begleiten wollten, hierbleiben werde.

Wir waren völlig überrascht, als Chigan eine Woche darauf die Scheidung einreichte. Keiner hätte diesem zögerlichen Mann einen solchen Schritt zugetraut. Bestimmt waren es seine Eltern gewesen, die ihre Beziehungen hatten spielen lassen, andernfalls wäre die Scheidung wohl kaum so schnell und problemlos über die Bühne gegangen. Jinli schien ihrem Mann nicht sonderlich nachzutrauern, doch sie kämpfte für das Sorgerecht ihrer Tochter. Der Richter sagte, sie sei der elterlichen Verantwortung nicht gewachsen, und verkündete: »Aus Sorge um das körperliche und seelische Wohl des Kindes müssen wir Ihr Gesuch ablehnen.« Allerdings verlangte man von ihr, dass sie künftig jeden Monat dreißig Yuan Unterhalt für ihre Tochter bezahlte. Sonderbarerweise bestand sie darauf, stattdessen hundert Yuan zu bezahlen. Das rief allgemeines Erstaunen hervor und warf erneut die Frage nach ihrem Besitz auf. Vielleicht war sie ja doch eine reiche Frau.

Daraufhin verbreitete sich das Gerücht, Jinli sei reich. Manche behaupteten, sie sei geizig und kleinkariert. Wenn sie schon so viel Geld hatte, warum kaufte sie dann ihren Schwiegereltern keinen Farbfernseher mit 27-Zoll-Bildröhre, einen Sony oder einen Sanyo? Hätte sie das getan, dann hätten sie das Kind garantiert herausgegeben. Andere wiederum glaubten, sie sei gar nicht reich. Doch sie sollten sich täuschen.

An einem windigen Nachmittag erschien Jinli in der Wohnanlage »Fünf Kontinente«, um ein Apartment zu kaufen. Die Stadt hatte die Apartmenthäuser erst kürzlich am Flussufer errichtet, um ausländische Investoren anzulocken, vor allem Überseechinesen aus Südostasien und Geschäftsleute aus Taiwan. Offenbar wollte Jinli nun doch in Muji bleiben, zumindest für die nächsten Monate.

»Ihren Pass, bitte«, sagte der schlanke junge Mann, der die Anlage verwaltete.

Nachdem sie ihm ihren Pass gegeben hatte, merkte sie plötzlich, dass etwas nicht in Ordnung war, und begann nervös auf ihrem Stuhl herumzurutschen.

Der Mann blätterte den braun eingebundenen Pass durch und sagte, ohne den Blick zu heben: »Ihr Pass wurde in der Volksrepublik China ausgestellt. Sie sind Chinesin?«

»Ja.«

»Tja, dann kann ich Ihnen leider nicht helfen. Diese Apartments sind nur für ausländische Kunden. Wir wollen Devisen.«

»Ich zahle in US-Dollar.« Sie errötete leicht und verschränkte die Finger, sodass der Ring sichtbar wurde.

Seine dunklen Augen leuchteten kurz auf, doch dann schüttelte er den Kopf und sagte: »Nein. Ich darf nur an Ausländer verkaufen.«

»Aber was ist der Unterschied? Ich zahle doch denselben Preis?«

»Tut mir leid, Genossin, das ist Vorschrift. Wenn ich mich nicht daran halte, verliere ich meinen Job.« Er strich sich mit den Fingern durch das geschmeidige Haar.

Also musste sie auch die Idee mit dem schicken Apartment aufgeben, das sie zwanzigtausend Dollar gekostet hätte – nach aktuellen Schwarzmarktkursen eine Viertelmillion Yuan. Keiner von uns konnte sich vorstellen, dermaßen viel Geld zu besitzen. Nicht einmal eine mittelgroße Fabrik verfügte über so viel Bares. Endlich dämmerte uns, dass wir wahrscheinlich eine Millionärin unter uns hatten. Einige Leute machten sich an Jinli heran, indem sie sich erboten, ihr einen Arbeitsplatz oder eine neue Wohnung zu besorgen. Doch sie schien nicht länger interessiert zu sein. Wann immer jemand Chigan oder seine Eltern in ihrer Gegenwart schlechtmachte, erwiderte sie trocken: »Als ich gegangen bin, dachte ich, ich könnte jederzeit zurückkommen.« Und sie begann, ihre Mitmenschen zu meiden.

Keiner weiß genau, wann sie aus Muji verschwand. Es heißt, sie sei nach Shenzhen oder Hongkong gegangen. Professorin Fan dagegen behauptet, sie sei nach New York zu ihrem reichen Gönner zurückgekehrt und habe ihren Namen geändert. Chigan verweigert jeglichen Kommentar; möglich, dass auch er ihren Aufenthaltsort nicht kennt.

Einen Monat nach der Scheidung hat er wieder geheiratet. Seine Braut, eine junge Witwe mit einem vierjährigen Sohn, arbeitet in derselben Werft wie er. Sie ist eine anständige Frau, liebt ihren neuen Ehemann und kümmert sich hingebungsvoll um ihn und ihr neues Zuhause. Oft sehen wir das junge

Paar am Abend Hand in Hand spazieren gehen. Noch nie sah Chigan so glücklich und gesund aus. Er setzt allmählich einen Bauch an, der eines Generals würdig wäre.

Noch erstaunlicher ist, dass Dandan ihren Stiefbruder abgöttisch liebt. Sie erzählt jedem, dass sie sich schon immer ein Brüderchen gewünscht und jetzt endlich eines bekommen habe. Auch der Junge verträgt sich wunderbar mit ihr; wenn Dandan aus der Schule kommt, schauen sie gemeinsam Bilderbücher an und singen Kinderlieder. Fragt man Dandan, ob ihre Stiefmutter nett zu ihr sei, dann sagt sie: »Mein Papa hat eine gute Mama für mich gefunden.« Manchmal spielt sie mit den anderen Mädchen vor dem Wohnblock Gummitwist. Wenn sie hüpft, fliegen die beiden großen, gelben Schmetterlingsschleifen an ihren Zöpfen hin und her, und ein Lachen weitet ihre Gazellenaugen.

Aus dem Englischen von Susanne Hornfeck

Li Dawei

Im Verlies

»Mir war so elend – zum Sterben elend von dieser langen Qual;
und als sie endlich meine Bande lösten, als ich sitzen durfte,
fühlte ich, dass mich meine Sinne verließen.«

Edgar Allan Poe, › Grube und Pendel ‹

Ich bin hier eingesperrt, ich weiß nicht, seit wie vielen Tagen schon. Mein Kerker ist ungefähr acht Fuß breit und zehn
Fuß lang. In einer Mauerecke steht eine hölzerne Pritsche,
die mit längst verrottetem Reisstroh bedeckt ist. Zahlreiche
Blutflecken – die letzten Überbleibsel zerdrückter Wan-
zen – sprenkeln das Bettzeug. Die Pritsche selbst ruht auf
zwei niedrigen, langen Bänken. Über meiner Lagerstatt ist
ein vergittertes Lüftungsfenster in die Wand eingelassen, von
der überall der Putz abblättert. In einer anderen Ecke meines
Gefängnisses hängt ein Öllicht von der Decke, das niemals
erlischt, weder bei Tag noch bei Nacht. Ich sitze aufrecht auf
meinem Bett, ohne auch nur für einen Moment zu wagen,
meine Glieder zu lockern, denn vermutlich werde ich aus
irgendeinem versteckten Winkel von ihnen beobachtet. Vor
der Pritsche steht ein alter Holztisch, darauf befinden sich
ein Stoß Papier schlechtester Qualität, ein Pinsel und ein
Tuschestein, aus dem ganz schwach der üble Geruch billiger Tinte aufsteigt. Ich weiß nicht, was ich ihrer Vorstellung
nach eigentlich niederschreiben soll, oder weiß ich es doch?
Auf jeden Fall keine Lieder und Gedichte, Liebesbriefe oder
dergleichen. Zwei Schrittlängen von mir entfernt ist schon
die dunkle Eisentür, in der sich wiederum eine kleine Tür

befindet, die man von außen öffnen und wieder verschließen kann. Kein Laut dringt hier herein, kein einziger Laut; nicht die Geräusche von Wind und Regen, nicht das Getöse der Marktstraßen, nicht einmal die Schritte meiner Wärter, wenn sie den Korridor entlanggehen.

An jenem Nachmittag hatten sie mich hierhergebracht. Dass in dem Gebäude ein Ableger der sogenannten Ost-Esplanade untergebracht war, die damit auch unsere Region am südlichen Unterlauf des Jangtse kontrollieren wollte, wusste ich schon seit Langem vom Hörensagen. Außerdem war ich bereits viele Male daran vorbeigelaufen. Es war ein Ort, der in höchstem Maße unser Interesse auf sich zog; das Interesse gelehrter Männer, die regen Anteil an den Geschicken ihres Landes nahmen. Ein Interesse, das neben Neugier auch Furcht enthielt, denn irgendjemand aus unserer Mitte würde eines Tages bestimmt für immer hinter den Mauern dieses Gebäudes verschwinden. Offen gesagt hatte ich nicht im Traum damit gerechnet, dass dieses Los schließlich mich treffen würde.

Der Haupteingang zum Grundstück war immer verschlossen gewesen, und einen Torwächter hatte ich nie gesehen. An jenem Tag hörte ich zum ersten Mal, wie sich das Tor laut krachend öffnete. Ich sage »hören«, weil mir die Fremden ein schwarzes Seidentuch vor die Augen banden, kaum dass sie mich aus dem Gasthaus gebracht hatten und ich die schwarz lackierte Kutsche besteigen musste, die davor wartete. Am Ziel der Fahrt wurde ich sofort über eine Schwelle geführt, dann über eine weitere, und plötzlich nahm ich den Geruch von Zieräpfeln wahr. Jenen diffusen, zarten Duft von milder Süße, den ihre Blüten aussenden, bevor sie verwelken und zu Boden fallen. Darauf folgte Flieder, und ich hörte ringsum Vogelstimmen. Während wir auf gewundenen Pfaden mal nach rechts, mal nach links abbogen, streifte mein Körper hin und wieder die spitz hervorstehenden Steinkanten an den Rändern des Weges, die bestimmt zu einer künstlichen Felsanlage gehörten. Dann fiel überraschend eine Hand auf meinen Rücken; nicht eben mit großer Kraft, aber die Berührung hatte etwas unbestreitbar Grobes an sich. Die Hand drückte mich die Stufen einer Treppe hinunter. Im selben Moment zog sich die viel wärmere Hand der Sonne von meinen Schultern zurück, und ich spürte eine beißende Kälte, die mir in alle Knochen drang, als hätte ich eine Berghöhle betreten. Ich hatte mich noch nicht von meinem Schrecken erholt, als das durchdringende Knarren einer Türangel gegen mein Trommelfell hämmerte. Da wusste ich sicher, dass sich alle Türen hinter mir geschlossen hatten.

Jemand nahm mir das schwarze Stück Stoff vom Gesicht. »Hinsetzen!«

Ich rieb mir die Augen, konnte aber trotzdem kaum etwas erkennen. Überall im Raum waren riesige Fackeln aufgestellt, und hinter den Fackeln standen ebenso große Konkavspiegel, die sämtliches Licht so fokussierten, dass es direkt in mein Gesicht fiel. In mein gepeinigtes Gesicht, das nun schmerzhaft brannte, vor Hitze und vor Erniedrigung. Sie wollten mich also rösten. Ich musste an eine Geschichte denken, die mir Matteo Ricci, der Mönch aus der fernen Fremde, einmal erzählt hatte. In Europa hatte es in alter Zeit einen Zauberer mit profunden Kenntnissen und Fertigkeiten gegeben. Als seine am Meer gelegene Stadt einmal von Feinden angegriffen wurde, hatte er einige hundert Bürger und Soldaten um sich geschart und sie mit solchen Konkavspiegeln ausgestattet. Dann hatten sie das gebündelte Licht der Sonne gemeinsam auf die Flotte des einfallenden Feindes gerichtet und auf diese Weise ein Kriegsschiff nach dem anderen in Flammen aufgehen lassen.

Eine schrille Kastratenstimme riss mich aus meinen Gedanken:

»Führt den Angeklagten her zu mir! Familien- und Vorname des Straffälligen?«

Ich zögerte einen Moment, bevor ich antwortete: »Der Student heißt Qian, ›Yin‹ – Siegel – mit Vornamen, alias ›Tuzhang‹ – Stempel –, alias ›Jinshi‹ – Stein und Metall –; oder mit noch anderem Namen ›Chuozi‹ – ebenfalls Siegel.«

»Beruf?«

»Die letzte kaiserliche Prüfung habe ich nicht bestanden, daher bekleide ich noch keine amtlichen Würden.«

»Ach, kein offizielles Amt? Na, dann ist er ja ein ganz besonderer Fall, wo er es doch immerhin schon auf unsere schwarze Liste mit den Quertreibern der Donglin-Akademie geschafft hat. Respekt, Respekt. Familienherkunft?«

»Der Student kommt aus Yangzhou. Mein verstorbener Vater hat Seiner Majestät als stellvertretender Minister im Ritenministerium gedient …«

»Damit will er wohl andeuten, dass er über einen ausgezeichneten Familienhintergrund verfügt? Höre er zu: Er braucht uns gar nicht zu erzählen, dass sein Vater schon tot ist, denn selbst wenn er noch lebte, könnte er ihm in dieser Sache nicht beistehen. Wir wollen es so machen: Zunächst wird er für ein paar Tage hier Quartier nehmen und darüber nachdenken, was er die letzten Jahre über so alles getrieben und mit welchen Leuten er Kontakt gehabt hat. Diese Angaben wird er säuberlich zu Papier bringen. Über seine Lebensverhältnisse sind wir im Übrigen bestens unterrichtet. Dies hier ist eine Gelegenheit für ihn, seine Fehler einzusehen und zu bereuen. Er möge uns ja nicht enttäuschen. Nur wenn Menschen wie er ihre Einstellung korrigieren und sich umerziehen lassen, können sie als Personen von Talent noch nützlich für den Kaiserhof sein. Überlege er daher, ob er mit uns zusammenarbeiten oder Widerstand leisten will. Seine Zukunft liegt allein in seiner Hand. Niemand sonst kann ihm helfen. Also mache er am besten gleich jetzt eine Aussage. Er will nicht reden? Der Angeklagte äußert sich nicht? Nun, wer nichts sagt, der stimmt allem schweigend zu.«

Das Licht der Fackeln hing wie ein dicker, schwerer Vorhang zwischen mir und dem Eunuchen. Doch ich hörte, wie sich seine Lippen mit einem schmatzenden Geräusch, als würden nackte Füße in schlammigen Boden treten, öffneten und schlossen, wobei sich gewiss ab und zu ein oder zwei glänzende Speichelfäden zwischen ihnen ausdehnten und wieder zusammenzogen. Vor allem der vulgäre, gemeine Klang seiner Stimme kündigte mir an, was für ein Schicksal mich erwartete.

Danach verhörten sie mich sehr lange nicht mehr.

Was ist wohl los mit ihnen, was führen sie im Schilde? Ich habe bereits jeden Kontakt zur Außenwelt verloren, selbst den zur Zeit. An diesem Ort lassen sich Tag und Nacht nicht unterscheiden, hier brennt nur das trübe, immerwährende Licht der Öllampe still vor sich hin. Mittlerweile gibt es für mich nur noch die einzelnen Momente der Gegenwart, doch welche Rolle sie in der Gesamtzeit der Welt spielen, kann ich schon nicht mehr sagen. Alles ist gleich und unterschiedslos geworden. Die Zeit hat für mich aufgehört zu existieren.

Trotz dieser Tatsache bin ich noch imstande, undeutlich wahrzunehmen, dass meine Wärter die Abstände, in denen sie mir das Essen bringen, allmählich verlängern. Mein Körper ist zu einem Wasserrad geworden, das sich immer langsamer dreht. Hunger verspüre ich kaum noch, deshalb brauche ich auch kaum von jenem Gefäß in der Ecke Gebrauch zu machen. Natürlich bin ich froh, wenn ich seinen Deckel so selten wie möglich abnehmen muss, erspare ich mir doch auf diese Weise allzu viele Beschwerden meiner von klein auf verhätschelten Nase. Durstig bin ich dagegen ständig, wie früher auch. Leider ist das Angebot an Trinkwasser hier … doch genug, darüber will ich nicht reden.

Ich beginne zu ahnen, aus welcher Richtung ein Problem auf mich zukommt. Gewiss, es türmen sich gerade viel zu viele Probleme vor mir auf, für die keine Aussicht auf Lösung besteht. Nach äußerlichen Maßstäben urteilend ist mein Körper vielleicht schon befallen; befallen von einer schleichenden Krankheit, die sich – und das ist das Furchtbarste daran – Millimeter für Millimeter zu meinem Herzen vorarbeitet. Plötzlich höre ich es schlagen, und ich höre das Blut, wie es durch meinen Körper rauscht. Vor Jahren las ich viele Bücher mit Anekdoten über historische Persönlichkeiten, wobei mein besonderes Interesse den Geschichten über tyrannische Beamte galt. So weiß ich, dass sich diese Leute von alters her einer sehr wirksamen Verhörmethode bedienen, die manchmal sogar noch effektiver ist als die grausamste Folter. Sie sorgen dafür, dass das Opfer in einem Zustand der völligen Isolation Tag für Tag an Kraft verliert, während sie selbst in aller Ruhe darauf warten können, dass ihnen der erschöpfte Feind ins Netz geht. Seine Unterwerfung ist bloß eine Frage der Zeit. Und letzten Endes ist ihnen an einer ermatteten Seele weit mehr gelegen als an einem geschundenen Körper. Allein wir Gelehrten verfügen über Selbstachtung und Stolz, doch für diese Beamten grenzen solche Eigenschaften fast schon an Luxus. Daher lechzen sie danach, sie zu zerstören.

Vielleicht hatten sie die Sache auch unter einem wirtschaftlichen Aspekt betrachtet. Denn die Folter ist ein zweischneidiges Schwert, das nicht nur den Gefolterten Schaden zufügt, sondern auch ohne Ausnahme die Seelen der Folterer selbst zerfrisst. Sobald irgendjemand, egal ob Mann oder Frau, der Folter mustergültig standhält, werden sich die Empfindungen des Gefängniswärters oder Henkers, der sie ausübt, ganz allmählich verändern, bis seine Seele zuletzt ihr Gleichgewicht verliert. Solange sich die Symptome dieser Entwicklung in einem Stadium befinden, in dem man sie noch kontrollieren kann, wird der Betroffene medizinisch behandelt – sind die Ausbildungskosten für jemanden, der dieses Handwerk einmal wirklich beherrschen soll, doch alles andere als gering. Sobald sich das Problem allerdings so verschärft, dass ihm mit

Arzneien nicht mehr beizukommen ist, bleibt kein anderer Ausweg, als die betreffende Person wie ein Stück Unrat zu beseitigen und nach jemandem zu suchen, der ihren Platz einnimmt. Obwohl solche Entscheidungen erst nach sorgfältiger Abwägung von Kosten und Nutzen getroffen werden, ist es womöglich auch schmerzhaft, sich zu ihnen durchzuringen. Nachdem man die Erfahrungen mit der Folter mehrfach ausgewertet und zusammengefasst hatte, bot man daher alle geistigen Kräfte auf und ersann diese viel kreativere und intelligentere Verhörmethode.

Das zweite Verhör fand erst sehr viel später statt, zumindest meinem Gefühl nach. Die Situation unterschied sich ein wenig vom ersten Mal: Obwohl sich der Ort nicht geändert hatte – es war immer noch jenes geheime Gewölbe mit seiner außergewöhnlichen Beleuchtung –, stellte nun jemand anders die Fragen. Der Tonfall dieses Mannes klang weitaus freundlicher, war aber gleichzeitig auch viel ruhiger und melancholischer. Die Fragen selbst hatten deutlich an Substanz und theoretischer Grundierung gewonnen. Zunächst drückte der Fragesteller seine Besorgnis über den Zustand meiner Gedanken aus:

»Tuzhang, seit jeher werbt ihr Gelehrten verzweifelt für einen fundamentalistischen Konfuzianismus, aber hast du schon mal darüber nachgedacht, worin der grundlegende Ausgangspunkt der Lehren des Konfuzius eigentlich besteht? Es sind die drei Grundregeln des Gehorsams sowie die Sittenlehre, und es ist die bedingungslose Achtung der öffentlichen Ordnung. Ihr schreibt Gedichte und trinkt Wein, ihr veranstaltet Zusammenkünfte und habt sogar Umgang mit Frauen. Dies alles ist erlaubt. Aber wenn ihr verkündet, dass ihr die Gesetze des kaiserlichen Hofes reformieren wollt, wird die Sache problematisch. Die kaiserliche Herrschaft beruht darauf, dass die Untergebenen dem Beispiel der Höhergestellten folgen. Daher haben eure Aktivitäten die Arbeit des Hofes in irreparabler Weise behindert, was man auch als auf die Spitze getriebenen Ungehorsam bezeichnen kann. Von Kindheit an hast du dich nur dem Studium gewidmet, wovon lebst du eigentlich? Es ist dein Vater gewesen, der dich die ganze Zeit versorgt hat, nicht wahr? Und was wiederum hat dein Vater bezogen, damit er dich versorgen konnte? Es war doch das offizielle Gehalt des kaiserlichen Hofes, oder? Und kann man nun sagen, dass du dich mit deinem Verhalten in der letzten Zeit dem Hof gegenüber als dankbar erweist?«

Ich begriff, worauf er hinauswollte. Er verfolgte keine andere Absicht, als in mir Schuldgefühle zu erzeugen, damit meine geistigen Verteidigungslinien in sich selbst zusammenbrachen. Nur hatte er dabei meine Neigung zum Zynismus übersehen. Seine wirren Belehrungen hatten daher nicht die geringste Wirkung auf mich. Mit theoretischen Konzepten zu jonglieren war nie die Stärke der kaiserlichen Eunuchen gewesen. Angesichts unseres augenblicklichen Verhältnisses zueinander bestand für ihn außerdem keinerlei Notwendigkeit, sich mit mir auf eine Erörterung einzulassen.

Ich lachte gerade kalt in mich hinein, als mein Gegenüber plötzlich das Thema wechselte. Offenbar hatte er seinen falschen Schachzug in allerkürzester Zeit bemerkt.

»Wie lange schon hast du Kontakte zur Donglin-Akademie, wann hat das angefangen? Seit Yang Lian und Zuo Guangdou ins Gefängnis kamen? So lange schon? Wie alt noch mal bist du damals erst gewesen?«

Anscheinend hatte ich ihn unterschätzt. Ein Gefühl der Scham kroch mir über den ganzen Körper, während er mir weitere Fragen stellte und mich damit Schritt für Schritt in die Enge trieb:

»Und wie intensiv war eigentlich dein Umgang mit jenem fremden Mönch, der sich Matteo Ricci nennt? Worüber habt ihr beiden geredet? Welche Arten von Fragen haben ihn interessiert? Wie, ihr habt euch bloß über Alchimie, Astronomie und ähnliche Dinge unterhalten? Kann denn ein Ausländer wie er, der nicht aus unserem China kommt, solche anspruchsvollen Disziplinen überhaupt begreifen? Über andere Themen habt ihr also nicht gesprochen? Und dann wäre da noch der Tag, an dem ihr alle zusammen zur Blumenregen-Terrasse gefahren seid. Was hatte das für einen Zweck?«

Ich beantwortete seine Fragen, eine nach der anderen, denn der momentane Verlust meiner Gelassenheit hatte mich ganz aus der Fassung gebracht. Außerdem war jeder Widerstand zwecklos geworden: Sie kontrollierten alles, was ich besaß, selbst den Raum um mich herum und meine Zeit. Es lag also komplett außerhalb meiner Möglichkeiten, Verantwortung für die Art und Weise zu übernehmen, wie sie die Aufzeichnungen meines Verhörs verwenden würden, ja, ich konnte mir diese Art und Weise nicht einmal vorstellen. Ich war mir jedoch sicher, dass ich keinen meiner Freunde verraten hatte. Zwar hatte ich Shen Biehe, den Dozenten, erwähnt, aber ich hatte nur über Belanglosigkeiten gesprochen: über unsere Wettbewerbe im Verfassen von Stegreifgedichten, unsere Trinkgelage, unsere gemeinsamen Spaziergänge im Mondschein. Darüber hinaus war er bereits vor mir verhaftet worden; was sie von ihm wissen wollten, hatten sie also längst erfahren. Unsere Unternehmungen waren alle rechtmäßig und legal gewesen, und auch alle Worte, die gefallen waren, brauchten das Licht der Öffentlichkeit nicht zu scheuen. Gewissermaßen hatten sie sogar öffentlich gesagt werden müssen. Konnte es denn sein, dass es tausend Jahre, nachdem Qin Shi Huang befohlen hatte, Anhänger der konfuzianischen Lehre lebendig zu begraben und die meisten ihrer Bücher zu verbrennen, noch immer Leute gab, die unserem ersten Kaiser nacheifern wollten?

Mein Inquisitor entließ mich, wieder mit der Mahnung, in meiner Zelle darüber nachzudenken, was ich die letzten Jahre über getan und welche Leute ich getroffen hatte, die

dem Hofe nicht wohlgesinnt waren. All das sollte ich niederschreiben, es würde nach einiger Zeit jemand kommen, um
das Ergebnis abzuholen.

Seit dem Tag, an dem ich in meinem Kerker sitze, rufe
ich mir ständig alle möglichen Dinge in Erinnerung, doch
bislang war mein Geist noch so durcheinander, dass ich ihn
nicht lenken konnte. Denn gerade indem ich versuchte, mir
die Dinge der Außenwelt, einschließlich aller Geschehnisse
meiner Vergangenheit, lebhaft vor Augen zu führen, gerieten
sie in heillose Unordnung. Mittlerweile habe ich keine Hoffnung mehr und sitze nur noch untätig herum. Und weil ich
untätig bin, werde ich allmählich ruhiger und meine Gedankengänge klarer. Mit meinem Schicksal aber kann ich mich
nach wie vor nicht abfinden. Ich hatte nie die Neigung, mich
in politische Dinge einzumischen. Dass ich nun in diese Lage
geraten bin, hängt sicher damit zusammen, dass mich jemand
angezeigt hat. Aber wer? Ich weiß, dass es unter den Leuten,
mit denen wir verkehrten, immer auch einige Spitzel und
Informanten gab, sodass ein paar Ältere unter uns sogar mal
eine Namensliste mit Verdächtigen zusammenstellten, frei-
lich ohne sie mit stichhaltigem Beweismaterial untermauern
zu können. Ich meine aber, dass ihr Argwohn dennoch eine
gewisse Grundlage hatte. Ein paar dieser Leute verfügten
nämlich weder über besondere wissenschaftliche Fähigkeiten
noch konnte davon die Rede sein, dass sie nach den Idealen
des Moralismus, mit dem sie sich schmückten, auch wirklich handelten. Dennoch gaben sie ständig zu erkennen, dass
sie gierig nach sozialen Kontakten waren, eine Gier, zu der
gar kein Anlass bestand. Besonders erpicht waren sie darauf,
Bekanntschaften mit Ausländern oder Personen von Rang
und Namen zu knüpfen. Jedes Mal, wenn dann irgendeiner
dieser Bekannten in der Liebe oder in einer Unternehmung
einen kleinen Erfolg verbuchen konnte, gerieten sie in eine
innere Unruhe, die sich lange nicht legte. Und ich kann nicht

ausschließen, dass es neben ihnen auch noch ein paar weitaus gefährlichere Leute gab …

Ich denke keineswegs mit Hass an diese niedrigen Kreaturen, nein, ich bin lediglich neugierig, was für Menschen sie eigentlich waren und wie ich mich damals allen Ernstes mit ihnen hatte abgeben können.

Genau in diesem Moment fällt mir etwas auf: das Wetter. Es ist wärmer geworden. Vielleicht hat der Konstrukteur des Gefängnisses seinerzeit das kleine Detail der Temperaturschwankungen übersehen. Vielleicht haben sie aber auch nie vorgehabt, einen Gefangenen längere Zeit, über mehrere Jahreszeiten hinweg, hier einzusperren, so wie mich. Dieser Gedanke erzeugt in mir zwar kein Gefühl der Überlegenheit, aber immerhin hat sich nun mein Zeitgefühl zu einem gewissen Grade wiederhergestellt. Eine Gelegenheit, die ich nutzen will. Ich nehme den Pinsel zur Hand, um festzuhalten, woran ich mich erinnere.

Meine Erinnerungen – sie sind alles und gleichzeitig das Wertvollste, was ich besitze. Indem ich sie jetzt zu Papier bringe, verfolge ich allerdings noch eine weitere Absicht: Ich muss mit Hilfe der Niederschrift meine Gedankengänge ordnen, damit die Unklarheiten in meinem Kopf deutlicher zutage treten und ich sie nacheinander analysieren kann.

Ich werde mit meiner letzten Liebe beginnen. Auch etwas, das ich erleben durfte: eine bis ins Innerste aufwühlende Liebe. Diese Erfahrung ist längst zur Grundlage meines schriftstellerischen Schaffens geworden. Obwohl ich mit ihr einen grausamen Abschnitt meiner Vergangenheit wiederaufleben lasse, kommt es mir so vor, als blickte ich auf die privaten Geheimnisse eines anderen Menschen. Auf diese Weise will ich beginnen …

Es war im Herbst des vergangenen Jahres, die kaiserlichen Prüfungen standen kurz bevor, als ich mich eilig auf den

Weg nach Nanjing machte, unsere Hauptstadt, in die ich nie zuvor einen Fuß gesetzt hatte. Schöne Häuser flankierten ihre breiten, geraden Straßen, die sich so weit erstreckten, als würden sie bis in die Wolken reichen. Der tadellose Zustand der Stadt zeigte ihren Wohlstand an. Man hatte mich in einem provisorischen Schlafsaal innerhalb des Prüfungsgebäudes untergebracht, das direkt am Ufer des Qinhuai-Flusses gegenüber vom Rotlichtbezirk lag. Um die Freudenhäuser zu besuchen, brauchte ich nur mit einem kleinen Boot zu ihnen überzusetzen, denn ich konnte es mir durchaus leisten, mich den irdischen Freuden mit einiger Ausschweifung hinzugeben. Das alte, für sein Nachtleben berühmte Viertel lag zwischen der Wuding-Brücke und der Schatzhausstraße. Dicht an dicht reihten sich hier die Häuser der käuflichen Damen aneinander wie die Schuppen von Fischen. Die Vorhänge ihrer Türen bestanden aus Perlenketten, und Tag und Nacht konnte man den Klang von Windglocken hören. Nicht weit von diesem Viertel entfernt lag die Changban-Brücke, die zu einem meist von Nebel bedeckten und mit Bambus bewachsenen Streifen Land am Fluss führte. In mondhellen Nächten konnte man Musik hören, die vom anderen Ufer herüberdrang. Sogar die Fische tauchten aus dem Wasser auf, um ihr zu lauschen. Man kann sagen, dass eine solche Stadtanlage für die Liebesaffären unzähliger junger Gelehrter und anmutiger Schönheiten einen passenden Hintergrund lieferte, und auch ich konnte mich den herkömmlichen Gebräuchen nicht entziehen. Wanzhen – dies war der Name der jungen Frau, in die ich mich verliebte. Doch die Leidenschaft, die mich plötzlich erfasste, übte einen sehr nachteiligen Einfluss auf meine Vorbereitungen für die Prüfung aus. Als der Tag kam, an dem die Liste der erfolgreichen Kandidaten veröffentlicht wurde, musste ich erfahren, dass ich durchs Examen gefallen war. Es blieb mir also nichts anderes übrig, als mich niedergeschlagen den Tatsachen zu stellen.

Wenn ich so zurückdenke, dann war die Beziehung zwischen Wanzhen und mir gar nicht so einzigartig und besonders. Eines Tages, es wurde gerade das Laternenfest gefeiert, hatte ich mit einigen Freunden ausgemacht, am Abend gemeinsam dem Wettrennen der Laternenboote zuzusehen. So mieteten wir uns ein kleines Haus, das unmittelbar am Qinhuai-Fluss und im Zentrum des Vergnügungsviertels lag. Als die Abenddämmerung hereinbrach, versammelten sich die Boote so zahlreich, dass sie sich schließlich den ganzen Fluss hinaufschlängelten, vorbei an den Einlässen der Stadtmauern bis zur Pfirsichblatt-Furt außerhalb der Stadt. Der Klang der Trommeln und Gongs wurde von den Wellen zurückgeworfen, und die um den Sieg kämpfenden Boote machten einen nicht enden wollenden Lärm. Wir hatten Wanzhen zu uns gebeten, damit sie uns bei Tisch ein paar Arien aus einer Kunqu-Oper sang. Ihre Augen waren so klar wie ein Teich im Herbst, während ihre Brauen entfernten Bergketten glichen. Weil ich erregt war und ein paar Gläser Wein mehr getrunken hatte als üblich, konnte ich ihr musikalisches Talent eigentlich kaum mehr beurteilen. Aber bestärkt von der Wirkung des Alkohols, überschüttete ich sie schamlos mit Komplimenten.

Vielleicht weil alle anderen Gäste stumm blieben, stattete ich ihr später ganz allein einen Besuch ab. Nicht lange danach akzeptierte sie mich als ihren Liebhaber. Ach, jene erregende, intensive Form des menschlichen Kontakts, ich hatte sie schon so lange nicht mehr erlebt! Ich verfing mich in einem zarten Spinnennetz, in dem ich eine Weile strampelte, bevor ich meinen – vielleicht nicht völlig sinnlosen – Widerstand aufgab. In jener Nacht träumte ich von einem dichten Wald. An allen Baumstämmen bewegten sich Adamsäpfel heftig auf und ab. Vor Schreck erwachte ich. Als ich die Augen öffnete, erblickte ich Wanzhen, die sich gerade über mich beugte, eine Gazelaterne in der Hand. Lächelnd sah sie mich an.

Solange wir ihr elegantes Boudoir nicht verließen, weigerte sie sich standhaft, irgendeine Bezahlung für die Nacht von mir anzunehmen. Nur wenn wir ausgingen und uns vergnügten, übernahm ich die Rechnungen. Das Wohlwollen meiner Schönen vervielfachte meine Erregung, sodass für kurze Zeit meine Inspiration erwachte und ich mehr als zwanzig Gedichte in verschiedenen Stilrichtungen und von unterschiedlicher Qualität verfasste. Nicht zu vergessen die Bilder, die ich in wechselnder Pinselführung, mal mit weniger, mal mit mehr Tusche in ihren Körper malte, während wir uns Tag und Nacht liebten. Aber es dauerte nicht lange, bis ich entdecken musste, dass ich längst nicht der einzige Mann war, den sie solchermaßen begünstigte.

Wanzhen verkehrte schon seit einigen Jahren mit Persönlichkeiten aus intellektuellen Kreisen. Die Zahl dieser Leute war mehr als beträchtlich, weshalb die Frauen und Männer, die an den Zusammenkünften teilnehmen durften, ständig wechselten. Ich selbst rangierte auf der endlosen Namensliste fast an letzter Stelle, und doch wurden immer neue Mitglieder in den Kreis aufgenommen. Aus diesem Grund lernte ich in ihrem kleinen Salon der schönen Künste nicht wenige berühmte Literaten und Gelehrte kennen. Bei Banketten und anderen Vergnügungen hörte ich aufmerksam zu, wenn sie von Zeit zu Zeit ihre klugen Ansichten zum Besten gaben. Und manchmal hatte ich sogar Gelegenheit, ihnen einige Kniffe der Schwertkampfkunst abzuschauen. Nebenbei bemerkt, verkörperte unsere südliche Hauptstadt für eine gewisse Zeit den Inbegriff höchster Blüte und Pracht, und Wanzhen war überdies ein Mensch, der die einfachen Freuden des Alltags nicht eine Sekunde lang aus den Augen verlor. Durch die Räume ihrer eleganten Wohnung schwebte der Duft verbrennenden Weihrauchs. Auf den Regalen und Tischen lagen alte Bücher und Bildrollen neben seltenen Musikinstrumenten aus fernen Epochen. Der Küchenchef, den sie beschäftigte, war ein

Meister seiner Kunst, sodass weder junge Männer aus bedeutenden Familien noch Persönlichkeiten der Gesellschaft den Verlockungen, die sie zu bieten hatte, widerstehen konnten. Daher fällt es mir schwer, zu entscheiden, ob sie nun einen Salon führte oder ein Restaurant.

Zur selben Zeit lernte ich zum ersten Mal in meinem Leben einen Ausländer kennen: Matteo Ricci, den berühmten Gelehrten aus dem Westen. Er war in Astronomie und Geografie gleichermaßen bewandert und verfügte über viele seltsame Kenntnisse, die uns allen sehr fremdartig vorkamen, wie das Erstellen von Horoskopen, Kalenderberechnungen und Alchimie. Einmal zeigte er uns einen Zylinder aus Bronze, der aus zwei Gliedern bestand, die man auseinander- und wieder zusammenschieben konnte. Damit war es möglich, selbst weit entfernte Berge, Flüsse und Gebäude in den Blick zu bekommen. Selbst die kleinsten Details wurden erkennbar; so klar und deutlich sah man sie vor sich, als hätte man sie direkt vor Augen. Eine Erfindung, die uns unwillkürlich Bewunderung abverlangte. Das sei keine Zauberei, erklärte er, sondern »Physik«, wie er es nannte. Gleichzeitig bat er uns auch in einigen Fragen um Rat, zum Beispiel interessierten ihn die wesentlichen Ideen der vier kanonischen Bücher oder die Politik des Kaiserhofes gegenüber den buddhistischen Mönchen.

Die meisten Gäste Wanzhens waren überaus talentierte Leute mit einer sehr kultivierten, menschlichen Gesinnung. An allen Dingen nahmen sie lebhaften Anteil und diskutierten häufig über aktuelle gesellschaftliche Fragen, besonders über die Volkskultur, die sich im Süden des Landes von Tag zu Tag prächtiger entwickelte. Organisator dieser Gespräche war Shen Biehe, Wortführer in den literarischen Zirkeln südlich des Jangtse und berühmt für seine Kommentare der klassischen Bücher. Neben seiner regelmäßigen Lehrtätigkeit an der Donglin-Akademie war es Shen wichtig, sich auch überall dort zu zeigen, wo verschiedene Formen der Unterhaltung entwickelt wurden. Wie er erklärte, wollte er sich in der Massenkultur, die Volksopern, Liebesromane und erotische Illustrationen propagierte, ein größeres Rederecht erstreiten. Während seiner Vorträge verstärkte er seine Argumente wenn nötig oft mit Beschwörungen der himmlischen und irdischen Geister, wobei seine Schlagfertigkeit die gewaltige, fast schon übernatürliche Anziehungskraft, die er ausübte, noch verstärkte. Von uns, die wir unsere Ausbildung erst kürzlich beendet hatten, forderte er, eine klare Position zu beziehen. Vor allem von den abtrünnigen Studenten, die ihre Kenntnisse in den Dienst der Staatsmacht stellten, sollten wir uns energisch distanzieren. Natürlich wusste er auch, dass er uns auf eine metaphorische, unterhaltsame Art predigen musste und wie wichtig eine lockere Atmosphäre war. Einmal führte er mehrere seiner Schüler zur Blumenregen-Terrasse, auf der er eine Lesung mit Gedichten veranstalten wollte. Auch ich hatte die unverdiente Ehre, daran teilnehmen zu dürfen.

Alle nahmen ihre Mädchen aus dem Vergnügungsviertel mit, Wanzhen war auch dabei, als wir mit großer Begeisterung aufbrachen. Bereits knapp zwei Stunden später waren wir am Fuße der Terrasse angekommen. Wir stiegen aus unseren Pferdewagen und begannen dann langsam den Bergpfad hinaufzuwandern, wobei sich die meisten spontan zu kleinen Gruppen zusammenschlossen. Sie genossen den Anblick der herbstlichen Landschaft und diskutierten dabei lebhaft über den Sinn bestimmter Textstellen aus den kanonischen Büchern. Wanzhen, die, umringt von einer ganzen Schar, ihren langen Rock hinter sich herzog, unterhielt sich prächtig und warf mit lebhaften Blicken nur so um sich. Auch Shen Biehe schritt kraftvoll voran, während mir, der ich mich unglaublich verloren fühlte, nichts anderes übrig blieb, als der ganzen Gesellschaft widerwillig zu folgen. Ich beklagte mich gerade im Stillen, als plötzlich ein heftiger Gewitterregen niederging. Nur ein paar der Mädchen hatten gewachste Papierschirme mitgenommen, die sie nun zumindest ein klein wenig schützten, während wir anderen ausnahmslos in die größte Verlegenheit gerieten. Durchnässt bis auf die Haut kehrten wir in die Stadt zurück. Aus der Lesung war nichts geworden, stattdessen hatten wir uns allesamt eine fiebrige Erkältung geholt.

Wenig später brach ich mit Wanzhen einen Streit vom Zaun und ließ all meinen lange aufgestauten Unmut an ihr aus. Als Reaktion erntete ich nur bitteren Spott. Heute frage ich mich, ob es nötig war, mich so unvernünftig zu verhalten. Ich distanzierte mich von ihrem Kreis. Außer meinem bereits erwähnten Unmut gab es dafür noch einen weiteren Grund: Der Tag der Prüfung rückte näher, sodass ich mich mit Eifer meinem Studium widmen musste. Mit den Freuden der Musik und des Schlafgemachs, mit hochtrabenden Reden oder den nutzlosen Kuriositäten der Ausländer durfte ich meine Energie nicht länger verschwenden. Obwohl ich mich nicht ablenken ließ, sollten meine Bemühungen, über die Prüfungen eine Beamtenstelle zu erhalten, kläglich scheitern und so mein Schicksal besiegeln.

Nachdem die erfolgreichen Kandidaten feststanden, packte ich betrübt meine Sachen zusammen und bereitete mich darauf vor, in die Heimat zurückzukehren. Doch genau in diesem Moment kam eine von Wanzhens Zofen in die Prüfungshalle gelaufen und richtete mir aus, dass die Dame ihres Hauses mich unbedingt sehen wolle. Ich solle zu ihr ins Vergnügungsviertel kommen. Eine solche Bitte konnte ich ihr weder vom Gefühl noch vom Verstand her abschlagen, und so machte ich mich zur vereinbarten Zeit auf den Weg.

Sobald ich ihr Empfangszimmer betrat, bemerkte ich, dass sich die Atmosphäre des Raumes verändert hatte. Die Kalligraphien und Gemälde hingen nicht mehr an den Plätzen, an denen sie hätten hängen sollen. Ich wartete schon eine Weile, als ich endlich erkannte, dass jene stämmige Zofe, die vor mir stand, niemand anderes war als Wanzhen selbst. Da lächelte sie schwach, und ihr Gesicht nahm einen stolzen, aber auch resignierten Ausdruck an.

»Ich hätte nicht geglaubt, dass selbst du mich nicht erkennen würdest, Tuzhang.«

Erschrocken entschuldigte ich mich mehrmals hintereinander. Gerade das, sagte sie, sei ihre Absicht gewesen – dass ich sie nicht erkenne. Und dann erfuhr ich von ihr, dass Shen Biehe vor zwei Wochen überraschend verschwunden war, selbst seine Familienangehörigen wussten nicht, wohin. Später hatte dann jemand die Nachricht überbracht, dass Shen einem Augenzeugen zufolge von der kaiserlichen Geheimpolizei verhaftet worden war. Wir alle seien nun nicht mehr sicher und müssten fliehen. Als Wanzhen ausgeredet hatte, machte ich einen schnellen Schritt auf sie zu, umarmte sie und gab ihr einen Kuss.

»Was soll denn das jetzt bedeuten?«

Ich wusste auch nicht, was mit mir passiert war.

»Wir haben dich da mit hineingezogen.«

»Lass uns nicht darüber reden. Die Zeit drängt. Mach dich schnell auf den Weg, ich muss auch fort von hier. Alles andere besprechen wir später, wenn Gelegenheit dazu ist.«

Ich eilte zurück in die Prüfungshalle, holte mein Gepäck und verließ unbemerkt die Stadt. Zurück in meinem Heimatdorf bedurfte es mancherlei Ausflüchte und Erfindungen, um meiner Mutter zu erklären, weshalb ich durch die Prüfung gefallen war. Dann gönnte ich mir eine kurze Ruhepause, bevor ich unter dem Vorwand, einen Freund zu besuchen, meine Reise ins Exil antrat.

Ein Jahr später, im Frühling, kehrte ich in Verkleidung nach Nanjing zurück, da ich glaubte, die Lage habe sich ein wenig entspannt. In der Hoffnung darauf, Wanzhen aufzuspüren, besuchte ich noch einmal jeden unserer alten Orte. Dabei lief mir jemand über den Weg, der früher Kontakt zu unserem Kreis gehabt hatte. Ihn bat ich, mich sofort zu informieren, wenn er irgendwelche Neuigkeiten hören sollte. Und dann kam jener Tag, an dem ich einen Spaziergang zum Mochou-See machte. Als ich am frühen Abend in die Herberge zurückkehrte, saßen in meinem Zimmer zwei Eunuchen, die dort schon eine Ewigkeit auf mich gewartet hatten. Und da diese Stadt im Schatten des Kaiserhofs lag, sodass man an den Anblick von Eunuchen gewöhnt war, sorgten die Aktionen dieser Leute nie für besonders großes Aufsehen.

Bis heute begreife ich nicht, wieso sie mich vor Gericht stellen wollen. Ich war nur eine Randfigur ohne Einblick in die Geheimnisse des Kreises, die mich ohnehin nie interessiert hatten. Einzig um meine Frau mache ich mir Sorgen, denn auf eine törichte, verzweifelte Weise habe ich sie tief im Herzen schon immer als meine Frau betrachtet. Wo bist du wohl jetzt? Und wer steht dir schützend zur Seite? Oder steht da gar niemand … Und dann ist da noch meine Familie. Ich wage es nicht, weiterzudenken. Dass ich selbst verloren bin, weiß ich längst.

Bald wird ein neues Verhör beginnen. Was ich in den vergangenen Tagen geschrieben habe – ich zerreiße es Blatt für Blatt. Denn alle Dinge, die dort draußen passiert sind, liegen unerreichbar ausgesperrt in einer eigenen Welt. Und diese Welt hat mit mir schon nichts mehr zu tun.

Aus dem Chinesischen von Frank Meinshausen

Hochzeitsnacht im Jinmao-Tower

In der einen Ecke des Hotelzimmers stapeln sich die Geschenke, in einer anderen die Blumensträuße. Es ist nachts halb eins. Der Bruder der Braut drängt die Gäste zum Aufbruch.

»Los jetzt, lasst sie wenigstens noch ein paar Stunden allein in ihrer ersten gemeinsamen Nacht!«

»Kommt gut nach Hause!« Liu Meidai, ganz in Weiß, steht in der Mitte des großen Zimmers und winkt in die Runde. Die 31-jährige Computerwissenschaftlerin, Angestellte in einer privaten Shanghaier Softwarefirma, sieht normalerweise eher unauffällig aus. Heute wirkt sie hübsch und elegant. Ihre Hände stecken in weißen Handschuhen, die bis weit über die Ellenbogen reichen, und ihr rundes Gesicht ist von feinen Löckchen eingerahmt.

»Angenehme Nacht, Yankee«, ruft einer der Gehenden dem Bräutigam zu, der genauso chinesisch aussieht wie er selber und alle anderen Anwesenden. »Tu deine Pflicht, wie sich's gehört! Und wenn du nicht klarkommst, ruf mich an! Ich helfe dir gern weiter!« Stolpernd und lachend verlässt er das Zimmer, unter energischer Mithilfe des Brautbruders, der ihn am Ärmel packt und mit sich zieht. Die Tür schließt sich, aus dem Korridor ist noch einige Momente lang sich entfernendes Gelächter zu hören, dann ist es still. Das Paar ist allein.

Wanping, der eben noch getrunken und gescherzt hat, lässt sich aufs Sofa fallen. Sein Kopf sinkt auf die Brust. Er fühlt sich unwohl. Das Gemisch aus opulentem Abendessen und unzähligen Gläsern Wein macht seinem Bauch zu schaffen. Am liebsten würde er sich sofort ins Schlafzimmer zurückziehen. Doch die Braut flattert noch um die vielen bunten Geschenke herum, als wollte sie gleich anfangen zu tanzen. Wanping lockert seine Krawatte und wünscht sich sehnsüchtig, mit einer Handbewegung von ihr ins Bett entlassen zu werden.

Wanping arbeitet als Chemiker in einer Arzneimittelfabrik in Baltimore in den USA. Vor Kurzem hat er die Greencard bekommen und ist sofort nach Shanghai gefahren, um zu heiraten. Meidai und er haben dort vor Jahren zur selben Zeit die Tongji-Universität besucht. Doch da sie in verschiedenen Fachbereichen eingeschrieben waren, haben sie damals kaum Notiz voneinander genommen. Nach dem Examen ist Wanping nach Amerika gegangen, um weiterzustudieren. Acht Jahre ist das nun her. Irgendwann hat seine in China zurückgebliebene Mutter begonnen, sich Sorgen um ihn zu machen, weil er immer noch keine Freundin hatte. Sie hat ihm Adressen von heiratswilligen jungen Mädchen geschickt, und mit einigen von ihnen hat er sich brav geschrieben. Meidais Briefe haben ihm am besten gefallen. Vor einer Woche ist er gekommen, fand, dass die Fotos, die sie ihm von sich geschickt hat, den Tatsachen weitgehend entsprachen, und nun sind sie verheiratet.

»Was soll das denn heißen: Wenn ich nicht klarkomme, hilft er mir gerne weiter? Will er mir erzählen, wie du am besten zu nehmen bist, oder was?«

Viel weiß der Neu-Ehemann tatsächlich noch nicht von seiner Frau. Und schon gar nicht von ihrer Vergangenheit.

»Lass ihn doch reden«, sagt Meidai beschwichtigend. »Der hat sich eben geärgert, weil du mich gekriegt hast und nicht er. Außerdem war er total besoffen. Komm lieber mal her zum Fenster und schau da hinunter! Unglaublich, diese Aussicht auf die Stadt!«

Aber Wanping macht keine Anstalten aufzustehen. Mit stierem Blick starrt er in Richtung seiner ehemaligen Kommilitonin, die nun seine Ehefrau ist. Die Schleppe ihres Kleides ist besonders lang. Vor einer Stunde ist er darüber gestolpert, und alle haben sich totgelacht. Das sei ein Zeichen dafür, dass er unter der Fuchtel seiner Frau stehen werde, haben sie gesagt, und er hat sich Mühe geben müssen mitzulachen.

Ständig hat Meidai ein anderes Kleid angehabt an diesem Abend, und Wanping hätte sie gerne in dem einen oder anderen etwas ausgiebiger bewundert. Aber ununterbrochen hat er anstoßen müssen, obwohl er die meisten der über hundert Gäste gar nicht kannte, und so sind die Blicke, die er auf seine Braut hat werfen können, immer nur kurz gewesen. Jetzt, wo alle weg sind, hat er endlich Muße, sie zu betrachten.

Das Schleppenkleid in europäischem Stil, das Meidai im Moment trägt, liegt über der Taille eng an, wird von der Hüfte abwärts immer weiter und erreicht am Boden schließlich den Umfang eines runden Tisches für mindestens sechs Personen. Wanping findet, dass sie darin aussieht wie eine Prinzessin. Im Moment beugt sie sich gerade über einen großen geöffneten Koffer und glättet die anderen Kleider, die sie im Laufe des Abends getragen hat. Als sie damit fertig ist, geht sie wieder mit kleinen Schritten in Richtung Fenster.

Doch was schaut unter dem Kleid hervor? Weiße, fleischige Därme, denkt Wanping zuerst erschrocken. Dann erkennt er, dass das edle Stück mit einer großen Menge gerafftem Stoff gefüllt ist, der bei jedem Schritt nach außen quillt. Solche Kleider, die einen gleich an weißes, zuckendes Fleisch denken lassen, hat Wanping bisher nur im Fernsehen gesehen, bei Can-Can-Tänzerinnen aus Paris, die sogar die Innenseite immer wieder nach oben gezogen haben, um die Sinne der Männer zu verwirren. Dass seine Braut ein solches Kleidungsstück gewählt hat, um ihm zu gefallen, schmeichelt ihm sehr. Eigentlich hat er nur eine ganz normale Frau haben wollen, doch jetzt hat er das Gefühl, einen Stern vom Himmel geholt zu haben. Er steht auf und geht mit schweren Schritten zu ihr hinüber.

Der Blick aus dem Fenster ist wirklich überwältigend. Das Lichtermeer tief unter ihnen lässt die östliche Metropole Chinas wie einen riesigen, funkelnden Kristall erscheinen. Meidai breitet ihre Arme aus, als wollte sie die ganze Stadt umarmen. »Millionen liegen uns zu Füßen«, sagt sie und lacht. »Wollen wir morgen einmal ganz nach oben fahren? Dann sind wir noch zwanzig Etagen höher.«

Wanping sieht nicht sehr begeistert aus. »Wie viele sind das dann?«

»Achtundachtzig!«

Unangenehm berührt schaut Wanping in die Nacht hinaus. Er schüttelt den Kopf. »Niemand würde in Amerika nach dem 11. September freiwillig in einem Wolkenkratzer übernachten. Aber hier in Shanghai fühlt ihr euch offenbar alle sehr sicher.«

»Shanghai ist nicht New York.« Meidai schaut ihren Ehemann spöttisch an. »Hast du jetzt etwa weiche Knie bekommen bei dem Blick aus dem Fenster? Hoffentlich wirkt sich das nicht auch noch auf andere Körperteile aus.«

»Du kannst ja mal nachgucken, wenn du es genau wissen willst. Und wenn du dich vorher ein bisschen frei machst, hat das sicher eine kräftigende Wirkung auf die anderen Körperteile.« Wanping beugt sich zu seiner Frau hin und zieht mit einem Ruck den Reißverschluss ihres Kleides herunter. Meidai schreit auf. Die schwungvolle Fahrt des Öffners hat an ihrer Hüfte ein abruptes Ende gefunden und ihr dort die Haut eingeklemmt.

»Kannst du nicht ein bisschen aufpassen! Ich bin doch nicht aus Holz! Und das Kleid ist nur geliehen. Wenn was kaputtgeht, kostet das gleich ein paar Tausend Yuan!« Nervös nestelt sie an dem Reißverschluss herum und versucht, ihn wieder in Ordnung zu bringen.

175

Wanping kann ein Rülpsen nicht unterdrücken. Die Luft aus seinem Bauch riecht stark nach Alkohol. »Entschuldige. Ich wollte dir einfach nur schnell aus dieser Verpackung heraushelfen.«

»Schon gut.« Meidai hat es geschafft, den Reißverschluss wieder zuzuziehen, und bewundert sich nun von allen Seiten im Spiegel.

Wanping gähnt mit weit aufgerissenem Mund. »Willst du nicht endlich diese Riesendestillierflasche ausziehen? Lass uns doch schlafen gehen.«

Meidai hört nicht auf, sich vor dem Spiegel hin und her zu drehen. »Morgen, nach dem Fototermin, muss ich die Kleider zurückgeben. Alle konnten mich heute ausgiebig anschauen, nur ich mich selber nicht, weil ich ständig mit irgendwelchen Leuten anstoßen und reden musste. Jetzt will auch ich mich mal in Ruhe betrachten.«

Resigniert lässt Wanping sich auf einen Stuhl fallen. »Dann trink ich eben noch was.«

Meidai ist mit ihren Gedanken schon beim nächsten Tag. »Der Pool der Mandarin-Enten morgen wird dir sicher gut tun. Meine Schwester hat nur eine Anzahlung gemacht, nimm also genug Geld mit, hörst du? Bei dem Fototermin müssen wir auch gleich bezahlen.«

Von Wanping kommt keine Antwort. Zusammengesunken sitzt er da, und es ist kaum zu erkennen, ob seine Augen noch ein kleines bisschen offen sind oder schon gänzlich zu. Meidai lehnt sich leicht an seine Schulter. Dabei schiebt sich ihr Kleid auf einer Seite ein Stück nach oben und ähnelt nun einem schrägen Turm. Von einem Moment zum anderen kommt Bewegung in ihren Ehemann. Blitzschnell fährt seine Hand unter den schrägen Turm und greift nach dem Slip seiner Frau. Meidai macht einen Sprung zur Seite. »He, ich dachte, du bist ein Wissenschaftler aus Amerika! Und jetzt kommst du mir auf diese Straßenjungen-Tour!«

Wanping zieht den Hals ein, als wollte er sich in eine Schildkröte verwandeln. Seine Frau geht um den Kleiderkoffer herum zum Sofa, setzt sich aber nicht. »Übermorgen, bei der Polizei, wäre es gut, wenn du dich wie ein Amerikaner verhieltest. Nicht, dass am Ende noch was schiefgeht, wenn ich meinen Reisepass beantrage.« Und dann, nach einer kurzen Pause: »Was ist? Willst du auf dem Stuhl übernachten?«

Der Mann versucht nach kurzem Zögern, sich hochzurappeln. Er sieht aus, als hätte er eine Schlacht hinter sich. Er reißt die Augen auf, so gut er kann, aber je mehr er sich bemüht, seine Angetraute klar zu sehen, desto verschwommener wird sie. Als er es schließlich geschafft hat, auf seinen zwei Beinen zu stehen, schließt er die Augen wieder und setzt sich langsam in Bewegung. Dass ihm der Koffer im Weg liegt, merkt er erst, als er darüber stolpert. Er taumelt, greift um sich, bekommt ein rotes, hauchdünnes Kleid zu fassen, das über den hochgeklappten Kofferdeckel gebreitet ist, zerreißt es und fällt aufs Sofa. Meidai schreit auf.

»Pass doch auf, du Trampel! Das ist das einzige Kleid, das mir gehört.«

Wanping macht sich noch nicht einmal die Mühe, sich umzudrehen und die Fetzen zu betrachten, in die er das Kleid verwandelt hat. »Ich kauf dir ein neues. Darauf kommt's jetzt auch nicht mehr an.«

»Aha, der Herr möchte mich daran erinnern, dass er doch schon zehntausend Dollar in die Ehe eingebracht hat.« Meidais Stimme klingt giftig. »Wenn du vorhast, dafür aus meinen Kleidern Lumpen zu machen, dann nimm dein Geld gleich wieder und fahr zurück nach Amerika! Außerdem hab auch ich schon jede Menge bezahlt. Diese Hotelübernachtung zum Beispiel. Tu also nicht so, als wenn ich mich von dir aushalten ließe.«

In diesem Moment sind von draußen im Korridor wieder Lachen und laute Stimmen zu hören. Doch es sind nicht ihre Gäste, die zurückkommen, sondern eine andere Hochzeitsgesellschaft, die schon einen Moment später mit ihrem Lärmen das Apartment neben ihnen erfüllt. Meidai geht zur Wand und horcht, und wenig später weiß sie, dass die Braut nebenan nicht nur eine helle, mädchenhafte Stimme, sondern auch mehr zu lachen hat als sie selbst. Jeder männliche Gast drüben wird aufgefordert, die Braut von einem Zimmer ins andere und zurück zu tragen. Jedes Mal gibt es Klatschen und heftiges Gelächter, und das helle Lachen der Braut, scheint es Meidai, ist immer das ausgelassenste. Was für ein Glück diese Frau hat! Von allen männlichen Gästen über die Schwelle des Schlafzimmers getragen zu werden, muss ein unvergessliches Erlebnis sein! Meidai schaut zu ihrem Mann hinüber. Er hängt schlapp und reglos in einer Sofaecke. Es ist nicht zu erkennen, ob er endlich doch eingeschlafen ist oder noch etwas mitbekommt von dem, was um ihn herum vorgeht.

Meidai zieht ihren Slip aus und legt ihn auf sein Gesicht. »Hier, du wolltest ihn doch haben. Ich schenk ihn dir.«

Durch eine der Beinöffnungen sieht Meidai die Wange ihres Mannes zucken. Dann bewegt sich seine rechte Hand hoch zu seinem Gesicht und streift das zarte Höschen achtlos herunter. Seine Augen bleiben dabei geschlossen. Dafür steht sein Mund offen, die Unterlippe hängt nach vorne, die Backen sehen wabbelig aus. Meidai scheint es, als wäre sein ganzer Körper dabei, sich in Pudding zu verwandeln und zäh zu Boden zu fließen.

Der wilde Lärm von nebenan lässt in ihr die Empfindung immer stärker werden, um etwas betrogen worden zu sein. Unruhig geht sie im Zimmer hin und her, verlangsamt ihre Schritte vor dem Kleiderkoffer, wirft einen Blick aus dem Fenster, schnuppert an den Blumen und macht endlich vor dem Stapel Geschenke halt. Sie reißt einen der Kartons auf und zieht eine *Jingdezhen*-Porzellanschale daraus hervor. Auch die nächste Schachtel enthält eine edle Schale. Sie nimmt die beiden Teile und schlägt sie gegeneinander, so fest sie kann. Klirrend fallen die Scherben zu Boden.

Wanping fährt hoch und reißt erschrocken die Augen auf. Von Neuem knallt es neben seinem Kopf. Und noch einmal. Und noch einmal. Im Handumdrehen sind zehn teure Schalen zu Bruch gegangen.

Mit Fischaugen verfolgt Wanping das Treiben seiner Frau. Als sie nun innehält und in seine Richtung schaut, zwingt er sich zu einem breiten Lächeln. »Scherben bringen Glück, sagt man in Amerika.«

Meidai ist sichtlich überrascht. Nach kurzem Zögern stellt sie Wanping eine Frage: »Ziehst du mir meine Schuhe aus? Sie drücken. Ich hätte sie erst einmal einlaufen sollen.« Bei den letzten Worten ist sie schon auf dem Weg ins Schlafzimmer.

Wanping folgt ihr, so gut er kann. *Sehr gut* kann er nicht. Als er das Bett erreicht, liegt Meidai schon darauf. Ihr Kleid ist nach oben gerutscht und gibt den Blick auf die Knie und ein Stück Oberschenkel frei. Die Beine ragen ein wenig über das Ende der Matratze hinaus. Wanping bückt sich, um sie von den roten Stöckelschuhen zu befreien, aber er muss sich sofort auf den Bettrahmen stützen. Die Erkenntnis, dass er besser auf dem Sofa im anderen Zimmer sitzen geblieben wäre, kommt ihm zu spät. Mit Macht drängen das gute Essen und der Wein nach oben.

Meidai, die erkennt, was gleich passieren wird, zieht instinktiv die Beine an, um sie in Sicherheit zu bringen. Aber damit vergrößert sie nur die Öffnung ihres Kleides, sodass sich alles, was jetzt mit einem gewaltigen Schwall aus dem Mund ihres Gatten herausquillt, zwischen ihre Schenkel ergießt. Ihre immer noch stöckelbeschuhten Füße schnellen nach vorn und treffen den Mann mit solcher Wucht am Kopf, dass er sofort zu Boden geht. Meidai flüchtet hastig ins Bad.

Gegen zwei Uhr verlässt die junge Frau, in ein großes

Frotteetuch gewickelt, das Badezimmer. Von ihrem Make-up und den Ringellöckchen, von ihrem ganzen Prinzessinnen-Aussehen ist nichts übrig. Ihre noch nassen Haare hängen ihr ins Gesicht und kleben an den Wangen. Sie zittert vor Müdigkeit und Nachtkälte. Der Weg, den sie vorhin vom Schlafzimmer ins Bad genommen hat, ist markiert von Erbrochenem. Sie legt rosarotes Kosmetikpapier darüber.

Wanping liegt immer noch auf dem Boden. Meidai drückt ihren nackten Fuß gegen seinen Schenkel, aber er rührt sich nicht. Selbst als sie, wiederum mit dem Fuß, seinen Kopf so dreht, dass sie sein Gesicht sehen kann, kommt keine Bewegung in ihn. Einzig sein lauter Atem verrät, dass er noch lebt. Mit dem angetrockneten Speichel und Resten seines Mageninhaltes auf einer Wange ist er noch abstoßender als vorher. Wie Quasimodo, denkt Meidai. Sie geht ins Wohnzimmer und schließt die Tür hinter sich.

Einige Minuten lang steht sie in der Finsternis. Schließlich zieht sie ein Handy aus ihrer Handtasche, kauert sich in eine Ecke des Sofas und drückt eine Anzahl von Tasten.

»Hallo«, meldet sich eine schläfrige Stimme.

»Ich wollte dir nur sagen, dass ich deine Schüsseln kaputt geschmissen habe.« Meidais Stimme klingt brüchig.

»Hei, was ist los? Du weinst doch nicht etwa?« Der Mann am anderen Ende scheint von einer Sekunde zur anderen hellwach geworden zu sein.

Meidai presst ihre rechte Hand fest auf den Mund.

»Hör mal, du bist schon bald in Amerika! Alles läuft genau so, wie du es wolltest! Da wirst du doch jetzt nicht um mich weinen, heute, in deiner Hochzeitsnacht!«

»Du hast Wanping absichtlich besoffen gemacht. Jedes Mal, wenn ich vom Umkleiden zurückgekommen bin, hab ich gehört, wie du ihn zum Austrinken aufgefordert hast.«

»Quatsch! Ich hab höchstens zweimal mit ihm angestoßen. Wenn er besoffen ist, dann auf jeden Fall nicht wegen mir.

Und dass du mich mitten in der Nacht weckst, um mir die Ohren vollzuheulen, find ich schon etwas übertrieben. Wegen mir hab ich dich nie eine Träne vergießen sehen. Ich bin müde, Meidai, ich muss schlafen. Mach's gut!«

»Mali, wenn ich erst einmal in Amerika bin, find ich bestimmt einen Weg für dich, nachzukommen.«

Am anderen Ende der Leitung ist es einen Moment still. »Ist der Fisch denn so schlecht, den du geangelt hast?«

»Mit dem Fisch hat das gar nichts zu tun. Siehst du denn nicht, was hier seit einiger Zeit los ist? Immer mehr von denen, die in den letzten Jahren ein bisschen Geld verdient haben, wandern in den Knast. Der drittreichste Mann Chinas ist angeblich vor einigen Tagen in die USA abgehauen. Als erfolgreicher Unternehmer machst du dich schnell verdächtig in diesem Land, Mali. Heute gratulieren dir noch alle zu deiner Softwarefirma, und morgen bist du schon weg vom Fenster. Kapier das doch endlich!«

»Ich kann nicht nach Amerika, das weißt du doch. Die stellen mich sofort vor Gericht wegen der ganzen geklauten Kopien, die ich hier schon verkauft habe. *Den* Weg musst du schon alleine gehen. Und jetzt lass uns schlafen. Es ist ja noch mitten in der Nacht.«

»Mir geht's nicht gut, Mali. Wanping fliegt am nächsten Donnerstag zurück. Kann ich Freitagabend zu dir kommen?«

Wieder ist es einen Moment lang still in der Leitung. »Besser, wir treffen uns in einem Café.«

»Dann eben in einem Café. Hauptsache, ich seh dich. Ich lass dich jetzt weiterschlafen. Ich küss dich! Gute Nacht!« Meidai drückt den Aus-Knopf und lässt den Deckel ihres Handys zuschnappen.

Am nächsten Morgen gegen zehn klopft es laut an die Tür. Die Eltern und Geschwister wollen das junge Ehepaar zum Shanghai-Frühstück abholen. Meidai ruft mit verschlafener

Stimme, sie bräuchten noch eine halbe Stunde, und die Verwandten ziehen erst einmal wieder ab.

Sie hastet zu ihrem Ehemann und bringt ihn unsanft mit einem Ruck in Sitzstellung. »Ich habe Kopfschmerzen«, sagt er. Ohne weiter auf sein Stöhnen zu achten, macht sie sich daran, so gut wie möglich die Kotzspuren von dem Teppichboden zu beseitigen. Erst jetzt erinnert sich Wanping wieder an seine nächtliche Unpässlichkeit. Aber erst als seine Frau ihm zuruft, dass die Eltern schon im Foyer warten, rappelt er sich hoch und huscht an ihr vorbei unter die Dusche.

Meidai macht inzwischen das unberührte Bett durcheinander und zerknittert das Laken, so gut es geht. Am Ende schneuzt sie sich die Nase, schmiert den Schleim auf das Betttuch und wirft die Decke darüber.

Eine halbe Stunde später sind die beiden Familien wieder da. Wanping macht die Tür auf. Er hat jetzt einen hirsegelben Anzug an. Neben ihm steht seine Frau in einem schlichten, blutroten Kleid. Sie sehen so glücklich aus, dass die beiden Familienväter zufriedene Blicke wechseln und sich schließlich gegenseitig auf die Schultern klopfen. Nachdem die Besichtigung des Bettes zur Zufriedenheit der Mütter ausgefallen ist, begibt sich die kleine Gruppe zum Fahrstuhl, rauscht achtundsechzig Stockwerke nach unten, verlässt das höchste Hochhaus Shanghais und steigt in mehrere schon bereitstehende Autos. Auch heute liegt ein dicht gedrängtes Programm vor dem jungen Paar.

Li Er

Verstummt

Jeden Samstag besuchte Sun Liang seinen Freund Fei Bian.
Das Wohnzimmer in Fei Bians Wohnung war weitläufig und
wirkte wie ein öffentlicher Raum. Oft trafen sich Sun Liang
und seine Freunde dort. Bei diesen Treffen plauderten sie, von
Zeit zu Zeit stritten sie, manchmal spielten sie Karten oder taten alles zugleich. Ihr Spieleinsatz war nicht hoch. Beim Mah-
jong lag der Höchstgewinn nicht über fünfzig oder sechzig
Yuan. Sie waren Intellektuelle und spielten nicht des Geldes
wegen. Oft gesellte sich auch Fei Bians Nachbar Liu dazu,
der bei der Polizei arbeitete. Er gewann beinahe jedes Mal.
Sun Liang und die anderen waren ihm gegenüber zunächst
ein wenig reserviert gewesen, hatten aber bald gemerkt, dass
er ein unterhaltsamer Mensch war, der oft reizvolle Themen
in die Runde einbrachte. So freundeten sie sich mit ihm an.
An ihren Gesprächen beteiligte er sich allerdings selten, da
ihn die Welt der Intellektuellen wenig interessierte. Aber sobald Liu von sich aus das Wort ergriff, verstummten alle. Liu
war stellvertretender Leiter der Kriminalpolizei und erzählte
Geschichten, die aus Schundromanen zu stammen schienen.
Solch eine Lektüre hielten die Freunde für unter ihrer Würde, Lius Erzählungen lauschten sie aber gerne.

An einem späten Samstagnachmittag im Winter zog sich
Sun Liang seinen Mantel an, wickelte seinen anthrazitgrauen
Schal um den Hals und verließ seine Wohnung. Vor dem
Hoftor standen ein paar Frauen und redeten mit einem
Sellerieverkäufer. Sun Liang näherte sich ihnen, um zu er-
fahren, worum es ging. Auch seine Frau war dabei. Sie hielt

bereits einen Bund Sellerie in den Händen, machte jedoch keine Anstalten, nach Hause zu gehen. Sie war seine zweite Frau und erst kürzlich aus Australien zurückgekehrt. An das hiesige Klima hatte sie sich noch nicht wieder gewöhnt, sodass sie immer etwas dicker angezogen war als die anderen. Sie überreichte ihm den Sellerie. Er nahm ihn und brachte ihn in die Wohnung. Dann verließ er den Wohnblock durch das hintere Hoftor. Dass er den Schlüssel für dieses Tor besaß, war ein kleines Geheimnis. Selbst der Pförtner wusste nichts davon.

Es war schon fast sieben Uhr, als er bei Fei Bian eintraf. Unterwegs hatte er getrödelt und auf der Straße eine Nudelsuppe gegessen. Glücklicherweise kamen auch die anderen ziemlich spät, sodass seine Unpünktlichkeit nicht weiter auffiel und er auch kein Spiel verpasst hatte. Fei Bian war gerade mit dem Essen fertig. Er saß vor dem Computer in seinem Arbeitszimmer und tippte ein Gedicht ein.

»Das Gedicht ist nicht von mir«, erklärte er Sun Liang, »sondern von dem russischen Dichter Mandelstam.«

Es war sein Hobby, schöne Gedichte zu sammeln und die Verse in den Computer einzugeben. Der Dichtkunst habe er keineswegs den Rücken gekehrt, vielmehr nutze er jede freie Minute zum Schreiben, sagte Fei Bian. »Hier, lies mal. Das Gedicht ist richtig gut. Es könnte glatt von mir sein.« Dann trug er es laut vor:

Wie kann ich die Tote, die Frau nun noch loben?
Sie steht dort in Fremdheit, ist Macht …
Ins Grab, in ein warmes, gewaltsam gezogen
Von seltener Liebe und Kraft.

»Ein schönes Gedicht«, sagte Sun Liang. »Bitte druck es mir aus, damit ich es zu Hause in Ruhe lesen kann.«

Während das Gedicht aus dem Drucker lief, traf ein weiterer Freund ein, dem Fei Bian ebenfalls einen Ausdruck gab. Mit den Blättern in der Hand setzten sie sich an den Tisch und warteten auf den vierten Spieler.

»Mir gefällt dieses Gedicht so sehr, weil ich früher einmal eine Frau geliebt habe, die gestorben ist«, verriet Fei Bian.

Einen Moment lang schwiegen alle aus Respekt vor der Toten. Sun Liang wusste aber, dass Fei Bians große Liebe keineswegs tot war. Immer noch liebte er seine geschiedene Frau, die inzwischen einen anderen geheiratet hatte. In Wahrheit war seine Behauptung, sie sei tot, eine Verwünschung.

Eine ganze Weile warteten sie vergeblich auf den letzten Spieler, dann verabschiedete sich ihr dritter Mann. Kaum war er zur Tür hinaus, trat der Nachbar Liu ein. Wieder war die Runde nicht komplett. Liu sah das Gedicht auf dem Tisch liegen, nahm es an sich und las zwei Zeilen. Dann legte er es zurück. »Ich kann meinen Sohn als vierten Spieler herbitten«, schlug er vor. »Er ist zwar erst in der Grundschule, aber ein Naturtalent beim Mahjong-Spiel. Es ist wie beim Schach: Früh übt sich, wer ein Meister werden will.« Sofort winkte Fei Bian ab, sie sollten das Kind nicht verderben. In diesem Moment kam Fei Bians Arbeitskollege vorbei. Da er behauptete, nicht spielen zu können, lud Liu ihn ein, sich einfach so dazuzusetzen. Nach und nach stellte sich aber heraus, dass er ein hervorragender Zocker war, der sie alle miteinander in die Tasche steckte.

Fressen oder gefressen werden: Liu, für den Gewinnen zur Gewohnheit geworden war, hatte nicht seinen besten Tag. Er war verunsichert. Um Fei Bians Kollegen abzulenken, erzählte er eine seiner Schundgeschichten nach der anderen. Vermutlich durchschaute dieser seine Absicht und verlor die Lust am Gewinnen. Liu schloss daraus auf eine positive Wirkung seiner Taktik und fuhr mit seinen Erzählungen fort. Schließlich kam er auf einen Fall aus der jüngsten Vergangenheit zu sprechen: Ein junger Mann aus Zhengzhou hatte über die Hotline einer Radiosendung des Jizhou-Rundfunks die Moderatorin angerufen. Er erzählte, dass er ein Mädchen kennengelernt und es geschwängert habe. Aber dann habe sich das Mädchen in einen anderen verliebt. Was er nun machen solle, wollte er von der Moderatorin wissen. Sie riet, das Mädchen nicht grundlos zu verdächtigen, sondern erst einmal herauszufinden, ob sich ihre Gefühle tatsächlich verändert hatten. Er müsse ihr vertrauen und mit ihr in Ruhe über alles sprechen. Danach solle er wieder anrufen und von den Entwicklungen berichten. Liu erzählte, der junge Mann habe ein Gespräch mit dem Mädchen geführt, bei dem es ihm bestätigt habe, dass es einen anderen liebe. Als der junge Mann die Moderatorin wieder anrufen wollte, war die Leitung ständig besetzt. Er verlor den Kopf und brachte das Mädchen um. Für seine Tat machte er die Moderatorin verantwortlich. Da hatte Liu auf einmal wieder gewonnen.

Sun Liang stammte aus Jizhou. An allem, was mit seiner Heimatstadt in Verbindung stand, hatte er großes Interesse. Er höre diese Sendung auch gerne, sagte Liu und schaltete Fei Bians Radio ein. Nach kurzer Suche erkannte er die Stimme der Moderatorin. Sie klang müde, vielleicht auch ein wenig bedrückt. Da hatte Liu abermals gewonnen. Er schaltete das Radio wieder aus. Über den Funkrufempfänger rief ihn seine Frau nach Hause. Ohnehin wolle er nicht länger stören, sagte er. So war das. Sun Liang hatte an jenem Tag weder gewonnen noch verloren.

Ende November wurde Sun Liang eingeladen, in Jizhou einen Vortrag zu halten. Einer seiner früheren Studienfreunde war gerade zum Verwaltungsleiter der Lehrveranstaltungen an der dortigen Pädagogischen Hochschule befördert worden. Um den Dekan zu beeindrucken, hatte er mit Sun Liangs Hilfe einige namhafte Intellektuelle aus der Provinzhauptstadt Zhengzhou zu Vorlesungen eingeladen. Zwei Referenten waren bereits dort gewesen und hatten Sun Liang von den Entwicklungsfortschritten der Stadt berichtet. Sicherlich werde Jizhou Zhengzhou bald überflügeln. Außerdem seien Lehrer wie Studenten zwar ein wenig einfältig, aber wissbegierig. Und die Art und Weise, wie sie die Gelehrten verehrten, sei sehr bewegend. »Deiner Heimatstadt steht eine verheißungsvolle Zukunft bevor«, fassten die beiden abschließend zusammen.

Nun war Sun Liang selbst an der Reihe. Diese Gelegenheit wollte er nutzen, um sich ein eigenes Bild von den Veränderungen zu machen und um seinen Onkel zu besuchen. Dieser hatte einmal, als Sun Liang noch in Shanghai studierte, von einer Dienstreise nach Hangzhou eigens einen Abstecher nach Shanghai gemacht, um ihn dort zu besuchen. Beim Abschied hatte er ihm fünfzig Yuan zugesteckt – damals kein geringer Betrag, er reichte für zwei Monate zum Leben.

Der Studienfreund ließ Sun Liang mit einem Lincoln abholen. Über die Autobahn dauerte die Fahrt knapp zwei Stunden. Vor dem Fenster zogen auf beiden Seiten der Straße Wassergräben und Felder mit Weizenschösslingen vorüber. Gebückt jäteten die Bauern das Unkraut. Wenn sie sich aufrichteten, flatterte hier und da ein Schwarm Krähen in die Luft. Diese Szenerie berührte Sun Liang. Er wollte aussteigen, ein paar Schritte über das Feld laufen, ein paar Worte mit den Bauern wechseln, dem Flügelschlag der Krähen lauschen. Aber dann fiel ihm der Schlamm ein, der seine Lederschuhe und seine weißen Socken beschmutzen würde, sodass er diese Idee wieder fallen ließ. Außerdem, dachte er, dürfe man auf der Autobahn auch nicht einfach anhalten.

Seine Vorlesung in Jizhou nahm zwei Tage in Anspruch. Da die Zuhörer an aktuellen Themen reges Interesse zeigten, erörterte er mit ihnen die sich dem Ende zuneigende Humanismusdebatte. Sein bewegender Vortrag war vielleicht der Grund dafür, dass ihn anschließend zahlreiche Studenten umringten, seine gesammelten Veröffentlichungen erwarben und ihn baten, sie zu signieren. Damit sie nicht zu tief in die Tasche greifen mussten, überließ er ihnen seine Schriften zum halben Preis. Weitere hundert Exemplare verkaufte er seinem Studienfreund zum vollen Preis, da sie für die Hochschulbibliothek bestimmt waren. Sun Liang fragte, ob er diese Exemplare ebenfalls signieren solle. Aber sein Freund erwiderte, dass er sich lieber schonen möge. Die beiden anderen Referenten hätten ihre Bücher auch nicht signiert. »Umso besser«, sagte Sun Liang. Seine Hände schmerzten bereits.

Am Abend desselben Tages kam der Studienfreund zu Sun Liang ins Hotel. Er kündigte an, dass der Dekan ihn am nächsten Tag zum Essen einladen wolle, und schärfte ihm angemessene Themen ein. »Im Grunde ist Direktor Gao ein Politiker«, begann er. »Er ist jetzt außerdem stellvertretender Bürgermeister geworden und gibt sich gerne als Kunstliebhaber aus.«

»Keine Sorge«, beruhigte Sun Liang ihn. »Ich werde dich nicht blamieren. Ich weiß mit diesem Vogel schon umzugehen.«

Als er wieder allein war, zählte er das Geld, das er am Nachmittag mit seinen Büchern verdient hatte. Nicht übel, insgesamt waren es über eintausendfünfhundert Yuan. Auf einem Blatt übte er mehrmals die Zeichen »In Ehrerbietung für Dekan Gao mit der Bitte um Kritik«. Dann schrieb er sie auf die Innenseite eines Buches und ging zu einem Spaziergang hinunter in den kleinen Hotelgarten. Der Lärm der Innenstadt ließ die Hotelanlage geradezu friedlich erscheinen. Es hieß, dass hier sämtliche wichtige Politiker der Zentralregierung verkehrten, wenn sie Jizhou besuchten. Im kalten Mondlicht hatte dieser niedrige, auf alt gemachte Hotelbau tatsächlich einen gewissen Charme, als hielte er die Verbindung zu Vergangenem aufrecht und Abstand zu Bestehendem. Die weiblichen Hotelangestellten gefielen Sun Liang.

Sie waren hübsch und sprachen gar nicht den hiesigen Dialekt, sondern akzentfreies Hochchinesisch. Er war neugierig, wie wohl der Dialekt aus dem Mund eines dieser reizenden Mädchen klingen mochte. Eine Redensart besagt, dass der heimatliche Dialekt der Kraft der Erinnerung entspricht.

Eines der Mädchen ging ebenfalls spazieren. Dabei hielt es sich ein kleines Radio ans Ohr. Als die junge Frau an ihm vorbeiging, stieg Sun Liang ein Duft nach Kaugummi in die Nase, und eine wohlbekannte Stimme drang an sein Ohr. Die Frau war in die Sendung versunken und bemerkte nicht, dass er ihr folgte. Sie blieb unter einer Platane stehen, schloss das Radio liebevoll in die Arme und begann, leise zu weinen.

Später in seinem Zimmer ging Sun Liang die Szene unter der Platane nicht aus dem Kopf. Ihr Gesicht hatte er deutlich vor sich. Allerdings hätte er sie ohnehin wiedererkannt, weil Mädchen nach dem Weinen so rote Augen wie kleine Hasen bekommen. Er war überzeugt, dass er, wenn er gewollt hätte, die junge Frau in ihr Zimmer hätte bringen und sie auch trösten können. Ein Aufenthalt in Jizhou nur für einen Vortrag wäre in der Tat etwas eintönig.

Man konnte nicht unbedingt behaupten, dass Sun Liang ein großer Frauenexperte war, aber immerhin hatte er doch oft Erfolg. Es war ihm bewusst, dass seine Unbeschwertheit auf Frauen anziehend wirkte. Seiner Meinung nach hatten sich seit seinem fünfunddreißigsten Lebensjahr sein Aussehen und seine Ausstrahlung verändert, sein unbeschwertes Naturell jedoch war geblieben. Es war allerdings auch etwas Neues hinzugekommen – eine Ausgeglichenheit, die etwas schwer Fassbares barg. Diese Ausgeglichenheit vermittelte Frauen ein Gefühl von Sicherheit. Auch das schwer Fassbare hatte seinen Vorteil, Frauen fanden es nämlich verführerisch. Sun Liang hatte etliche Liebesabenteuer mit Frauen gehabt. Im Gegensatz zu anderen verheimlichte er sie nicht, sondern erzählte seinen Freunden mit Vergnügen die eine oder andere Geschichte. Er brachte die Dinge wunderbar auf den Punkt, indem er unerfreuliche Teile einfach unter den Tisch fallen ließ. Schwarzmalerei war ihm zuwider, denn niemand sollte im Leben die Hoffnung verlieren. Als Idealist war ihm daran gelegen, seinen Freunden ein Lebensgefühl der Unbeschwertheit und Kurzweil zu vermitteln.

Er verließ erneut sein Zimmer. Dieses Mal ging er nicht in den Garten, sondern suchte Etage für Etage nach dem Mädchen mit dem Radio ab. Während er die Treppen hinauf- und hinunterlief, versuchte er, unbekümmert zu wirken. Zwischen die Finger hatte er eine Zigarette geklemmt, die er wegen des Teppichbodens im Flur aber nicht anzündete. Auf dem Empfangstisch im zweiten Stock fiel ihm ein kleines Radio ins Auge, das verlassen vor sich hin dudelte. Eine Weile stand er da, dann griff er nach dem Nagelknipser auf dem Tisch und beschäftigte sich mit seinen Fingernägeln. Anschließend nahm er das Radio mit in sein Zimmer, natürlich nicht ohne einen Zettel zu hinterlegen, auf dem er notierte: »Ich möchte Nachrichten hören und nehme das Radio ins Zimmer 324 mit.«

Erst hatte er noch schreiben wollen, dass er Gast des stellvertretenden Bürgermeisters Gao war, aber das erschien ihm dann doch zu abgeschmackt.

Die junge Hotelmitarbeiterin kam in sein Zimmer, als er gerade mit der Hotline der Radiomoderatorin verbunden war. Mit der Hand bedeckte er kurz die Sprechmuschel des Telefonhörers und fragte das Mädchen, ob er das Radio für zwei Tage behalten dürfe. Er zog einen Hundert-Yuan-Schein aus der Tasche und legte ihn auf den Tisch. Damit er sie nicht etwa beleidigte, hielt er erneut die Sprechmuschel zu und sagte:

»Bitte nehmen Sie das Geld, ich erkläre Ihnen morgen alles.«

Dann hörte er sich selbst in den Telefonhörer sprechen. Es

war eine Art wohlüberlegte verbale Improvisation, selbstverständlich mit einzelnen unerlässlichen Sprechpausen. Durchs Fenster leuchteten die Sterne der fremden Heimat. Er lehnte schräg am Kopfende des Bettes, sprach und hörte zu. Nach und nach wurden seine Worte immer flüssiger, seine Stimme klang getragen und elegant, frei und einsam.

Nachdem er aufgelegt hatte, ließ er mit ihrer Stimme im Ohr das Bild der Moderatorin vor seinem inneren Auge erstehen. Die Spielrunde bei Fei Bian und Lius Geschichte fielen ihm ein. Ihm schwante, dass sein Vortrag nur Nebensache war und diese Frau insgeheim seine Reise in die Heimat mit herbeigeführt hatte.

Daraus kann ein schönes und reizvolles Liebesabenteuer werden, dachte er. Außerdem spürte er, dass die Frau unglücklich war, und hatte etwas Mitleid mit ihr. Er griff zu seinen Schlaftabletten, die er mit warmem Wasser schluckte. Anschließend zog er den Vorhang zur Seite, blickte in den sternklaren Himmel und atmete in tiefen Zügen die frische Luft ein, bis ihn die nötige Bettschwere überkam.

Am nächsten Morgen ging Sun Liang in den Jishui-Park. Er setzte sich dort auf die Bank bei einer Rutsche, mit dem Rücken verdeckte er die auf die Lehne gesprühten Cartoons. Während er wartete, blätterte er in einer liegen gebliebenen Filmzeitschrift. Aus Langeweile las er sogar die klein gedruckten Werbeanzeigen, Medikamentenreklame und natürlich auch Filmankündigungen. Die Filme liefen aber alle noch nicht in Jizhou. Hin und wieder hob er den Kopf und sah zum Eingang hinüber. Kaum jemand kam in den Park. Die Besucher waren fast alles alte Menschen. Die anderen, die genauso wenig zu tun hatten wie er, waren wahrscheinlich noch gar nicht richtig wach, ging es ihm durch den Kopf. Er betrachtete den Raureif auf dem vertrockneten Gras unter seinen Füßen. Das Bild verschwamm nach einer Weile, und einen Moment lang hielt er ein zerknülltes Papier auf dem Boden für einen Vogel.

Die Frau verspätete sich um dreiundzwanzig Minuten. Als sie am Eingang erschien, wusste Sun Liang sofort, dass sie es war. Er erhob sich und winkte ihr mit der Zeitschrift zu, ging ihr aber nicht entgegen. Erst als sie ihn fast erreicht hatte, machte er zwei Schritte auf sie zu.

Allmählich füllte sich der Park. Je älter die Menschen waren, desto gewissenhafter verhielten sie sich. Sie legten Stromkabel aus, schalteten ihre Kassettenrekorder ein und machten zur Musik Qigong-Übungen. Sun Liang und die Frau entschieden sich, den Ort zu wechseln. Sie überquerten eine kleine Brücke und liefen um einen künstlich angelegten Hügel, bis sie eine Bank fanden. Schon während sie sich der Bank näherten, musste Sun Liang seinen Worten vom Vorabend unbedingt etwas hinzufügen und sagte, dass er auf Einladung des stellvertretenden Bürgermeisters zu einem Vortrag nach Jizhou gekommen sei und vormittags an einem Essen teilnehmen müsse. Aus diesem Grund habe er sie so früh hergebeten.

»In Zhengzhou habe ich von dem Unglück gehört. Da dachte ich sofort, dass ich bei nächster Gelegenheit nach Jizhou fahren sollte, um dich zu sehen. Das konnte ich natürlich nicht im Radio erzählen. Deshalb musste ich sagen, dass ich etwas mit dir zu besprechen habe. Ich bitte um Entschuldigung dafür, mich als einen Bekannten ausgegeben zu haben.«

Die Frau blieb stumm, während er sprach. Von Zeit zu Zeit hielt sie mit der Hand ihre Mütze auf dem Kopf fest. Am Fluss blies der Wind. Auch Sun Liang stellte seinen Mantelkragen hoch.

»Mir ist natürlich schon so manches passiert, worüber ich gerne mit dir sprechen würde. Ich bin aber noch nicht in der Lage, die Dinge genau zu benennen«, fuhr er fort. »Deshalb habe ich aber nicht bei deiner Hotline angerufen, musst du wissen. Es gibt da allerdings eine Sache, bei der ich ganz offen zu dir sein sollte. Möchtest du sie hören?«

Zum ersten Mal sagte sie etwas: »Schieß los. Jetzt bin ich doch schon mal hier.«

Zum ersten Mal lächelte sie.

»Gestern sah ich im Hotel, wie eine Angestellte deine Sendung hörte. Dabei hat sie geweint. Aber auf einmal lachte sie mit Tränen in den Augen. Ich bin Geisteswissenschaftler. Mich interessieren geistige Prozesse und die Gefühlswelt des Menschen. Oh, deine Mütze. Der Wind weht sie fast weg. Diese Themen beschäftigen dich doch auch, oder? Verrat mir dein Geheimnis. Mit welchem Trick munterst du die Menschen so auf?«

Ein zum Müllwagen umgebauter Rasenmäher fuhr vorüber und wirbelte Staub auf. Ein Straßenhändler, der süße Sesamkugeln verkaufte, näherte sich. Mit Gongschlägen warb er um Kundschaft. Das Geräusch brachte sie zum Lachen.

»Als ich klein war«, sagte sie, »leckte ich mir bei jedem dieser Gongschläge die Lippen. Das hat sich offenbar nicht geändert.«

Zwar riet er ihr von dem süßen Zeug ab, weil es unhygienisch sei und ihren Zähnen nicht gut tue, kaufte ihr aber trotzdem zwei Spießchen. Sie drängte ihn, sie zu probieren. Beide mussten lachen, als sich jeder mit der Zungenspitze die schwarzen Sesamkörner von den Lippen leckte. Schweigend und genüsslich aßen sie, während sie Schulter an Schulter wie zwei alte Bekannte weiterliefen. Beim Gehen unterhielten sie sich. Alles erschien unbeschwert. Als sie aufgegessen hatten, holte sie feuchte Tücher, wie man sie häufig in Restaurants bekommt, aus ihrer Handtasche und gab ihm eins. Sun Liang beobachtete, wie sie ihre kleine Tasche anschließend um ihre schöne schlanke Taille schlang. Vorgebeugt, als würde er im nächsten Moment über den Fluss davonfliegen, warf Sun Liang das Tuch in eine Mülltonne. Sie tat es ihm nach. Das Flusswasser war verschmutzt, Plastiktüten und vermoderte Äste trieben auf der Oberfläche. Auf einem emporragenden Zweig hatte sich ein Vogel niedergelassen. Dieser Anblick erschien Sun Liang ebenso schön wie geheimnisvoll. Sie empfand es anscheinend genauso.

Der Park war nicht weit von Sun Liangs Hotel entfernt. Unwillkürlich lenkten sie ihre Schritte dorthin. Als sie in den Hotelgarten kamen, bemerkte sie, dass sie schon hier gewesen sei. Zum ersten Mal erwähnte sie ihren Mann. Er nehme hier häufig an Konferenzen teil, manche Sitzungen dauerten bis zu einem halben Monat.

»Aber ich war nur zwei Mal hier, beim zweiten Mal, um ihm mitzuteilen, dass sein gelähmter Vater Gehirnblutungen hatte.«

Im zweiten Stock sah Sun Liang die junge Hotelangestellte, grüßte sie aber nicht. Sie gingen direkt in sein Zimmer. Er zog den Vorhang halb auf, damit die Sonnenstrahlen hereinfielen, dann schälte er ihr einen Apfel. Sie biss einmal hinein und sagte forsch, dass sie lieber eine Orange essen würde. Er schnitt ihr eine Orange auf und auch eine für sich. Einige Augenblicke aßen beide schweigend. Dann überreichte er ihr ein Buch mit dem Hinweis, dass er es vor einigen Jahren geschrieben habe. Sie wollte es in ihre Tasche stecken, aber es passte nicht hinein. Sun Liang ging zum Empfangstisch auf der Etage und bat um eine Plastiktüte.

Das Telefon klingelte. Es war Sun Liangs Studienfreund. Sun Liang sagte das Essen mit dem stellvertretenden Bürgermeister ab. »Bei Essen mit Beamten wird immer Alkohol getrunken, aber ich habe längst aufgehört zu trinken. Das weißt du wahrscheinlich noch nicht.«

Die Frau musste gehen. Ihr richtiger Name sei Deng Lin, sagte sie.

»Kua Fu, der schneller sein wollte als die Sonne, verzichtete auf seinen Stock und verwandelte ihn in einen Wald namens

Deng Lin. Und du bist nun also so ein Gewächs aus der Welt der Mythen und Sagen.«

Er versuchte nicht, sie aufzuhalten, zog sich aber den Mantel an, als er ihr die Tür öffnete. Sie solle alle Knöpfe ihres Mantels schließen, ermahnte er sie.

»Der Wind bläst jetzt schärfer.«

Er konnte sich nicht mehr daran erinnern, wie er aus dem Restaurant gekommen war. Um neun Uhr abends wurde er von einem Anruf geweckt. Es war sein Studienfreund.

»Du, unser Dekan war heute richtig gut drauf. Er war besoffen, aber jedes Mal wenn er zu sich kam, sagte er, was du für ein toller Kerl seist. Er ist jetzt überzeugt, dass all meine Freunde genauso prima sind.«

Sun Liang wollte etwas sagen, aber auf einmal drehte sich ihm der Magen um. Ihm stieg etwas in die Kehle, sodass er den Hörer zur Seite legen musste, ins Bad rannte und sich übergab. Als er zurückkam, sich mit einem Stück Toilettenpapier seinen säuerlich riechenden Zeigefinger abwischte und den Hörer nahm, redete sein Freund immer noch.

Mitten in der Nacht übergab er sich ein weiteres Mal. Danach konnte er nicht mehr einschlafen. Vermutlich hatte er auch das Schlafmittel erbrochen. Er erinnerte sich, dass sich seine Frau, bevor sie im Ausland gewesen war, immer neben ihn gesetzt und sein Erbrochenes angestarrt hatte, wenn er betrunken gewesen war. Er zählte nach und stellte fest, dass er seit ihrer letzten Rückkehr nur dreimal betrunken gewesen war. Rechnete man dieses Mal mit, waren es insgesamt auch nur vier Male.

Sein Magen knurrte. Er sollte etwas essen. Mit einem kleinen Messer schnitt er eine Orange in Stücke. Während er sie sich in aller Ruhe in den Mund steckte, achtete er auf die Reaktion seines Magens. Er lauschte den Geräuschen, die sein Mund produzierte, während er den Saft einsog. Von

Zeit zu Zeit erklangen aus seinem Magen Laute, die sich wie platzende Luftblasen anhörten. Jedes Mal, wenn eine Blase platzte, öffnete er leicht den Mund, um das Geräusch genau nachzuverfolgen und zu horchen, ob der Magen noch weitere Töne von sich gab. Als er die Orangen aufgegessen hatte, wischte er sich mit den von Deng Lin zurückgelassenen Tüchern den Mund ab.

Er überlegte, ob er noch einmal mit ihr Kontakt aufnehmen sollte. Ließe er es sein, hätte er sie sicher bald vergessen und würde sich sogar kaum mehr an den schönen Spaziergang mit ihr erinnern. Ein Mensch ohne Erinnerung aber war wie ein Mensch ohne Schatten. Doch wie sollte er sie kontaktieren? Sie war erst am Abend auf Sendung. Und wenn er die Hotline anriefe, stähle er anderen Zuhörern die Zeit. Ihm kam auch wieder der Mordfall in den Sinn, von dem Liu erzählt hatte. Eine tragische Geschichte. Möge das tote Mädchen seine Ruhe finden und die Seele des jungen Mannes bald gerettet werden.

Bei Tagesanbruch machte er sich wieder auf den Weg in den Jishui-Park. Am Ausgang des Hotelgartens begegnete er Deng Lin. Auf dem Heimweg habe sie sein Buch und ihre Tasche im Taxi liegen lassen, erzählte sie ihm und bat um Entschuldigung.

»Weißt du, die Straßen in Jizhou sind ständig verstopft. Ich bin früher als geplant aus dem Taxi gestiegen, weil ich Zeit sparen wollte. Kurz danach hat sich der Stau aber schon aufgelöst und ich habe bemerkt, dass meine Tasche verschwunden war. Mit mir stimmt etwas nicht, in letzter Zeit bin ich fürchterlich vergesslich.«

In einem Wortschwall war sie alles losgeworden. Rauchend und lächelnd hörte Sun Liang ihr zu. Wie unbeholfen diese Frau nun wirkte, die im Studio so wortgewandt war. Ihm gefiel ihre Unbeholfenheit. Bei diesen Gedanken kam auch ihm selbst nichts als Unsinn über die Lippen.

»Es ist doch alles meine Schuld, ich hätte dich gestern nach Hause bringen sollen.«

Nur stockend brachte er diesen Satz zu Ende. Aber auch sein Stottern gefiel ihm. Es erschien ihm einfach alles erfrischend und zauberhaft.

Das Zimmer war bereits aufgeräumt worden. Den Teller mit den Früchten hatte das Zimmermädchen aufgefüllt und, als hätte es mit seiner baldigen Rückkehr gerechnet, schon Orangen für ihn aufgeschnitten. Ihm missfiel diese Fürsorglichkeit. Mit einem Messer schnitt er selbst noch eine Orange auf und reichte sie Deng Lin. Sie lehnte ab.

»Schau«, sagte sie nach einer Weile und hielt ihm ihre Handflächen hin, »wie schmutzig meine Hände sind«

Ihre Hände waren überhaupt nicht schmutzig. Sie drehte sie um und zeigte ihm auch die Handrücken. Er sah ihre transparenten Fingernägel, die nicht wie bei Frauen üblich lackiert waren. Mehr war wohl nicht passiert, bevor sie sich in die Arme fielen.

Nachdem sie wieder aufgestanden waren, verschwand sie schnell im Badezimmer. Er hörte Wasserrauschen. Als sie zurückkam, schaute sie ihn nicht an, sondern blickte aus dem Fenster.

»War das Fenster vorhin zu?«, fragte sie schüchtern und aufgeregt zugleich. »Es war falsch«, fügte sie mit Tränen in den Augen hinzu. »Du hältst mich jetzt bestimmt für schlecht. So ist es doch, oder? Sag doch, ich habe recht.«

Sun Liang wusste nicht, wie er sie trösten sollte. Er ging zu ihr, legte eine Hand auf ihre Schulter und streichelte ein wenig ihren Oberarm, an dem er zuvor Narben von einer Pockenimpfung entdeckt hatte.

»Zum Glück habe ich noch kein Kind«, sagte sie. »Ich könnte ihm nicht mehr in die Augen sehen.«

Um den Vorhang aufzuziehen und die fahlen Sonnenstrahlen ins Zimmer zu holen, ließ er sie für einige Sekunden los.

Von seinem Fenster aus sah er die Platane. An ihren Zweigen hingen litschiähnliche Früchte, durch die Äste flimmerte das Sonnenlicht.

»Glücklicherweise fährst du bald«, sagte sie.

Dabei hob sie das Gesicht und sah ihn an. In ihren Augen waren keine Tränen mehr. Sie legte den Kopf an seine Brust, immer näher, immer dichter. Ein paar Haarsträhnen wickelten sich um seine Hemdknöpfe. Er öffnete diese vorsichtig, damit sie sich keine Haare ausriss, sollte sie plötzlich aufstehen wollen.

Er blieb nur drei Tage in Jizhou. Eigentlich hatte er am letzten Tag seinen Onkel am Stadtrand besuchen wollen, war aber an der Bushaltestelle kurzerhand in den Bus nach Zhengzhou gestiegen. Der Bus drehte noch eine Runde durch die Innenstadt, sodass Sun Liang einen Blick auf die Modernisierungen werfen konnte, die ihn nicht beeindruckten. Ungeduldig wartete er darauf, dass sie die Stadt verließen.

In Zhengzhou fand Sun Liang zu seiner gewohnten Verfassung zurück. Wenige Tage später brach seine Frau erneut nach Australien auf. Bei ihrer Abreise war ihm, als könnte es ein Abschied für immer sein. Das Gefühl wurde aber schwächer, als ihm einfiel, dass er beim letzten Mal genauso empfunden hatte. Trotzdem schrieb er seiner Frau einen Brief, nachdem er vom Flughafen zurückgekehrt war. Darin hielt er fest, was er ihr schon oft gesagt hatte, warum er sie nicht begleiten wolle: Schreiben sei sein Leben, und ein wie auch immer geartetes Leben ohne seine Muttersprache könne er sich nicht vorstellen. Als er abends vom Mahjong-Spielen nach Hause kam, setzte er sich noch mal an den Brief. Während des Schreibens spürte er eine Veränderung. Vielleicht sollte er tatsächlich diesem verdammten Ort den Rücken kehren, seine Freunde verlassen und sich in das von blauem Meer umgebene Land aufmachen.

»Oh, welch eine Weite«, seufzte er und schrieb es nieder. Er las den Satz noch mal und fand ihn scheußlich. Daraufhin knüllte er das Blatt zusammen und warf es in den Papierkorb.

Nach zwei Wochen hatte er Deng Lin vergessen. Nur die Tatsache, dass seine Bücherstapel an der Wand kleiner geworden waren, erinnerte ihn an seine Reise nach Jizhou. Dunkel waren ihm noch die Weizenfelder und die darüber flatternden Krähen als ein poetisches Bild im Gedächtnis geblieben. In einem Artikel für die Abendzeitung schrieb er, dass die Krähen seine Sehnsucht nach der mehr und mehr schwindenden ländlichen Idylle wachgerufen hätten. Wieder wühlte ihn das Schreiben auf. Seine Handschrift wurde so unleserlich, dass er einige Wörter selbst nicht mehr entziffern konnte. Dieser Text ließ seine Erinnerung lebendig werden, und Deng Lin tauchte hinter den flatternden Vögeln auf. Zahlreiche Details kamen ihm wieder ins Gedächtnis, auch die Impfnarben auf ihrem Oberarm.

An einem der folgenden Tage nahm er an einer Konferenz teil. Auf einmal wurde ihm bewusst, dass er jede Frau, die ihm während der Sitzung oder in den Pausen begegnete, unwillkürlich mit Deng Lin verglich. Er dachte an ihren schamhaften Gesichtsausdruck, nachdem sie miteinander geschlafen hatten, und an ihre Reue. Damals war ihm ihre Reue lächerlich erschienen. Das sah er jetzt anders. Wenn du Reue lächerlich findest, dachte er, ziehst du das wahre Leben und die Würde des Menschen in den Dreck. Habe ich mich denn damals über sie lustig gemacht? In der Mittagspause setzte er sich in eine Ecke. Er kämpfte mit einem Rindersteak und fragte sich unentwegt, ob er sich damals über sie lustig gemacht habe. Er glaubte nicht, dass er es getan hatte, denn während ihre Worte an sein Ohr gedrungen waren, hatte er geistesabwesend auf die grauen Platanenzweige mit den dunkelroten Früchten gestarrt.

An der Tagung nahm auch Fei Bian teil. Er kam zu ihm, setzte sich an einen Nebentisch und beschwerte sich über das Rindersteak. Daran werde er sich nie gewöhnen.

»Hast du schon mal Platanenfrüchte gegessen?«, fragte Sun Liang ihn.

Im selben Moment wurde ihm bewusst, wie kryptisch diese Frage klingen musste. Fei Bian verneinte und fügte hinzu, dass er auch nicht vorhabe, sie zu probieren. Seiner Kenntnis nach sei an dem Zeug nichts dran. Gerne hätte Sun Liang mit ihm über seine Begegnung mit Deng Lin gesprochen, aber da war er schon wieder verschwunden. Am Nachmittag setzte sich Sun Liang in der Konferenz neben Fei Bian. Als er gerade zum Sprechen ansetzte, wusste er auf einmal nicht mehr, wo er anfangen sollte. Die Sache lag auf seiner Brust wie eine Last, die er kaum mehr aushielt. Er ging ins Treppenhaus, um Luft zu schnappen. Dabei wurde ihm schwindlig, als sei er betrunken.

Noch vor dem Abendessen brach er auf. Er nahm einen schäbigen Überlandbus. Auf der Autobahn hatte der Bus eine Panne und konnte eine Ewigkeit nicht repariert werden. Er bestehe nicht auf der Rückerstattung des Fahrpreises, sagte Sun Liang zur Schaffnerin, sie solle ihm nur einen anderen Bus anhalten. Sein Vorschlag löste sofort den Protest der anderen Fahrgäste aus. Sie bestanden auf der Rückerstattung der Fahrkarten, wenn der Bus nicht repariert werde. Wegen einer Person dürfe diese Regel nicht über Bord geworfen werden. Also blieb Sun Liang nichts anderes übrig, als zu warten. Es war schon dunkel. Er borgte sich von einem Fahrgast eine Taschenlampe und leuchtete dem Fahrer bei der Reparatur. Dann leuchtete er in den Himmel, in der Ferne verlor sich der Lichtstrahl. Die Leute wurden ungeduldig. Um sie abzulenken, leuchtete sich Sun Liang mit der Taschenlampe ins Gesicht, ein Trick aus seiner Kindheit, sich von unten durchs Kinn zu leuchten und eine Fratze entstehen zu lassen.

»Verdammt komisch«, sagten einige.

Er musste an einen Abend denken, an dem er mit einigen Freunden für eine Zeitschrift aus dem Süden eine Diskussion über den Humanismus geführt hatte. Beim geselligen Beisammensein hatte sich einer von ihnen betrunken. Als jemand vor dem Hoteleingang mit einer Taschenlampe in den Himmel leuchtete, wollte der Betrunkene sogleich die Lichtsäule emporklettern. Als der Strahl der Taschenlampe erlosch, fiel er zu Boden, als ob er von einem Baum gestürzt wäre. Diese Anekdote wollte Sun Liang bei ihrer nächsten Begegnung Deng Lin erzählen.

Es war fast neun Uhr, als er Jizhou erreichte. Am ›Jizhou-Hotel‹ wurde er vom Pförtner aufgehalten. Wegen einer Tagung könne das Hotel keine weiteren Gäste aufnehmen. Er schaute zum Fenster des Zimmers, in dem er bei seinem letzten Aufenthalt gewohnt hatte. Es war dunkel. Auch in kaum einem anderen Zimmer brannte Licht. Vielleicht hielt ihn der Pförtner wegen seiner schmutzigen Kleidung für einen Wanderarbeiter. Er bereute, unter den Bus gekrochen zu sein. Wie hatte er so dumm sein können? Selbst die Schaffnerin hatte sich davor gedrückt. Warum zum Teufel hatte er das nur getan?

In einer kleinen Pension auf der anderen Seite des Jishui-Parks fand er eine Unterkunft. Telefon gab es dort nicht. Aber er wollte Deng Lin auch gar nicht anrufen, sondern überraschen. Nachdem er sich gründlich gewaschen hatte, ging er dann doch zu einem Kiosk mit einem öffentlichen Telefon. Er wählte ihre Nummer, aber die Leitung war ständig belegt. Der Kioskbesitzer nahm ihm das Telefon weg und gab es einem anderen Kunden. Wie unsensibel man sein kann, dachte Sun Liang. Eine Weile blieb er verärgert stehen, dann ging er zu einem anderen Laden. Er hatte sich zuvor die Zähne geputzt und wollte eigentlich nicht rauchen, kaufte sich jetzt aber trotzdem eine Packung Zigaretten.

»Lassen Sie sich mit dem Wechselgeld ruhig Zeit«, sagte er zum Verkäufer.

Auf einmal fiel ihm auf, dass er schon vor dem Eingang des Radiosenders stand. Eine Frau kam heraus. Sie trug eine Mütze, die Sun Liang bekannt vorkam. Der Größe nach konnte sie jedoch nicht Deng Lin sein. Trotzdem hätte er beinahe ihren Namen gerufen. Er fürchtete, sie könnte ihn nicht wiedererkennen, wenn sie herauskam. Erst kürzlich war er beim Friseur gewesen, und er hatte seinen Mantel, den Deng Lin kannte, im Hotel gelassen. Deshalb stellte er sich lieber an eine beleuchtete Stelle.

Am nächsten Nachmittag erreichte er sie endlich. Sie hatte keine Zeit, sich mit ihm zu treffen.

»Bald ist Silvester«, sagte sie am Telefon. »Wir sind dabei, eine Sondersendung vorzubereiten, und haben alle Hände voll zu tun.«

Er schwieg. Kurz darauf änderte sie auf einmal ihre Meinung und sagte, dass sie nur eine Möglichkeit für ein Treffen sehe. Da sie annahm, er sei wieder im ›Jizhou-Hotel‹ untergebracht, wollte sie ihm eine Eintrittskarte für die Sendung schicken und sie beim Pförtner hinterlegen lassen. »Wenn du gefragt wirst«, sagte sie, »bist du ein Chauffeur, der einen Gast zum Auftritt bringt.«

Dann hörte er sie mit jemandem sprechen und scherzen.

»Das ist doch deine Schuld«, sagte sie. »Wieso lässt du mich auch dieses Ding moderieren? Alle möglichen Leute wollen von mir Karten haben.«

Als der Kerl etwas erwiderte, musste sie lachen. Was war das denn für ein Vogel, fragte sich Sun Liang. Er fühlte sich schlecht und hasste Deng Lin dafür.

Er ging zu der Veranstaltung. Dem Programmheft entnahm er, dass es sich um die öffentliche Generalprobe der Sendung handelte. Deng Lin moderierte gemeinsam mit anderen. Es waren nur wenige Leute anwesend. Aber für Sun Liang waren bereits drei einer zu viel. Deng Lin trug ein weißes Seidenkleid und veranlasste die Anwesenden damit zu zahllosen Komplimenten. Sun Liang gefiel das Kleid nicht. Er konnte ihren Anblick als öffentliche Person nicht ertragen. Aus Gesprächen schloss er, dass die meisten Anwesenden Mitarbeiter des Senders und ihre Angehörigen waren.

»Bei der richtigen Sendung sollten nicht zu viele schwachköpfige Zuhörer dabei sein«, hörte er einen sagen. »Wer weiß, was die sonst anstellen.«

Am liebsten hätte Sun Liang schon jetzt etwas angestellt.

Er verließ das Studio zum Rauchen. Als er die zweite Zigarette geraucht hatte, kam auch Deng Lin heraus. Sie sprach ihn nicht an, sondern bewegte sich direkt auf das Treppenhaus zu. Sofort lief er ihr hinterher. Im dritten Stock wartete sie auf ihn. Sie grüßte zwei Handwerker, die dort Kabel verlegten. Offenbar schenkte sie ihnen normalerweise keinerlei Beachtung, denn die beiden waren sichtlich überrascht und wussten nicht, wie sie reagieren sollten. Dann grüßte sie Sun Liang und fügte hinzu:

»Musst du auch etwas holen?«

Sun Liang gefiel dieses Spiel, daher erwiderte er: »Ja, ich muss so ein Ding holen, ein sehr wertvolles.«

»Wie kannst du es dann als Ding bezeichnen?«, fragte sie und stieg weiter die Treppe hoch.

Er gab keine Antwort. Er konnte nichts anderes denken als: Ich will jetzt etwas anstellen. Das Gebäude hatte nur fünf Stockwerke, sonst wären sie wahrscheinlich bis in alle Ewigkeit Treppen gestiegen.

»Bitte geh jetzt, auf der Stelle«, sagte sie, kaum dass sie oben waren.

Sie küsste ihn. Aus Nervosität traf sie sein Ohr und hinterließ dort einen roten Lippenstiftabdruck in Form einer Mondsichel.

»Er ist auch da unten«, sagte sie.

Sun Liang wusste, dass sie von ihrem Mann sprach. Sie widersetzte sich seinen Küssen. Bei all der Schminke auf ihrem Gesicht hinterließ jeder Kuss Spuren wie Impfnarben. Wie gerne hätte Sun Liang ihre Impfnarben geküsst. Sie bedeuteten für ihn etwas ganz Intimes, Erregendes. Aber die waren nun gut unter dem weißen Seidenkleid versteckt, das für die Augen der Öffentlichkeit bestimmt war. Sie wischte ihm das Ohr ab und ließ ihn über eine andere Treppe hinuntergehen.

Vor ihm lief ein Mann mit einer Ziehharmonika. Sun Liang folgte ihm bis zum Ausgang des Studios. Die Tür verschluckte die Klänge, aber Sun Liang hörte trotzdem einiges. Zunächst vernahm er Deng Lins professionelle Moderatorinnenstimme und dann irgendwelche Schlaginstrumente. Eine Weile blieb er vor der Tür stehen, ohne in dem lauten Trommeln einen Rhythmus erkennen zu können.

Von da an trafen sie sich alle zwei bis drei Wochen. Wenn sie nach Zhengzhou kam, konnte sie nie länger als eine Nacht bleiben, weil ihre Sendung dreimal wöchentlich ausgestrahlt wurde. Sie übernachtete nicht bei ihm, sondern in einem kleinen, nahe gelegenen Hotel. Erst wenn sie dort angekommen war und sich zurechtgemacht hatte, rief sie ihn an und bat ihn zu sich. Nur einmal, kurz vor dem Neujahrsfest, war es anders. Das kleine Hotel war ausgebucht, und ihr blieb nichts anderes übrig, als bei ihm zu übernachten. An dem Tag kamen sie nicht zur Ruhe. Ziellos liefen sie Stunde um Stunde durch die Straßen. Anschließend aßen sie zu Hause schweigend, was sie unterwegs gekauft hatten. Sun Liang aß sehr konzentriert und schüttelte jeden einzelnen Tropfen Fett vom Gemüse ab, bevor er es in den Mund steckte. Deng Lin sagte, dass sie abnehmen wolle und nicht so viel essen dürfe, ihm aber sehr gerne beim Essen zuschaue. Dann erkundigte sie sich danach, was er in letzter Zeit geschrieben habe.

»Ich würde es gerne einmal lesen.«

»Schon lange habe ich nicht mehr geschrieben«, sagte er. »Nicht weil es nichts zu schreiben gäbe, sondern weil ich das Gefühl habe, jeder meiner Sätze wurde bereits von jemand anderem zu Papier gebracht.«

Dabei blickte er auf sein Bücherregal, das fast bis zur Zimmerdecke reichte.

»Wenn du etwas lesen möchtest, nimm es dir heraus«, bot er ihr an.

Zwei Mal schlug sie sich mit der Hand aufs Knie, blieb aber sitzen. Offenbar war ihr auf dem Fußboden etwas ins Auge gefallen, das ihre Aufmerksamkeit auf sich zog. Es war der Brief an seine Frau.

»Er ist zwar kurz«, erklärte er, »hat mich aber viel Zeit gekostet. Ich wollte ihn nämlich besonders ordentlich und schön schreiben.«

Seine Frau liebe seine Briefe, weil sie ihre einzige Verbindung zur Heimat seien.

Eines Nachmittags im Winter wurde er unerwartet von Deng Lins Anruf aus seinem Mittagsschlaf gerissen. Sie sei in Zhengzhou und würde sich gerne im Park in der Nähe des ›Oskar-Hotels‹ mit ihm treffen. Er suchte auf dem neuesten Stadtplan, den er erst kürzlich gekauft hatte. Das ›Oskar-Hotel‹ war die ehemalige ›Zhongyang-Bar‹ und gar nicht weit von ihm entfernt. Er hatte noch genug Zeit, sich frisch zu machen. Beim Rasieren schnitt er sich versehentlich ins Ohrläppchen. Während er die Wunde sorgfältig desinfizierte, entdeckte er ein paar graue Haare an den Schläfen.

Sie erwartete ihn schon im Park. Gegenüber vom Eingang, neben einem aus Stechpalmenholz geschnitzten Pandabären, der von ferne wie eine Zeichentrickfigur aussah, stand Deng Lin. Ein paar rote Herbstblätter fielen neben ihr zu Boden. Sie gingen spazieren und unterhielten sich. Wie sie auf ihren Mann gekommen waren, wussten sie nicht. Dieses Mal sei sie zusammen mit ihrem Mann in Zhengzhou. Er nehme gerade an einer Konferenz im Hotel teil.

»Er ist oft in diesem Hotel und empfängt oder besucht jemanden«, sagte sie.

Sie hasse ihren Mann nicht. Er habe sie zwar nie glücklich gemacht, ihr aber auch nie Leid zugefügt.

Sie gingen weiter. Sie kam auf ihre entzückenden Zuhörer zu sprechen, die ihr andererseits auch leid täten, weil sie nie ihre wahre Stimme hören könnten.

»Du bist die Ausnahme.«

Die Zuhörer müssten ihr nicht leid tun, sie seien einfach nur entzückend, korrigierte er sie. In dem Moment fiel ihr Blick auf einige Kinder, die die Rutsche hinunterglitten und rasch wieder hochkletterten. Wie so häufig, konnte sich ein ernstes Thema jederzeit während einer unbeschwerten Unterhaltung zwischen sie drängen. Sie traten auf die tiefroten Platanenfrüchte, umrundeten ein kleines Waldstück und setzten sich ans Flussufer. Sie versteckte ihr Gesicht zwischen den Knien und fing an zu weinen, ebenso tonlos, wie sie normalerweise sprach. Er überlegte, wie er sie trösten sollte. Wenn er ihr sagte, dass er sie aufrichtig liebe, würde ihr das wahrscheinlich auch nicht helfen. Ja, würde es mir denn helfen, von ihr zu hören, dass sie tiefe Liebe für mich empfindet? Wie könnte sie mich trösten, wenn ich jetzt weinen müsste? Er stellte sich vor, wie er selbst weinen würde. Zum Glück ließ die Dunkelheit noch eine Weile auf sich warten, sodass er diesem Gedanken in Ruhe nachhängen konnte. Deshalb ängstigte ihn diese Vorstellung nicht allzu sehr. Nach und nach gingen um sie herum die Lichter an. Vor ihnen kräuselten sich kleine Wellen auf dem dunkel funkelnden Wasser des Flusses.

Aus dem Chinesischen von Thekla Chabbi und Huiying Cui-Wolf

ZHU WEN

Schickt alle Armen ins Reich der Träume

Viele kennen es sicher aus eigener Erfahrung: Man sitzt auf dem Fahrrad, fährt durch die Gegend, passt kurz nicht auf und es macht rums. Personenkollision. Und schon ist der Ärger da, für andere und einen selbst. Das ist ein bisschen so wie bei Erkältungen, irgendwann fängt sich jeder eine ein, ohne sich große Gedanken darüber zu machen. Will ein Mensch von A nach B, gibt es für ihn seit jeher vier Wahlmöglichkeiten. Nummer eins: Er läuft oder kriecht dorthin. Nummer zwei: Er schwimmt. Voraussetzung ist, er hat vorher schwimmen gelernt. Nummer drei: Er fliegt. Man klammere sich fest an den Hals eines Schwans und erteile ihm genaue Anweisungen, wohin die Reise gehen soll. Die letzte Möglichkeit ist die am meisten verbreitete: Man rollt an das gewünschte Ziel.

Einteilen lässt sich diese Fortbewegungsart in zwei Hauptgruppen, das motorisierte und das nicht motorisierte Rollen. Während das motorisierte Rollen je nach Zahl der vorhandenen Pferdestärken und Zylinder bei genauem Hinsehen in mehrere Unterkategorien zerfällt, kennt die Gruppe der nicht motorisierten Rollarten zwei Varianten, die mit menschlicher und die mit tierischer Zugkraft. Mit welcher man es im Einzelfall zu tun hat, erkennt man unter anderem daran, dass eine der beiden Antriebsquellen auf die Straße scheißt, wo und wann es ihr gerade passt. Alle Rollweisen besitzen allerdings eine Gemeinsamkeit: Die Bewegung im Raum erfolgt unter Zuhilfenahme eines oder mehrerer Räder. Der entscheidende historische Schritt, mit dem sich der Fortschritt der Menschheit beschleunigte und seither nicht mehr zum

Stillstand kam, war der von zwei Beinen zum Rad. Mittlerweile jedoch habe selbst ich, ein einfacher Arbeiter in einem Elektrizitätswerk, das deutliche Gefühl, dass wir völlig hilflos auf das Ende der Welt zusteuern.

Einmal, als ich mit dem Sicherheitshelm auf dem Kopf und dem Schraubenschlüssel in der Hand wie ein kleines Mädchen beim Pilzesuchen durch unseren Stahlwald lief, versuchte ich mir vorzustellen, was meine nackten Vorfahren Adam und Eva im Garten Eden wohl mit ihrer Zeit angefangen haben. Dass sie von nichts eine Ahnung und dort auch nichts zu tun gehabt haben sollen, ist wirklich kaum zu glauben. Plötzlich hatte ich eine Eingebung. Nicht ein Apfel hätte an jenem Baum der Erkenntnis hängen sollen, sondern ein golden glänzendes Rad. Nur leider steht in allen Ausgaben der Bibel klar und deutlich, dass es ein Apfel gewesen ist und kein Rad, was ich schon ein wenig enttäuschend finde. Mehr als die christliche Religion sprechen mich daher bestimmte Bilder aus dem Buddhismus an, zum Beispiel das Rad der Wiedergeburt. Was dieser Begriff genau meint, spielt hier keine Rolle. Wichtig ist, dass ein Rad darin vorkommt, denn wo das der Fall ist, ist man nicht weit von der Wahrheit entfernt. Im mittelalterlichen Europa glaubten viele Menschen an die Vorstellung vom Glücksrad. Auf Anweisung Gottes dreht ein Typ mit Flügeln an einer großen Kurbel, mit der er die Sterne der sieben Planetengötter im Uhrzeigersinn rotieren lässt. Deren jeweilige Position hat dann Einfluss auf Glück und Unglück in der Menschenwelt. Mir persönlich ist diese Theorie ein bisschen zu simpel und erinnert mich an die uralte chinesische Kunst der Glückstagebestimmung – verschiedene Wege, dasselbe Ziel. Ob sichtbar oder unsichtbar, Räder kommen überall vor. Ihre Bewegung ist ebenso vollkommen wie geheimnisvoll, und sie haben etwas Teuflisches an sich …

Weil Räder wesentlich schneller sind als zwei Beine und somit auch schwerer zu kontrollieren, sehen wir Menschen uns manchmal mit den ebenso zwangsläufigen wie unerwarteten Folgen ihrer Drehung konfrontiert, einfacher ausgedrückt, mit Verkehrsunfällen. Einige Leute vertreten die Ansicht, die asiatische Finanzkrise oder der Golfkrieg seien solche »Verkehrsunfälle«, und erst recht der Zweite Weltkrieg, der als Mega-Verkehrsunfall für immer im kollektiven Gedächtnis der Menschheit bleiben wird. Ich liebe solche Erklärungen. An ihnen ist schon deshalb etwas dran, weil sie mit Fahrzeugen und Rädern arbeiten. Für den Juli 1999 sagte Nostradamus voraus, dass unser Planet in einen desaströsen Verkehrsunfall hineinschlittern wird. Dazu will ich mich aber nicht weiter äußern, da uns besagter Tag X schon in Kürze ins Haus steht.

Geht man übrigens dem Ursprung der Krankheit, die in den letzten zwanzig Jahren unseres Jahrhunderts am meisten Angst und Panik verbreitet hat, nämlich AIDS, genauer auf den Grund, so stellt man fest, dass auch ihre Verbreitung mit Rädern zu tun hat. Denn ohne Räder gäbe es kein feinmaschiges Verkehrsnetz, das es den Leuten ermöglicht, selbst an weit entfernten Orten Sex zu haben, wodurch die Chancen, sich mit AIDS anzustecken, natürlich ganz erheblich steigen.

Doch befassen wir uns lieber mit den gewöhnlichen Verkehrsunfällen des Alltags, weil wir durch sie die großen Verkehrsunfälle besser verstehen lernen. Nach meiner Erfahrung kommt es zwischen Rollern und Gehern leicht zu Konflikten, in denen sich die Geher gewohnheitsmäßig als Opfer betrachten. So ist es nicht verwunderlich, wenn die Geher die Roller nicht ausstehen können, denn dass die Räderlosen die Leute auf Rädern hassen, ist etwas ebenso Natürliches wie der Hass der Armen auf die Reichen. Auch innerhalb der Gruppe der Roller gibt es Trennlinien. Die nicht Motorisierten verachten die Motorisierten, und die mit zwei Rädern verachten die mit vier. Selbst die motorisierten Roller auf vier Rädern grenzen sich noch untereinander ab: Die mit einem chinesischen Xiali hassen die mit einem VW Santana, die Santana-Fahrer hassen die Audi-Fahrer, die wiederum die Mercedes-Fahrer und so weiter. Mit einem Wort, wo Räder ins Spiel kommen, ist der Ärger programmiert. In der Familie der Roller bin ich ein eingeschworenes Mitglied der nicht motorisierten Zweiradklasse und möchte an dieser Stelle meinen Drahtesel vorstellen, der mich bereits elf Jahre begleitet. Es ist ein schwarzer Phönix 28. Er hat weder Klingel und Schutzblech noch Ständer und Rückbremse, dafür aber eine Vorderbremse. Und er gehört zu jenen klapprigen alten Rädern, die man unabgesperrt auf dem Vorplatz eines Bahnhofs abstellen kann, ohne dass sie gestohlen werden. Trotzdem besitzt es ein Sicherheitsschloss des allerneuesten Typs, das mich eine Stange Geld gekostet hat und zu dem meine Kollegen einmal spöttisch bemerkten, es sei wohl das Schloss, das ich mit dem Fahrrad vor Diebstahl schützen wolle, und nicht umgekehrt. Aber um für meinen Gefährten ein gutes Wort einzulegen: Natürlich gab es Zeiten, in denen auch er einmal jung und hübsch gewesen ist. Unter dem Gewicht meines Körpers leistet mir mein Phönix nun schon seit vielen Jahren treue Dienste und trägt mich sicher und bequem, wohin ich will.

Kürzlich hörte ich von einem Aufruf der Regierung. Weil Postboten oft unter Hodenödemen und Prostataentzündungen als Berufskrankheit leiden, sollen für diese Aufgabe in Zukunft nur noch Frauen eingestellt werden, die ja bekanntlich weder Hoden noch Prostata besitzen. Ich halte es für einen großen Unfug, die Schuld für diese Beschwerden den Fahrrädern anzulasten, denn solange man auf seine Sitzhaltung achtet, bekommt man auch keine Probleme. Ich zum Beispiel radle nun schon seit elf Jahren, und bald wird mein Fahrrad seinen Geist aufgeben, mir aber geht es nach wie vor prächtig. An das Zufußgehen hingegen bin ich gar nicht mehr richtig gewöhnt. Vor allem die Kniegelenke fühlen sich wacklig an, sodass ich unbeholfen mal schwer und mal leicht auftrete wie ein Kind, das gerade laufen lernt.

In China, dem Königreich der Fahrräder, nimmt das Phänomen, dass die beiden Beine dem eigenen Willen nicht mehr gehorchen, besonders gravierende Ausmaße an, weshalb wir es im Fußball auch nie zu Höhenflügen gebracht haben. Betont werden muss aber, dass es sich dabei um Evolution und nicht etwa um Degeneration handelt. Darwins Theorie folgend könnte man sich die Zukunft der Menschheit so vorstellen, dass unsere Beine ganz allmählich verkümmern, um ein noch bequemeres Hin- und Herrollen zu ermöglichen, bis sie sich schließlich in zwei niedliche, feurige Räder verwandelt haben.

Westliche Experten haben übrigens in Untersuchungen aufgezeigt, dass die männlichen Sexualorgane aller Säugetiere (inklusive des Menschen) im Zuge der Veränderung ihres Lebensumfelds immer kleiner werden und zur großen Beunruhigung vieler Zeitgenossen auch die Fortpflanzungsfähigkeit rapide im Sinken begriffen ist. Meiner Meinung nach gehören diese Dinge jedoch zu einem ebenso notwendigen wie unvermeidlichen Entwicklungsprozess. Wenn also jemand wie ich der überwältigenden Mehrheit der nicht motorisierten Zweiradklasse angehört, wird er ganz bestimmt zu genau derselben Erkenntnis kommen: dass nämlich das Fahrradfahren zu einer ziemlich unangenehmen Angelegenheit werden würde, wenn jenes Organ noch ein wenig größer wäre. So sind die Erfordernisse des täglichen Lebens die eigentlichen inneren Antriebskräfte der Evolution. Und sollte das Ende der Welt noch auf sich warten lassen, statt wie vorhergesagt im Juli 1999 einzutreffen, dann wird in künftigen wissenschaftlichen Lehrbüchern sicher einmal Folgendes zu lesen sein: So wie der Hals der Giraffe immer länger wurde, damit sie auch die Blätter in den höheren Etagen der Bäume fressen konnte, schrumpfte das männliche Fortpflanzungsorgan immer mehr, um sich dem Leben auf Rädern besser anzupassen, bis es sich zuletzt in die Bauchhöhle zurückzog. Im Laufe eines endlos langen Entwicklungsprozesses war die Menschheit damit endlich auch ihren zweiten Schwanz erfolgreich losgeworden.

Das Wohnheim, in dem ich lebe, liegt zwei Bushaltestellen von meinem Arbeitsplatz entfernt. Genau die richtige Distanz also, um mit dem Fahrrad zu fahren. Zwischen den beiden Haltestellen liegt ein steiler Hang, der ungefähr die halbe Strecke des Weges einnimmt und den die Einheimischen den Daxie-Hügel nennen, da die Haltestelle auf der Anhöhe *Da*xinzhuang und die am Fuß des Hangs *Xie*jiadian heißt. Seine Steigung schätze ich auf etwa 25 Prozent. Fahre ich zur Arbeit, geht es den Hang hinunter, während ich nach Feierabend den Hang wieder hinauf muss. Natürlich bereitet es grundsätzlich großes Vergnügen, einen Hang hinunterzufahren, aber auf dem Weg zur Arbeit bin ich immer in Hetze, aus Angst mich zu verspäten. Daher fehlt mir die rechte Stimmung, die Freuden des Hinabgleitens wirklich zu genießen, während ich mich nach einem mühevollen Arbeitstag immer völlig niedergeschlagen fühle, was das Erklimmen des Hügels zur Qual macht. Dann wünsche ich mir nichts sehnlicher, als dass das Wohnheim und mein Arbeitsplatz einmal die Plätze tauschen könnten.

Auch in meinem Leben würde ich am liebsten so einiges umstellen, wenn es nur machbar wäre. An Tagen, an denen ich stimmungsmäßig auf dem Tiefpunkt bin und mein Körper über kein Quäntchen Kraft mehr verfügt, fahre ich den Hang nur bis zur Hälfte hoch, bevor ich absteige und mein Rad auf wachsweichen Beinen den Rest des Weges hinaufschiebe. Dann kommt mir der Steilhang immer wie der Rücken eines riesigen Wals vor, der durch die grenzenlose Dunkelheit des Ozeans treibt. Nur eine einzige unvorsichtige Drehung seines Körpers würde genügen, und ich fände mein Grab in den Tiefen des Meeres. Aber da sieht man es wieder: Kaum steigt der Mensch von seinem rollenden Gefährt herunter und stellt sich mit beiden Beinen auf die Erde, neigt er auch schon dazu, von sich selbst gerührt zu sein.

Tatsächlich war es ein denkbar trivialer Zwischenfall gewesen, der sich auf dem Daxie-Hügel ereignet hatte, so trivial, dass er sich mit ein paar Sätzen wiedergeben lässt. Weder wurde ich von jemandem zerstückelt, noch habe ich selbst jemanden in seine Einzelteile zerlegt, sondern lediglich beim Hinunterfahren kurz den Arm eines alten Mannes gestreift. Aber dieser alte Mann und seine Familie streckten ihre Fangarme nach mir aus und bestanden – ich konnte dagegen einwenden, was ich wollte – auf einer Untersuchung im Krankenhaus. Außerdem verlangten sie nicht nur die Untersuchung des Arms, sondern einen kompletten medizinischen Check-up, der zu dem Ergebnis führte, dass die Ärzte einen saubohnengroßen Tumor im Magen des alten Mannes entdeckten. Hatte er bis zu dieser schlechten Nachricht sein Leben in vollen Zügen genossen, gab er nicht lange danach den Löffel ab.

All das ist im Winter 1992 passiert. Seitdem sind sechs Jahre ins Land gegangen, aber noch immer muss ich manchmal daran denken, wie ich damals den Hügel hinuntersauste. Ob ich dabei wirklich gegen den Arm des Alten gestoßen bin, kann ich heute ebenso wenig mit Bestimmtheit sagen wie damals. Jedes Mal wenn ich den Daxie-Hügel hinauf oder hinunter muss, drängen sich große Trauben von Fahrradfahrern auf der Straße. Fußgänger gibt es zwar auch, aber nicht viele. Eingekeilt im strömenden Verkehr sind sie nicht zu erkennen und werden erst sichtbar, wenn der brausende Heuschreckenschwarm auf Rädern vorbeigezogen ist. Dann sehen die wenigen Exemplare aus wie Getreidehalme, die das Glück hatten, dem Hunger der gierigen Insekten zu entgehen. Auch Zusammenstöße sind keine Seltenheit, jedoch ohne dass jemals Aufhebens darum gemacht wird.

Eines Abends, als ich gerade mühsam den Hügel hinauf-strampelte, stellte sich mir plötzlich ein zaundünner Typ in den Weg. Er trug eine schwarze Motorradbrille und hatte ein schweres Kettenschloss in der Hand.

»Absteigen!«, bellte er im Befehlston.

Als ich den typischen lokalen Akzent erkannte, fuhr ich innerlich zusammen. Hier war Ärger im Anzug. Unsere Fabrik lag in einem Industriegebiet, das sich aus einem kleinen Landstädtchen der Jiangbei-Region entwickelt hatte und für die rauen Sitten seiner Bevölkerung berüchtigt war. Auf dieses Viertel namens Dachang, das von Nanjing durch den Jangtse-Fluss getrennt wird, konzentrierte sich mittlerweile fast die gesamte Großindustrie der Stadt. Dahinter steckte die Absicht der Regierung, eine Ansammlung von großen Fabriken in eine moderne Satellitenstadt zu verwandeln. Ein natürlich miteinkalkulierter Vorteil bestand darin, dass auch eine noch so große Verschmutzung des Satelliten keinen nennenswerten Einfluss auf das Ökosystem des Planeten hatte, den er umkreiste. Fängt dann ein Satellit auch noch an, sich fröhlich um sich selbst zu drehen, wird aus ihm ein gigantisches, am Himmel rotierendes Rad, und wo es Räder gibt, folgen bekanntlich die Probleme hinterdrein. Abgesehen von den allgemeinen Schwierigkeiten, mit denen sich alle Entwicklungsländer herumschlagen müssen, hatte Dachang noch ein spezielles soziales Problem, nämlich seine rohen und ungeschlachten Bewohner, eine äußerst aktive lokale Mafia, zwischen deren einzelnen Banden es häufig zu bewaffneten Auseinandersetzungen kam.

Ich hielt abrupt an, stieg aber nicht vom Rad, sondern stützte mich nur mit einem Fuß am Boden ab.

»Was gibt's?«, fragte ich gespielt gleichgültig.

Der zaundünne Kleiderständer nahm seine Brille ab, steck-te einen der Bügel in ein offenes Knopfloch seines Hemds und deutete auf den Straßenrand. »Hier lang!« Ohne mich zu beachten, drehte er sich um und marschierte in die gewiesene Richtung.

Es war noch nicht lange her, da hatte jemand aus einer hiesigen Gang einen Uni-Absolventen, der in einem Stahlwerk in der Nähe gerade als neuer Mitarbeiter angefangen hatte, an der Straße abgepasst und von ihm eine Schachtel Zigaretten verlangt. Als der Uni-Absolvent nur eine einzelne Zigarette herausrücken wollte statt seiner ganzen Packung, zerrten ihn der Mann und mehrere andere Mitglieder der Gang in eine Toilette am Straßenrand, wo sie ihn brutal vergewaltigten. Wäre ich in eine ähnliche Situation geraten, hätte ich dem Typen sofort wortlos zwei Packungen in die Hand gedrückt. Angespannt schob ich mein Rad hinter dem Kleiderständer her bis zum Eingang eines Nudelrestaurants. Die Reisbällchen, die man dort jeden Morgen bekommen konnte, hatten Biss, waren ziemlich lecker und großzügig portioniert, sodass ich auf dem Weg zur Arbeit manchmal anhielt und mir ein paar gönnte. Ohne mich eines Blickes zu würdigen, runzelte der Kleiderständer die Stirn und befahl mir, mein Rad abzustellen. Er schaute verächtlich, als hätte ich seine Nerven bereits über Gebühr strapaziert.

»Sag mir doch einfach, was du willst«, bat ich ihn. »Ich kann mein Fahrrad schlecht abstellen, es hat keinen Ständer.« Er warf einen kurzen Blick auf mein Rad und presste dann erstaunlich beherrscht zwischen den Zähnen hervor: »Kannst du es denn nicht an die Mauer lehnen?«

An dem, was er sagte, war was dran. Ich schob mein Fahrrad hinüber und stellte es an die Mauer des Restaurants. Der Kleiderständer kam gemessenen Schrittes nach, legte gemächlich das Schloss um das Rad, sperrte zu, zog den Schlüssel ab und steckte ihn in die Hosentasche. Er tat das alles so selbstverständlich, als wäre es sein eigenes Fahrrad. Dann ging er zu einer Holzbank im Eingangsbereich des Restaurants und setzte sich in aller Ruhe hin. Nachdem ich meine Fassung wiedergewonnen hatte, lief ich ihm hinterher.

»Warum hast du mein Fahrrad abgeschlossen?«, stellte ich ihn zur Rede.

Aber der Kleiderständer senkte nur seinen Kopf und zündete sich eine Zigarette an, als hätte er nichts gehört.

»He, du kleiner Hurensohn, du glaubst wohl, du kannst abhauen, was? Ich werd dir die Beine brechen, dann sehen wir, ob du noch weglaufen kannst!«

Die Stimme, die mich in diesem Augenblick von hinten anherrschte, klang wie ein kaputter Gong. Als ich mich umdrehte, erblickte ich einen alten, weißhaarigen Mann, der allerdings noch sehr kräftig zu sein schien. Mit dem Rücken gegen den Tisch gelehnt, saß er auf einem quadratischen Schemel, den Körper leicht nach links geneigt, wobei seine rechte Hand den linken Arm abstützte.Um seine Schultern hing eine speckige blaue Baumwolljacke. Sein Kopf war groß und rund wie ein Bambuskorb, und in seinem rotbraunen, finsteren Gesicht fielen vor allem die bohnenförmigen Augen auf, denen die Augenbrauen fehlten und die nach allen Seiten funkelnde Blicke aussandten. Sein stoppelkurzes, steil aufrecht stehendes Haar war vollkommen weiß, aber sehr dicht. Der spärliche, unregelmäßig gewachsene Schnauzbart hatte dagegen seltsamerweise noch die ursprüngliche schwarze Farbe. Alles, was der alte Mann unter seiner Jacke trug, war ein khakifarbener Pullover und darunter ein schmutziges weißes Hemd mit offenem Kragen. Um seine Mundwinkel hatten sich etliche weiße Speicheltröpfchen angesammelt. Verständnislos blickte ich erst zum alten Mann und dann wieder zum Kleiderständer. Während der Alte sprach, zitterte er am ganzen Körper, wobei er jeden Satz mit einem tiefen Gutturallaut beendete, wie um die Dringlichkeit seiner Worte zu unterstreichen. Tatsächlich klang es aber eher nach dem Bellen eines alten Hundes. Was er mir zu verstehen geben wollte, war, dass ich am Morgen bei der Fahrt den Hang hinunter seinen linken Arm gerammt hätte, der seitdem komplett bewegungsunfähig sei. Richtig zur Weißglut habe ihn aber gebracht, dass er nach dem Unfall aus Leibeskräften hinter mir hergerufen habe, ich aber weitergeradelt sei und damit Fahrerflucht begangen habe. Ich konnte mich an nichts erinnern.

»Und Sie sind sicher, dass Sie mich nicht verwechseln?«, fragte ich ihn. Er starrte mich böse an.

»Ich mag mich vielleicht nicht an dich erinnern, aber wie dein Fahrrad aussah, das weiß ich noch genau!«

Ich musste zugeben, mein Fahrrad verfügte über einige Besonderheiten mehr als ich, sodass mir nichts anderes übrig blieb, als noch mal intensiv nachzudenken, als läge mein Vergehen bereits offen zutage. Aber es wollte sich nicht die geringste Erinnerung einstellen. Ohne die stützende rechte Hand von seinem linken Arm zu nehmen, stand der alte Mann auf und zog die Schultern hoch, damit seine Jacke nicht herunterrutschte. Dann gab er mir einen Wink mit dem Kinn: »Komm mit.«

Wir überquerten hintereinander die Straße und stiegen auf der anderen Seite ein paar Schritte den Hang hinauf, bis der Alte stehenblieb und sich nach allen Seiten umsah.

»Ja«, sagte er. »Genau hier ist es gewesen.«

Ich warf einen kurzen Blick auf die gegenüberliegende Straßenseite und stellte fest, dass der Kleiderständer uns nicht gefolgt war, sondern noch am Tisch des Restaurants saß, wo er abwechselnd rauchte und gierig eine Schale Nudeln in sich hineinschlang. Wieder und wieder spielte mir der alte Mann die Szene des vergangenen Morgens vor und redete sich dabei immer mehr in Rage. Speicheltropfen spritzten mir ins Gesicht, und langsam ging mir sein Gelaber mächtig auf die Nerven. Schließlich sagte ich überaus höflich:

»Verehrter alter Herr, hören Sie. Ich kann mich beim besten Willen nicht an einen derartigen Vorfall erinnern, und ich bin ganz aufrichtig zu Ihnen. Aber da Sie nun einmal so sicher sind und es sich nur um einen Bagatellschaden handelt, nehme ich die Sache trotzdem auf meine Kappe. Was schlagen Sie also vor, wie wir die Angelegenheit aus der Welt schaffen sollen?«

Bei diesen Worten beruhigte sich der Alte zusehends. Er sah mich schräg von der Seite an.

»In welcher Fabrik arbeitest du?«, wollte er wissen.

»Im Elektrizitätswerk«, gab ich zur Antwort und bereute meine Ehrlichkeit sofort, da es momentan allen großen Unternehmen in Dachang wirtschaftlich nicht gerade rosig ging und nur unser Elektrizitätswerk eine einigermaßen stabile Auftragslage hatte, weshalb alle, die für das E-Werk arbeiteten, bei den Ortsansässigen als halbe Millionäre galten. Ich war deshalb nicht sehr überrascht, als mir der Alte nach kurzem Nachdenken seinen Preis nannte: 500 Yuan! Kaum hatte er ihn ausgesprochen, musste er unwillkürlich einen Schritt zurücktreten, was offenbar dem Rückstoßeffekt der enormen Summe geschuldet war. Der verdammte Alte hätte seinem Speichel mühelos sein Herz hinterherschicken können, so groß war sein gieriger Schlund. Ich kramte alles Geld, das ich bei mir hatte, aus der Hosentasche, einschließlich der Ein-Mao-Scheine, zusammen waren es knapp ein Dutzend Yuan.

»Sie sehen es selbst, ich bin kein Krösus. Und um ehrlich zu sein, ich muss mir an jedem Monatsende sogar Geld leihen, damit ich über die Runden komme.«

Während wir zum Restaurant zurückgingen, setzten wir unseren Disput fort. »Wie wäre es«, schlug ich vor, »wenn wir alle zusammen ins Krankenhaus gehen und ich die Kosten übernehme, egal wie hoch sie sind. Selbst wenn Ihnen der Arzt sagt, dass er Ihren Arm absägen und durch einen Oberschenkel ersetzen muss, werde ich dafür aufkommen, in Ordnung?«

Doch der Alte lehnte ab und bestand hartnäckig auf seiner Geldforderung. Trotz seines hohen Alters, argumentierte er, sei er noch nie in einem Krankenhaus gewesen und habe auch keine Lust dazu, dies jetzt nachzuholen. Mir fiel auf, dass der Kleiderständer sitzen blieb, wo er war, und sich ganz darauf zu konzentrieren schien, in seinen Zähnen herumzustochern, statt sich zu uns zu gesellen und dem alten Mann beizupflichten. Dies und sein Gesichtsausdruck machten den Eindruck, als würde er sich für die hohe Summe schämen, die der Alte von mir verlangte. Als es dunkel zu werden begann, hatte ich keine Lust mehr, mich weiter von ihm einwickeln zu lassen.

»Okay, dann habe ich eben Pech gehabt«, sagte ich. »Machen wir's so, dieses Fahrrad da brauche ich nicht mehr. Ich schenke es Ihnen und wir sind quitt.«

Damit ließ ich ihn stehen und ging. Doch schon nach zwei Schritten hielt ich noch mal an, zog meinen Fahrradschlüssel vom Schlüsselbund und warf ihn dem alten Mann zu. Weder er noch der Kleiderständer folgten mir. Vermutlich war ihnen bewusst, dass sie zwar 500 Yuan gefordert hatten, aber bereits damit zufrieden sein konnten, ein ganzes Fahrrad herausgeschlagen zu haben.

Als ich wieder vor dem Wohnheim stand, vermisste ich meinen kaputten alten Drahtesel bereits. Schon öfter hatte ich mit dem Gedanken gespielt, ihn zu verschenken und mir einen neuen zu kaufen, aber nie war es mir gelungen, einen Interessenten dafür zu finden. Ihn in die Ecke zu stellen und verrosten zu lassen hätte ich nicht übers Herz gebracht, sodass mir nichts anderes übrig blieb, als ihn weiter zu benutzen. Zum Glück hatte sich nun für alles eine gute Lösung ergeben. Ich war das Fahrrad endlich los und hatte somit Gelegenheit, es zu vermissen.

Ich hielt den Zwischenfall auf dem Daxie-Hügel für abgeschlossen und hätte nicht im Traum daran gedacht, dass dies erst der Anfang war. Am anderen Tag nahm mich mein Mitbewohner Hao Qiang auf dem Mofa mit zur Arbeit. Hao Qiang war ein typisches Lokalgewächs und außerdem ein Gigolo, der gerne Frauen verführte. Von denselben Frauen lieh er sich dann das Mofa aus, eine seltsame Schwäche von ihm. Auf diese Weise hatte er schon viele Damenmofas durch die Gegend gefahren, ohne je ein eigenes besessen zu haben. Es fragt sich, ob jemand wie er der motorisierten Zweiradklasse zugerechnet werden kann. Seine Kollegen behaupteten, dass er am liebsten auf Mofas Platz nähme, dann auf jungen Frauen und erst ganz zuletzt auf Mädchen. Immer wenn er nach der Arbeit den Hügel hinauffuhr, stritten sich seine nicht motorisierten Kollegen darum, wer von ihnen seine Hände auf Hao Qiangs Schulter legen und sich von ihm hinaufziehen lassen durfte.

An diesem Morgen saß ich hinter Hao Qiang und krallte mich an seinen Hüften fest. Beide saßen wir nur mit dem halben Hinterteil auf dem Sitz. Sobald wir losfuhren, blies mir der kalte Wind ins Genick. Trotzdem war mir wohlig warm, da in meinem Schoß die kompletten Ersparnisse eines entbehrungsreichen Singlelebens lagen, mit denen ich in der Mittagspause ein Kaufhaus in der Xichangmen-Straße aufsuchen wollte, um mir ein Mountainbike mit mehreren Gängen zu kaufen. Ich fühlte mich wie ein Mann, der gerade seinem in die Jahre gekommenen Heimchen am Herd den Laufpass gegeben hat und sich nun triumphierend in die offenen Arme einer jungen Geliebten wirft. Während wir den Hang hinunterfuhren, drehte sich Hao Qiang zu mir um: »Stich mir dein Ding ja nicht in den Rücken, hörst du? Sonst bauen wir am Ende noch einen Unfall, und du bist schuld.«

Wir hatten gerade ein kleines Stück des Hanges hinter uns, da sah ich über Hao Qiangs Schulter hinweg eine kleine Gruppe von Menschen, die nicht weit von uns entfernt an der Straße stand. Zwei davon hatte ich gestern erst kennengelernt:

den alten Mann und den Kleiderständer mit der getönten Motorradbrille. Neben dem Alten stand noch so ein Besenstiel, der sogar dürrer war als der zaundünne Kleiderständer. An seinem ziemlich hochgewachsenen Körper trug er einen auffallend eng anliegenden und offensichtlich brandneuen Jeansanzug. Seinen Kopf bedeckten nur noch wenige Haare, die meisten davon ergraut. Außerdem war da ein weiterer Typ im Anzug, mit dunkel gebräuntem Gesicht, nach hinten gekämmten, glänzenden Haaren und leuchtenden Augen, der gerade in ein Klapphandy sprach. Er stand etwas abseits von den anderen und hielt somit eine gewisse Distanz zu der Dreiergruppe. Die Blicke der vier waren nach vorne gerichtet wie die kunstvoll platzierten Zähne eines Kamms, sodass sie den vorbeirollenden Verkehr lückenlos überwachen konnten. Ich zog den Kopf ein und wandte mich an Hao Qiang: »Schlechte Nachrichten. Da vorne an der Straße stehen die Leute, die mich gestern erpresst haben.«

Hao Qiang, mein bauernschlauer Mitbewohner, nahm unverzüglich den Fuß vom Gas und trat die Flucht nach vorn an, indem er sich in den Pulk der Fahrräder mischte und dann in mittlerem Tempo die Straßenmitte ansteuerte. Doch leider stach sein Damenmofa einfach zu sehr ins Auge, sodass uns der Kleiderständer mit der Motorradbrille trotzdem entdeckte und »Absteigen!« brüllte.

»Achte nicht auf ihn«, raunte ich Hao Qiang ins Ohr. »Fahr einfach an ihnen vorbei!«

Während wir uns bereits in der Mitte der Straße befanden, standen sie am Rand, und ein endloser Strom von Fahrradfahrern lag zwischen uns. Sie hatten keine Chance, uns zu kriegen.

Doch dann fiel mir vor Staunen die Kinnlade runter. Hao Qiangs Mofa machte plötzlich eine eigenartige 180-Grad-Wende und trug uns genau zu den vier Männern, vor deren Füßen wir schließlich hielten. Hao Qiang setzte ein breites

Lächeln auf und wandte sich mit einem devoten Nicken, das gar nicht mehr aufhören wollte, dem dunkel gebräunten Anzugträger zu:

»Na so was, wenn das nicht Little Black ist!«

Mir blieb nichts anderes übrig, als verlegen vom Fahrzeug meines schleimigen Mitbewohners zu steigen. Nun wusste ich, wieso er immer nur im Kriechgang fuhr. Ich sah mein kaputtes Fahrrad, das an einer dürren Birke am Straßenrand lehnte, die sich unter seinem Gewicht leicht nach hinten bog. Der Mann, der sich Little Black nannte, nickte nur einmal mit dem Kopf, klappte sein Handy zu und deutete mit der Hand, in der er das Gerät hielt, auf mich.

»Der da, in was für einer Beziehung stehst du zu ihm?«, fragte er Hao Qiang sehr ernst.

Hao Qiang drehte sich kurz zu mir um, warf mir einen Blick zu und antwortete mit einiger Verzögerung: »Das … äh, das ist ein Freund von mir. Wir wohnen im selben Zimmer.»

Little Black blickte auf seine Schuhspitzen und brummelte etwas in sich hinein. Dann hob er den Kopf und sagte zu Hao Qiang: »Ich habe mit deinem Freund eine Kleinigkeit zu besprechen. Hat nichts mit dir zu tun. Am besten, du gehst.«

Hao Qiang zögerte und blickte besorgt von mir zu Little Black. Little Black wurde ungeduldig: »Hast du verstanden? Du sollst die Biege machen. Ich werde ihm schon nichts tun. Also beruhig dich und schwirr ab.«

Seltsamerweise schien diese Versicherung meinen Mitbewohner wirklich zu beruhigen. Er wendete sein Mofa, drehte den Männern den Rücken zu und sagte mechanisch zu mir: »Ich geb bei der Arbeit Bescheid, dass du heute nicht kommst.«

Sein Gesicht hatte einen seltsam verzerrten Ausdruck angenommen und sah noch blasser aus als gewöhnlich, selbst seine Lippen waren weiß geworden. Erst später erfuhr ich, dass Hao Qiang mich mit der Grimasse hatte warnen wollen, Little Black auf keinen Fall zu reizen oder ihm sonst irgendwie auf die Füße zu treten.

Obwohl ich Little Black an diesem Tag zum ersten Mal begegnete, war mir sein Name längst ein Begriff. In der Nähe des Bauernmarktes von Siwanwu betrieb er ein kleines Straßenrestaurant, ›Little Blacks Schmortopf‹, in dem er vor allem in scharfer Soße geschmortes Geflügel anbot. Seine Schmorgänse schmeckten angeblich köstlich, ihr Fleisch sei zart und die Haut knusprig, hieß es. Aber hinter vorgehaltener Hand erzählte man sich auch, dass sie aus Kadavern verendeter Tiere zubereitet wurden. In den Viehgroßhandelsbetrieben der Gegend fiel täglich eine Menge toter Gänse und Enten an, die Little Black zu einem Schleuderpreis erwarb und sie dann nach einer speziellen Behandlung zu Schmorgeflügel verarbeitete. Little Blacks Restaurant war zwar klein, sein Ruf und sein Einfluss waren es jedoch nicht. Wenn er mit den Händen auf dem Rücken an einen Geflügelbauern herantrat und ihn wissen ließ, dass eine bestimmte, vor Kraft strotzende Gans bereits tot war, musste der Bauer das Tier zum Preis einer toten Gans verkaufen. Wagte der Bauer hingegen zu antworten: »Also auf mich wirkt sie noch ganz lebendig«, konnte er weitere Geschäfte mit Little Black in Zukunft abschreiben. Oder wenn ein Gast in ›Little Blacks Schmortopf‹ auf die Idee kam zu bemerken, hier setze man den Leuten Kadaverfleisch vor, musste er ernstlich aufpassen, dass sein Kopf nicht Bekanntschaft mit einem der Küchenhackmesser machte. Irgendwann jedenfalls entschied in Dachang nur noch Little Black darüber, ob eine Gans noch lebte oder schon tot war. Und als er etwas später herausfand, dass sich diese Entscheidungshoheit auch auf alle Menschen, die Dachangs Straßen bevölkerten, ausdehnen ließ, wurden viele Dinge plötzlich denkbar einfach.

Sowie sich Hao Qiang verkrümelt hatte, trat Little Black einen Schritt auf mich zu.

»Du trägst bestimmt Geld mit dir herum. Rück erst mal alles raus, was du bei dir hast«, sagte er mir direkt ins Gesicht.

Bei seinen Worten krampfte sich mir das Herz zusammen. Aus Protest blieb ich stehen, ohne einen Finger zu rühren. Eine Zigarette zwischen den Lippen, kam der Kleiderständer zu mir herüber und begann mich zu durchsuchen. Den Briefumschlag in der Innentasche meiner Baumwolljacke hatte er schnell gefunden. Er nahm das Geld aus dem Umschlag und zählte es vor allen Anwesenden. Im Ganzen waren es 800 Yuan. Als der weißhaarige Alte die Scheine erblickte, packte ihn die Wut.

»Du kleiner Hurensohn«, schäumte er. »Belogen hast du mich also auch noch. Hast angeblich kein Geld. Und wo kommt dann das da her? Hast du 'ne Bank ausgeraubt?«

»Damit muss ich mir ein Fahrrad kaufen. Wie soll ich sonst jeden Tag zur Arbeit und wieder nach Hause kommen?«, gab ich ärgerlich zurück.

Little Black schien sich nicht zu ärgern, sondern blieb gelassen. Er deutete hinter sich und sagte: »Wir haben dein Fahrrad wieder mitgebracht, du kannst es zurückhaben. Was wir allerdings genauso wenig brauchen, sind irgendwelche Faxen. Also, bist du bereit für ein vernünftiges Gespräch, ja oder nein?«

»Natürlich bin ich das«, antwortete ich.

»Schön. Meinem Großvater tut der Arm immer noch weh, die ganze Nacht lang hatte er Schmerzen. Wie sollen wir dieses Problem deiner Meinung nach aus der Welt schaffen?«

Wie auf ein Stichwort schob der alte Mann eilig seine rechte Hand stützend unter den linken Arm und warf mir einen vernichtenden Blick zu.

»Wir gehen ins Krankenhaus zur Untersuchung. Das habe

ich gestern schon vorgeschlagen. Die Kosten dafür übernehme ich.«

»Okay«, sagte Little Black aufgeräumt und nickte. »Brauchbarer Vorschlag. Auf geht's.«

Er nahm dem Kleiderständer den Briefumschlag aus der Hand und wedelte damit vor meiner Nase herum:

»Die Scheinchen nehme ich erst mal in Verwahrung, wenn's recht ist. Sobald wir aus dem Krankenhaus raus sind, rechnen wir ab und du erstattest uns die vollen Kosten. Also merk dir: Genau 800 Yuan sind im Umschlag. Wir werden dir keinen Fen mehr wegnehmen, als wir selbst ausgeben müssen.«

Mir blieb nach dieser Zusicherung nichts anderes übrig, als einzuwilligen.

Direkt hinter uns auf dem Hügel lag das Krankenhaus von Bahuajian. Nur wenige Schritte, und wir wären da gewesen. Doch Little Black bestand darauf, ins Krankenhaus von Nanhua zu laufen, das gut vier Busstationen entfernt lag. Der alte Mann wurde aufgefordert, sich auf den Gepäckträger meines Fahrrads zu setzen, während ich ihn schieben und der Gruppe vorangehen musste. Little Black, der zaundünne Kleiderständer und der noch dürrere Besenstiel folgten, mit den Armen schlenkernd. Der widerliche Alte auf meinem Gepäckträger war schwer wie ein halber Leitungsmast und zu allem Überfluss riss er ständig seine Schultern nach oben, um sicherzugehen, dass seine zerschlissene Baumwolljacke nicht in den Dreck fiel. Ich schob unbeholfen und ohne mir viel Mühe zu geben, sodass sich das Fahrrad in Schlangenlinien fortbewegte und mehrmals fast umgekippt wäre. Gleichzeitig konnte ich spüren, wie das Gewicht des Alten den Hinterreifen platt drückte wie eine Flunder. Immer wieder berührten die Felgen mit dumpfem Doppelschlag den Boden: ge-dong, ge-dong. Ich selbst fühlte mich noch viel elender als mein Rad, sodass ich es am liebsten mit einem gezielten Tritt umgestoßen hätte, doch mein Rad sagte zu mir: »Wieso willst du mich treten? Sag jetzt nicht, weil du frustriert bist. Wo ich doch deinetwegen leide, und das in meinem hohen Alter.«

»Wie kannst du nur so reden?«, entgegnete ich. »Würdest du es etwa gern sehen, wenn sie mich in kleine Stücke zerhacken wie eine gerupfte Gans?«

»Also, bei deinem augenblicklichen Gehstil macht dir ja selbst eine tote Gans noch Konkurrenz.«

Diese Antwort kränkte mich zutiefst, und meine Füße stolperten jetzt erst recht vor sich hin. Sofort kam Little Black wie ein Pfeil nach vorne geschossen, bohrte seinen Zeigefinger in meine Brust und zischte: »Bisher hab ich dich mit Samthandschuhen angefasst, also zieh hier bloß keine Show ab. Schieb das Fahrrad gefälligst ordentlich. Wenn mein Großvater hinfällt, ziehe ich andere Saiten auf, verstanden?«

»Aber es schiebt sich wirklich schwer. Wieso setzen wir uns nicht einfach in ein Taxi? Ich bezahle auch.«

Little Black lachte nur kalt: »Du scheinst ja scheißviel Geld zu haben, was?«

»Ich hab kein Geld«, wehrte ich hastig ab.

»So? Dann schieb und spar dir das Geseiere!«

Little Black war zwar piekfein angezogen, aber dass sein Körper nach Bratgänsen roch, entging mir dennoch nicht. Da hatte ich eine Eingebung. Ich nötigte mir ein Lächeln ab und versuchte einen auf Kumpel zu machen: »So ist das doch witzlos. Ich habe in deinem Gänse-Restaurant schon eine Menge Geld ausgegeben und wollte das eigentlich auch in Zukunft tun. Aber wenn wir so weitermachen, dann ...«

Little Black stutzte. Ich glaubte schon, meine Botschaft sei bei ihm angekommen, da versetzte er mir urplötzlich einen Tritt in die Kniekehle, dass ich, das Fahrrad und der alte Mann augenblicklich zu Boden stürzten. Der Kleiderständer und der Besenstiel kamen sofort herbeigeeilt, um dem auf seinem Gesicht gelandeten Alten aufzuhelfen. Dann lasen sie die blaue

Baumwolljacke vom Boden auf, klopften sie aus und hängten sie ihm wieder um die Schultern. Sein breites Gesicht war rot angeschwollen, als hätte man es mit Schweineblut beschmiert, wodurch sein Kopf noch größer wirkte. Während er sich den Staub vom Hintern wischte, warf er Little Black einen hasserfüllten Blick zu, sagte aber keinen Ton. Little Black hatte sein Gesicht zur Seite gewandt. Plötzlich spuckte der Alte aus, dass es hörbar auf den Asphaltboden klatschte.

»Schön, das werde ich mir merken«, sagte er zu Little Black.

»Was wirst du dir merken?«, fragte Little Black nervös und hob beschwichtigend die Hände. »Schau, Opa, das war doch keine Absicht!«

»So, das war also keine Absicht! Willst du, dass ich deine Brüder frage, ob es Absicht war?«

Der Alte drehte sich zu den beiden, doch die schielten nur ausdruckslos auf ihre eigenen Nasen und schwiegen. In diesem Moment klingelte Little Blacks Handy. Er ließ den Deckel aufspringen, sah kurz auf die Nummer und nahm das Gespräch entgegen. Ich lag unterdessen noch immer auf dem Gehsteig, während meine rechte Hand zwischen zwei Speichen steckte. Mein armes Fahrrad war so geschockt wie ich, deshalb hatte es mich wohl dicht zu sich herangezogen. Stück für Stück zog ich meine eingeklemmte Hand heraus, stützte schließlich beide Hände auf dem Boden ab und rappelte mich hoch. Doch da stürzte sich der Alte, der offensichtlich ein Ventil für seinen Ärger suchte, wie ein Verrückter auf mich und trat mir in die Rippen. Meine Hände vor den Bauch haltend, klappte ich lautlos wieder zusammen. Einige Passanten stiegen von ihren Rädern und kamen zu uns herüber, um das Spektakel aus der Nähe zu betrachten. Little Black, der nach wie vor telefonierte, wedelte wie ein Verkehrspolizist mit der Hand in ihre Richtung, um sie wegzuscheuchen. Obwohl es den Umstehenden schwerfiel, sich vom Geschehen loszureißen, zügelten sie ihre Neugier und stiegen einer nach dem anderen wieder auf ihre Räder. Kaum hatte Little Black sein Handy zugeklappt, bohrte er dem Alten die Antenne in die Brust und sagte: »Wenn du noch mal so mit mir redest, hab ich mich die längste Zeit um deinen Mist gekümmert! Und wenn dir jemand die Gurgel umdreht, mir wär's scheißegal.«

»Na, dann ist es dir eben scheißegal«, gab der Alte zurück. »Wer würde es schon wagen, mir an die Gurgel zu gehen? Außerdem sind es normalerweise die Jüngeren, die die Älteren um etwas bitten müssen, und nicht umgekehrt. Daher lässt du mir das Geld jetzt da und gehst. Problem gelöst.«

Schnell hatten sich der Kleiderständer und der Besenstiel zwischen die beiden gestellt und versuchten zu beschwichtigen. Mit ihren Ellenbogen wiesen sie auf mich, der ich immer noch am Boden lag. Little Black drehte sich um, kam zu mir herüber und hob mit seiner rechteckigen Schuhspitze mein Kinn leicht in die Höhe.

»Steh auf!«, sagte er, offensichtlich am Ende seiner Geduld. »Los, steh schon auf!«

Schließlich war es sogar Little Black, der mir unter die Achseln griff, mich hochzog, meine Jacke glatt strich und auch noch meinen Reißverschluss zumachte.

»Ich weiß nicht, wie oft man mich schon zu Boden geschlagen hat«, sagte er, während er mir den Staub von der Brust wischte. »Die Scheiße haben sie aus mir herausgeprügelt. Das ist jetzt kein Witz, es war wirklich so. Sie haben mich vermöbelt, bis ich nicht mehr aufstehen konnte, ums Verrecken nicht. Ich konnte nicht mal mehr den kleinen Finger bewegen, als hätte man mir alle Knochen im Leib gebrochen. Daher weiß ich genau, wie es ist, wenn man nicht mehr hochkommt. Versuch mir also nicht vorzumachen, dass du es gerade nicht konntest. Und noch was: Ich wollte nicht, dass du heute geschlagen wirst.«

Sein dunkel gebräuntes Gesicht, in dem die Poren die

Größe kleiner Krater besaßen, verlieh seinen Worten sogar noch mehr Aufrichtigkeit. Sie bewirkten, dass mir auf einen Schlag einiges gleichzeitig klar wurde und, was viel wichtiger war, dass ich von jetzt auf gleich lernte, wie man ein Fahrrad richtig schiebt. Als ich den Bogen raushatte und es auf einmal zügig voranging, kam mir der Alte auf dem Gepäckträger auch gar nicht mehr so schwer vor.

Die Stoßzeit war vorbei und die Straßen leerten sich allmählich. Während ich das Fahrrad schob, hatte ich das Gefühl, dass ich diesen Job schon ewig machte, aber immer noch fähig war, Spaß dabei zu empfinden.

»Stopp, warte mal!«, hörte ich Little Black plötzlich von hinten rufen und hielt an.

»Hast du Zigaretten dabei?«, fragte er.

Mit dem Kinn deutete ich auf meine linke Jackentasche, sagte aber leicht verlegen, dass es sich um keine gute Marke handle. Little Black zog das gelbe Päckchen ›Rote Aprikose‹ heraus.

»Geht doch«, sagte er und reichte die Packung an den Kleiderständer weiter, der sich die Hände rieb, eine Zigarette herausnahm und kurz mit der Zunge über das Papier leckte, bevor er sie sich in den Mund steckte. Dann hielt Little Black die Schachtel dem Besenstiel hin, der aber mit einer knappen Handbewegung ablehnte. Mit starrem Blick verfolgte der alte Mann, wie die Packung die Runde machte, doch Little Black ignorierte ihn und fischte stattdessen mit den Zähnen eine Zigarette für sich selbst heraus. Diesen Moment passte der Kleiderständer ab, um schnell seine Hand auszustrecken und eine Zigarette für den Alten zu sichern. Little Black, der Kleiderständer und der Alte holten jeder ein Feuerzeug aus der Tasche und zündeten sich ihre Zigaretten an. Dann steckte Little Black die Packung zurück in meine Tasche und meinte: »Zu kompliziert, wenn man gleichzeitig lenken muss. Darum rauchst du wohl keine, was?«

»Nein, ich will keine. Ich rauche nie im Gehen.«

Auf der Höhe von Xiejiadian gab es einen zum Stahlwerk gehörenden Schienenstrang, der die Straße querte. In diesen Schienen blieb der Vorderreifen meines Rades stecken, sodass es sich nicht mehr vorwärtsbewegen ließ, wie viel Kraft ich auch aufwandte. Ich drehte mich zu dem Alten um, der gerade voller Hingabe an seiner Kippe zog und sich kein bisschen um meine Notlage scherte. Ich machte einen Ausfallschritt und warf mich mit Wucht gegen die Lenkstange, aber es tat sich nichts. Dafür fehlte meinem linken Bein, dem Little Black einen Tritt verpasst hatte, plötzlich die Kraft, als hätte ich einen Krampf bekommen.

»He, Opa, kannst du nicht mal kurz absteigen?«, rief Little Black, der das Schlusslicht unserer Prozession bildete.

»Wozu soll ich absteigen?«, entgegnete der Alte. »Soll er doch kräftiger schieben!«

Ich versuchte nun, den Lenker ein wenig anzuheben. Augenblicklich bäumte sich das Fahrrad auf wie ein scheuendes Pferd und der Alte kippte fast vom Gepäckträger wie eine Fuhre Müll. Erst jetzt streckten der Kleiderständer und der Besenstiel ihre Arme aus, um ihn zu stützen, und halfen, das Rad aus der Schiene zu befreien.

Kaum ging es weiter, fing der Alte an zu grummeln, dass er gar nicht ins Krankenhaus wolle.

»Na, du machst mir Spaß«, meinte Little Black. »Sollen wir jetzt noch umkehren? Sie geben dir schon keine Spritze. Wovor hast du Schiss?«

Der Kleiderständer und der Besenstiel stießen ins selbe Horn: »Na komm, geh doch hin. Sich untersuchen zu lassen kann nicht schaden.«

»Wozu das schöne Geld ausgeben?«, sagte der Alte. »Mein ganzes Leben lang hat kein einziges Krankenhaus auch nur einen Fen an mir verdient.«

»Aber du musst es doch gar nicht aus eigener Tasche bezahlen«, wandte der Kleiderständer ein. »Worüber ärgerst du dich bloß?«

»Wie wäre es damit?«, schlug der Alte vor. »Ihr bringt mich jetzt zurück nach Hause, und stattdessen geht eure Mutter ins Krankenhaus.«

»Was soll das denn plötzlich?«, stöhnte Little Black.

»Eure Mutter hat jede Menge Beschwerden, aber ihr fehlt das Geld, um zum Arzt zu gehen. Sie müsste ins Krankenhaus, nicht ich.«

»Um müssen oder nicht geht es nicht, Opa«, erwiderte Little Black. »Warum bringst du nur alles durcheinander? Du bist derjenige, der angefahren wurde, nicht Mama.«

»Eure Mutter ist im letzten Jahr ebenfalls angefahren worden, schon vergessen? Ihre Hüfte ist bis heute nicht in Ordnung.«

»Hattest du uns nicht erzählt, dass es besser geworden ist, nachdem man sie mit den Schröpfgläsern behandelt hat?«, mischte sich der Kleiderständer ein.

»Was heißt hier besser?«, wetterte der Alte. »Ihr seid mir feine Söhne. Merkt nicht mal, dass eure Mutter beim Stehen ständig nach links einknickt.«

»Knickt sie nicht nach rechts ein?«, wunderte sich Little Black.

»Ach was, nach rechts! Nach links!«, sagte der Alte.

»Stimmt«, meinte der Kleiderständer, »es ist die linke Seite.«

Und der noch dürrere Besenstiel ergänzte: »Also, soweit ich mich erinnere, war es schon die rechte Seite.«

»Verdammt noch mal, ihr Quadratschädel …«, fauchte der Alte.

Sie stritten noch eine Weile, ohne dass der alte Mann seinen Widerstand gegen das Krankenhaus aufgab. Seine letzte Ausflucht war, dass er den Geruch im Krankenhaus nicht ertragen könne, weil er davon Kopfschmerzen bekäme.

»Das macht nichts«, entschied Little Black. »Was sind schon

ein paar Kopfschmerzen? Wenn nur dein Arm wieder in Ordnung kommt.«

Während dieser Unterhaltung hatten sie meine Existenz völlig vergessen, als wäre ich in ihren Augen nichts weiter als ein schnaubender Ochse, der für sie den Karren zog. Ich selbst sah mich übrigens genauso: als ein Stück Vieh, das einen Karren zieht oder das auf einem Karren gezogen wird.

Als wir am Haupteingang des Elektrizitätswerkes vorbeikamen, beschleunigte ich meinen Schritt. Ich wollte keinem meiner Kollegen in die Arme laufen.

»Steht die Tanzhalle eures Betriebsclubs auch Leuten offen, die nicht bei euch arbeiten?«, wollte der Kleiderständer wissen.

»Ich denke schon«, sagte ich.

»Und kosten die Eintrittskarten noch immer fünf Yuan?«, fragte er weiter.

»Keine Ahnung«, sagte ich, »da gehe ich nie hin.«

»Was machst du denn dann an deinen Abenden?«, fragte der Kleiderständer.

Ich wusste nicht, was ich darauf antworten sollte. Der alte Mann drehte mit einiger Mühe seinen Kopf zur Seite, um das neue Fabriktor zu betrachten.

»Scheiße«, sagte er. »Der reinste Protz gegenüber früher. Die müssen so viel Kohle haben, dass sie sie einfach zum Fenster rauswerfen können.«

In diesem Moment blieb genau vor mir ein Fahrrad stehen und eine Klingel ertönte. Als ich aufsah, bekam ich eine Gänsehaut: Es war Xiao Qi, die einzige Frau in unserem Team. Sie war Anfang dreißig, frisch geschieden und hatte einen siebenjährigen Sohn. Als sie ihren Mundschutz abnahm, kam ihr sorgfältig gepflegtes Bittermelonengesicht zum Vorschein.

»Was machst du denn hier?«, fragte sie.

Da sie sich notorisch verspätete, trat sie bestimmt erst jetzt ihren Dienst an. Vom Teamleiter bis zum Direktor träumte in unserer Werkhalle jeder davon, sie flachzulegen, deshalb konnte sie sich das leisten. Xiao Qi ignorierte grundsätzlich alle Männer, die hinter ihr her waren. Alle Männer, die nicht hinter ihr her waren, machte sie dagegen so lange heiß, bis auch sie sie flachlegen wollten, woraufhin Xiao Qi sie ebenfalls wie Luft behandelte. Trotzdem muss gesagt werden, dass sie zu den anständigen Frauen gehörte, zumindest soweit ich sie kannte.

»Ich bringe diesen alten Herrn hier ins Krankenhaus«, gab ich stotternd zur Antwort.

Xiao Qi war ehrlich überrascht: »Wie, du tust Gutes?« Sie legte affektiert ihren Kopf in den Nacken und schaute in den Himmel.

»Er war unser rettender Engel«, mischte Little Black sich rasch ein. »Zufällig kam er gerade vorbei, als mein Großvater ohnmächtig zusammenbrach.«

Ich stand daneben, ohne zu wissen, was ich sagen sollte. Mein verlegener Gesichtsausdruck muss in diesem Moment ideal zu einem hilfsbereiten Trottel gepasst haben, der nicht will, dass andere von seinen guten Taten erfahren.

»Wie eigenartig … aber toll! Ich werde dem Gruppenleiter sagen, dass du später kommst.«

Mit diesen Worten band sie sich wieder ihren Mundschutz um, schwang sich aufs Rad und fuhr mit kerzengeradem Rücken davon. Ich atmete erleichtert auf und setzte mich ebenfalls in Bewegung. Hinter mir konnte sich der Kleiderständer ein bewunderndes Stöhnen nicht verkneifen:

»Was für eine verdammt zarte Haut die hatte!«

»Was nützt eine zarte Haut, wenn die Frau selbst potthässlich ist?«, gab Little Black zurück.

Der Kleiderständer widersprach: »Die Frau mag hässlich sein, aber ihre Muschi ist es sicher nicht.«

»Wer kann das wissen? Wenn du mich fragst, hat ihr kleines Schätzchen bestimmt schon Rost angesetzt«, antwortete Little Black.

Ich konnte es nicht länger ertragen, wie die beiden über sie herzogen, weshalb ich mich umdrehte und mit wenig Nachdruck zu ihnen sagte: »Hört auf, so zu reden.«

Der Kleiderständer hob mir angriffslustig sein Kinn entgegen: »Was heißt hier: Hört auf, so zu reden? Du hast es wohl schon mit ihr getrieben, was?«

Ich war sprachlos, schüttelte den Kopf und drehte mich wieder um. In diesem Augenblick kam uns auf der anderen Straßenseite eine freie Motorradrikscha entgegen, die Little Black kurz entschlossen anhielt.

»Ich fahre schon mal rüber und arrangiere alles«, sagte er zu dem zaundünnen Kleiderständer und dem noch dürreren Besenstiel. »Wir treffen uns dann am Krankenhauseingang.«

Bevor er in die Riksha stieg, gab er mir noch einen bedeutungsvollen Klaps auf die Schulter. Ich begriff es sofort als Warnung, dass ich keine Tricks versuchen sollte. Die Motorradriksha wendete vor unseren Augen, bevor sie in einer Staubwolke verschwand. Gleichzeitig hörte ich, wie der Alte verächtlich durch die Nase schnaubte. Als wir zum großen Verkehrskreisel von Shicun kamen, hob sich plötzlich meine Stimmung, da ich an Xiao Qis Worte denken musste. Eigentlich hatte sie recht: Jawohl, ich tat hier wirklich ein gutes Werk. Und dieser Gedanke verschaffte mir nach dem großen Druck, der den ganzen Weg über auf mir gelastet hatte, endlich ein wenig Erleichterung. Nun schob ich schneller und schneller, bis ich den Kleiderständer und den Besenstiel weit hinter mir gelassen hatte.

»Langsam! Wozu so schnell?«, schleuderte mir der Alte auf dem Gepäckträger seinen Protest ins Genick. »Das hier ist doch kein Wettlauf mit dem Tod!«

Als wir den Eingang des Krankenhauses von Nanhua erreicht hatten, spähte ich nach allen Seiten, aber von Little

Black war keine Spur zu sehen. Der Kleiderständer und der Besenstiel schienen erschöpfter zu sein als ich. Vor allem der Besenstiel war fix und fertig. Er hatte die Jeansjacke weit geöffnet und seine verschiedenen Pullover nach oben gerollt. Während er mit einer Hand auf die Milz drückte, schnappte er ununterbrochen nach Luft. Als ich seine grob gestrickten Pullover nachzählte, konnte ich es kaum fassen: Er trug ganze vier Stück übereinander. Wenn er sie alle ausgezogen hätte, wären von ihm sicher nur Haut und Knochen übrig geblieben. Unterdessen war der Alte vom Gepäckträger gestiegen und ein paar wacklige Schritte auf und ab gegangen. Sicher waren ihm unterwegs die Beine eingeschlafen. Er hatte noch keinen sicheren Stand, da bohrte er bereits ungeduldig nach: »Na, wo ist er? Wo steckt er jetzt?«

»Er wird reingegangen sein, um nach jemandem zu suchen. Wart nur, er wird schon auftauchen«, antwortete der Kleiderständer.

Kurz darauf kam Little Black aus dem Gebäude. Ein bebrillter Arzt mittleren Alters begleitete ihn. Er trug einen langen weißen Kittel und hielt eine zerknautschte weiße Mütze in der Hand. Sein Kopf war fast kahl, nur auf der linken Seite wuchsen noch einige lange Haarsträhnen, die er sich so über den Schädel gekämmt hatte, dass sie aussahen wie Sternschnuppen, die an einem weiten Himmel niedergingen. Wenn man ihm direkt gegenüberstand und auf seine Platte starrte, neigte man sich unwillkürlich leicht nach links.

»Ich muss gleich verschwinden«, sagte Little Black zu dem Alten. »Vertrau dich einfach Doktor Wu an. Über alles Übrige brauchst du dir keine Sorgen zu machen.«

»Was, du willst schon wieder weg?«, murrte der Alte. »Was gibt es denn so Dringendes?«

»Ich bin ein viel beschäftigter Mann, Opa. Ich hab es nicht so gut wie du.«

Dann rief Little Black den Kleiderständer zu sich, drehte

allen anderen den Rücken zu und zog meinen Briefumschlag aus der Tasche, auf dem das Emblem des Elektrizitätswerkes prangte. Der Kleiderständer öffnete ihn und spähte hinein, woraufhin zwischen den beiden Männern ein kleiner Streit ausbrach. Grund genug für den hypersensiblen Alten, seine Schultern hochzuziehen und zu ihnen hinüberzugehen. Doch ehe er bei ihnen angelangt war, hatten sie ihre Meinungsverschiedenheit schon beigelegt und sich wieder umgedreht. Little Black winkte dem glatzköpfigen Doktor zu und verabschiedete sich. Ich hatte erwartet, dass er auch noch zu mir kommen und ein paar Worte mit mir wechseln würde, aber das tat er nicht. Stattdessen ging er davon, ohne ein einziges Mal zurückzuschauen. Der Alte zog den Kleiderständer am Arm und fragte ihn flüsternd: »Wie viel hat er abgezweigt?«

Er antwortete nicht, sondern drehte sich weg, wahrscheinlich weil ich dabeistand. Das brachte den Alten noch mehr in Rage, er wollte den Arm des Kleiderständers nun gar nicht mehr loslassen und verlangte immer wieder, in den Umschlag sehen zu dürfen. Schließlich klatschte Doktor Wu in die Hände: »Lassen Sie uns so bald wie möglich anfangen, meine Herrschaften.«

»Ja, gehen wir, gehen wir«, stimmte der Kleiderständer zu und nutzte die Gelegenheit, die Hand des Alten abzuschütteln. Zu allem Überfluss packte den alten Mann nun erneut die Angst, weshalb er um keinen Preis dazu bereit war, über die Schwelle des Krankenhauses zu treten. Der Kleiderständer und der Besenstiel redeten sich den Mund fusselig, es nützte alles nichts. Beim Anblick des weißhaarigen Alten, der sich wie ein bockiges Kind mit aller Kraft dagegen wehrte, durch die Tür gezogen zu werden, und dessen Kleider dabei so verrutschten, dass ein großer Teil seines darunterliegenden Pökelfleisches sichtbar wurde, konnte sogar ich mir das Lachen nicht verkneifen. Je mehr man an ihm zog, desto größer wurde seine Panik. Erst Doktor Wu gelang es, ihn wieder zu beruhigen, indem er sich zu ihm hinunterbeugte und besänftigend auf ihn einredete. Und als sich Doktor Wu die schmuddelige weiße Mütze, die er vorher in der Hand gehalten hatte, über den fast kahlen Schädel zog, begann der Alte sogar, ihm richtig zu vertrauen.

Bevor der Kleiderständer den Alten zur Untersuchung begleitete, befahl er, dass ich mit dem Besenstiel am Eingang warten solle. Weil auch ich mich ungern in Krankenhäusern aufhielt, war ich mit dieser Regelung hochzufrieden. Während der Alte von den Gerüchen im Krankenhaus Kopfschmerzen bekam, musste ich immer niesen und in alle Richtungen herumrotzen. Ich weiß, dass sich das nicht gehört und ständiges Niesen an den Kräften zehrt, aber da ist einfach nichts zu machen. Der Besenstiel hatte anscheinend keine besondere Lust, neben mir zu warten. Gemächlich spazierte er zur anderen Seite des Eingangs und hockte sich dort auf den Boden. Ich lehnte mein Fahrrad an die Rückwand einer Telefonzelle neben dem Eingang und machte es mir auf einem niedrigen Zementpoller bequem. Dann zog ich meinen rechten Schuh aus, streifte die Socke ab und untersuchte meine Fußsohle. Weil ich Plattfüße habe, hatte mir der lange Fußmarsch zwei große Blasen beschert. Menschen wie ich sind eben nur zum Radfahren geboren, ihnen bleibt nichts anderes übrig, als ihr Leben auf dem Rad zu verbringen und sich mit zusammengebissenen Zähnen weiterzuentwickeln. Wegen des kalten Wetters konnte ich mich jedoch der Trauer über den desolaten Zustand meiner Fußsohle nicht lange hingeben. Ich hatte die Socke schon wieder an und wollte gerade den Schuh darüberziehen, als mir plötzlich ein Gedanke durch den Kopf schoss. Da stimmte doch etwas nicht! Es war die linke Hand gewesen, mit der der verdammte Alte vor ein paar Minuten am Kleiderständer gezerrt hatte, und zwar mit einer solchen Kraft, dass dieser Arm ganz in Ordnung sein musste. Obwohl ich genau das längst geahnt hatte, packte mich die Wut. Ich zog mir den Schuh an, stand auf und lief zielsicher auf den Besenstiel zu, der gerade geistesabwesend in die Ferne starrte. Als er mich bemerkte, war ich ihm schon bedrohlich nahe gekommen. Eilig versuchte er aufzustehen, wobei er beinahe das Gleichgewicht verlor und nach hinten fiel. Im zweiten Anlauf stützte er sich mit den Händen vom Boden ab und kam nach mehreren Sprüngen, die mich an eine langbeinige Heuschrecke erinnerten, endlich zum Stehen.

»Was zum Teufel willst du?«, fuhr er mich etwas ängstlich an.

Eine halbe Minute lang stand ich ihm in Angriffshaltung gegenüber, bis die Einsicht in die Lächerlichkeit des Ganzen schließlich die Oberhand gewann. Ich schluckte kurz meinen Speichel herunter und suchte dann nach einer unverfänglichen Frage: »Wieso sind die immer noch drin?«

Er entspannte sich: »Na, so schnell geht es auch wieder nicht.«

Eigentlich sah der Besenstiel aus wie ein schlecht ernährter Wanderarbeiter, solide und anständig, und überhaupt nicht wie ein Nichtstuer, der sich auf Dachangs Straßen herumtreibt.

»Der alte Herr, ist das dein Großvater?«, fragte ich.

Er nickte.

»Und ihr drei seid Brüder?«, forschte ich weiter.

Wieder nickte er, diesmal ein wenig zögerlich, als hätte er keine Lust, mir weitere Fragen zu beantworten. Ich schickte trotzdem noch eine hinterher: »Ist Little Black der Älteste von euch?«

Diesmal nickte er nicht. »Wozu willst du das wissen?«, fragte er nach einer Pause.

»Einfach nur so.«

Er musterte mich argwöhnisch, dann murmelte er undeutlich: »Ich bin der Älteste.«

Damit schlenderte er zur anderen Seite des Eingangs und hockte sich auf denselben Zementpoller, auf dem ich vorher gesessen hatte.

Kurz nach elf Uhr kamen der Kleiderständer und der Alte endlich aus dem Krankenhaus heraus. Ich war fast ohnmächtig vor Hunger, da ich am Morgen nichts gefrühstückt hatte. Gerne hätte ich mir während des Wartens am kleinen Imbissstand nebenan eine Schale Nudeln oder etwas Ähnliches geholt, aber ich hatte keinen Fen mehr in der Tasche. Der Kleiderständer drückte dem Besenstiel zwei große, mit allen möglichen Medikamenten gefüllte Plastiktüten in die Hand und kam mit einem dicken Stapel von Abrechnungsbelegen auf mich zu. Doch plötzlich machte er kehrt und gab mir durch ein Handzeichen zu verstehen, dass ich ihm folgen sollte. Vor einem Obststand blieb er stehen, lieh sich von dem einbeinigen Inhaber des Standes einen Taschenrechner und reichte ihn mir.

»Rechne es selber zusammen«, sagte er.

Dann las er mir nacheinander sämtliche Quittungen vor: für das Röntgen, für den CT-Scan, für die Leberfunktionsuntersuchung, für die Blutbildbestimmung … Ich konnte einen lauten Aufschrei nicht unterdrücken: »Was soll das, will sich dein Großvater für eine Pilotenausbildung bewerben?«

Der Kleiderständer ignorierte die Frage und machte bei den Medikamenten weiter: Liver-One für die Leber, Astragalus-Wurzelextrakt, amerikanischer Ginseng in Pillenform, DHA-Brainfood … Darüber konnte ich nur bitter lachen: »Anscheinend will dein Großvater doch kein Pilot werden, sondern unsterblich.« Ich gab dem Kleiderständer den Taschenrechner zurück, denn ich dachte nicht daran, weitere Zahlen einzutippen.

»Ob du nun nachzählst oder nicht, es bleibt sich gleich«, meinte er zu mir. »Ich habe drinnen schon alle Kosten addiert. Zusammen sind es 781 Yuan, fünf Mao und sechs Fen.

Übrig bleiben noch etwas über zehn Yuan, die ich dir aber deshalb nicht zurückgebe, weil ich morgen noch die Untersuchungsergebnisse abholen muss. Ich werde damit Hin- und Rückfahrt bezahlen. Ich finde übrigens, du solltest es trotzdem nachrechnen.«

»Nein, nicht nötig«, antwortete ich. »Aber ihr könnt mich jetzt freilassen. Das werdet ihr doch, oder?«

Der Kleiderständer verzog seinen Mund und grinste: »Na holla, drück das mal nicht so negativ aus. Das klingt ja, als hätten wir dich zu allem gezwungen. Komm, nimm, die sind für dich.«

Gönnerhaft wollte er mir die Belege zustecken, aber ich schob seine Hand weg.

»Was soll ich mit dem Scheiß?«, zischte ich.

»Dir die Kosten erstatten lassen.«

Nun hatte ich endgültig genug. Ich nahm meinen ganzen Mut zusammen und brüllte ihn an: »Steck sie dir in den Arsch, deine Belege!«

Nach diesem Satz ging ich schnurstracks zu meinem Fahrrad. Der Kleiderständer blieb für einen Moment verdutzt stehen, dann wollte er mir nachlaufen, doch der Besenstiel stellte sich ihm in den Weg.

»Lass ihn, lass gut sein. Es ist schon spät. Komm, wir gehen.«

Um ehrlich zu sein, war mir trotzdem etwas mulmig zumute. Womöglich hatte ich mir mit meinem Wutausbruch erneuten Ärger eingehandelt. Erst als ich mein Fahrrad hinter der Telefonzelle hervorholte und sah, wie die drei mit den Plastiktüten in der Hand auf die andere Seite der Straße zusteuerten, atmete ich auf. Zum Teufel mit ihnen, die ganze Sache war nun wohl endgültig ausgestanden. In diesem Moment hörte ich, wie der Inhaber des Obststandes den dreien etwas hinterherbrüllte. Er war so erregt, dass er schwankend und auf einen Stock gestützt versuchte, sich aus seinem Rollstuhl zu erheben. Als sich der Kleiderständer umblickte, fiel ihm auf, dass er noch immer den Taschenrechner des Obstverkäufers umklammert hielt, er machte kehrt und brachte das Gerät zurück. Der Obstverkäufer musste wohl irgendetwas erwidert haben, denn die beiden gerieten in Streit. Worum es dabei ging, konnte ich allerdings nicht genau verstehen. Ein Wort ergab das andere, bis sich der Kleiderständer eine große, mindestens drei Pfund schwere Tangshan-Birne aus der Auslage schnappte und sie zu Boden schleuderte. Der Obstverkäufer, der eben noch würdevoll in seinem Rollstuhl gesessen hatte, zog nun plötzlich in einer geschickt getarnten Bewegung seinen Stock unter der Theke hervor und stieß ihn dem Kleiderständer genau zwischen die Beine. Der fasste sich in den Schritt und ging zu Boden. Der Besenstiel wusste nicht, was geschehen war, und rannte mit den Plastiktüten zum Stand.

»Was ist los?«, schrie er erschrocken.

Der Kleiderständer war zu keiner Antwort fähig, sodass der Besenstiel die beiden Tüten in die linke Hand nahm und mit der rechten den Obstverkäufer am Kragen packte. »Was ist hier passiert?«, fragte er scharf.

Doch der Obstverkäufer blieb stumm, dafür hielt er auf einmal ein Messer in der linken Hand. Im nächsten Moment sah ich, wie er ohne Anlauf zu nehmen aus seinem Rollstuhl hochschoss, mit dem Messer in seiner Linken auf den Hals des Besenstiels zielte und rücksichtslos zustach. Da dieser nicht rechtzeitig ausweichen konnte, traf ihn die Klinge am Ohr. Die Wucht des Angriffs war so groß, dass der Obstverkäufer vornüberstürzte und seinen ganzen Stand mitriss. Äpfel, Birnen, Mandarinen, Kiwis und andere Früchte rollten über den Boden. Als der Alte sah, was dort vor sich ging, schüttelte er seine Jacke von den Schultern und hastete mit schweren Schritten zum Stand hinüber. Er hob den Stock des Obstverkäufers vom Boden auf und hieb mit voller Kraft auf dessen linken Arm ein, bis er ihm das Messer aus der Hand geschlagen hatte. Der Einbeinige schrie vor Schmerz und versuchte verzweifelt, wie eine verwundete Echse zu seinem Rollstuhl zurückzukriechen. Doch das konnte er komplett vergessen, denn der Kleiderständer hatte sich bereits aufgerappelt. Alle drei umzingelten jetzt den Obstverkäufer und versetzten ihm in blinder Wut heftige Fußtritte, sodass er in jämmerliches Geheul ausbrach. Der Besenstiel, der ein paar solide Arbeitsschuhe aus Leder trug, konzentrierte seine sorgfältig platzierten Tritte dabei auf das Gesicht des Einbeinigen und verwandelte es im Handumdrehen in eine unförmige Masse aus Fleisch und Blut. Damit gab er sich aber noch lange nicht zufrieden. Sein herunterhängendes, bis zur Wurzel durchschnittenes Ohr war nur noch durch einen schmalen Teil des Ohrläppchens mit dem Kopf verbunden und schaukelte bei jeder Bewegung hin und her. Sein Hals und die linke Schulter waren voller Blut, unaufhörlich strömte es aus der Wunde am Ohransatz. Der Obstverkäufer, der trotz des auf ihn niederprasselnden Trittehagels anfangs noch eine Reihe von Drohungen ausgestoßen hatte, konnte bald nur noch um Gnade flehen. Der Alte und der Kleiderständer ließen von ihm ab, während der Besenstiel immer noch zutrat, wie sehr der Obstverkäufer auch wimmerte und nach seinen Eltern schrie. Schließlich war es der Kleiderständer, der seinen völlig außer Kontrolle geratenen Bruder von seinem Opfer wegzog.

»Knie dreimal vor meinem Großvater nieder. Dann lassen wir dich für heute am Leben«, sagte der Kleiderständer zu dem Einbeinigen.

Doch der legte nur schützend beide Hände vors Gesicht und rief weinend irgendeinen Namen. Der Kleiderständer machte einen Schritt nach vorn und verpasste ihm einen weiteren Tritt in den Unterleib.

»Hast du mich verstanden?«

Zitternd löste der Obstverkäufer die eng um den Kopf

geschlungenen Arme, brachte sich Stück für Stück in eine sitzende Position, den Rücken gegen eine Obstkiste gelehnt, warf den drei gegenüberstehenden Männern einen kurzen Blick zu und hievte dann sein unversehrtes rechtes Bein zu sich herüber, bevor er seinen Oberkörper nach vorne neigte, sich mit beiden Händen am Boden abstützte und vor seinen Widersachern dreimal in die Knie ging.

»So geht das nicht«, sagte der Kleiderständer. »Halt gefälligst den Rücken gerade!«

Sobald der Obsthändler jedoch seine Hände vom Boden nahm, sackte sein Körper automatisch nach links.

»Das war auch nichts. Noch mal!«

Eine alte Frau, die unter den Schaulustigen stand, hatte heimlich einen großen Apfel vom Boden aufgelesen und ihn rasch in eine Thermobox gesteckt. Nach einer Weile kam noch eine Kiwi dazu und etwas später eine Handvoll Rotdornbeeren. Schließlich trat sie auf den Kleiderständer zu und zupfte ihn am Jackenzipfel: »Hör auf, es ist genug. Er hat doch nur ein Bein, wie soll er sich da hinknien?«

Doch der beachtete sie nicht. Der Obstverkäufer machte einen weiteren Versuch und fiel wieder zu Boden. Eine Hand über sein blutendes Ohr haltend, stürzte der Besenstiel nach vorne und attackierte ihn fluchend mit einer neuen Serie von Tritten.

»Du elender Drecksack, spiel hier bloß nicht den Toten! Knie dich hin! Los, geh auf die Knie! Wird's bald?!«

Ich konnte das Trauerspiel nicht länger mit ansehen. Torkelnd schob ich mein Fahrrad über die Straße, schwang mich auf den Sattel und begann wie wild in die Pedale zu treten. Ohne anzuhalten fuhr ich zurück ins Wohnheim. So schnell war ich den Daxie-Hügel in meinem ganzen Leben noch nicht hinaufgekommen, es ging schneller als bergab. Im Wohnheim verkroch ich mich in meinem Zimmer, wo ich eine Schale Fertignudeln nach der anderen in mich hineinschaufelte. Als ich mich wieder einigermaßen gefasst hatte, war es Abend geworden. Hao Qiang kam erst nach elf Uhr zurück und hatte ein Mädchen im Schlepptau, das meiner Vermutung nach noch in die Mittelschule ging. Man sah es am kindlich-unschuldigen Gesicht, auch wenn das junge Ding mehrere Zentimeter Lippenstift aufgetragen hatte. Tat ich in solchen Situationen sonst, was von mir erwartet wurde, nämlich das Zimmer zu verlassen und das Feld zu räumen, rührte ich mich an diesem Abend nicht von der Stelle. So blieb Hao Qiang nichts anderes übrig, als das Mädchen wieder hinauszubegleiten. Als er eine halbe Stunde später wiederkam, verriet mir sein Gesichtsausdruck, dass es ihm gelungen war, sein Problem an einem anderen Ort zu lösen. Da ihn die Anstrengung sehr erschöpft hatte, war er jetzt rundum entspannt und sprach mit einer ganz weichen Stimme. Am Morgen, sagte er, habe er leider nichts für mich tun können. Jeder in Dachang vermeide es, sich mit Little Black und seiner Sippschaft anzulegen. Natürlich nicht aus Angst, sondern weil es einfach nicht der Mühe wert sei.

»Warum sollte man sich mit Schlackesammlern herumstreiten?«

Schlackesammler – dieses Wort hatte ich schon mehrfach aus dem Mund anderer Leute gehört, ohne dass ich seiner Bedeutung nachgegangen war. Jetzt fragte ich Hao Qiang, was er damit meinte. Früher, so erzählte er, habe ein beträchtlicher Teil der Bevölkerung von Dachang aus Leuten bestanden, die vor der Befreiung, also vor 1949, aus dem Norden der Provinz Jiangsu eingewandert waren, und zwar entlang der Bahnlinie, an der sie Kohlenschlacke aufsammelten. Als sie feststellten, dass sie hier in Dachang ein Auskommen finden konnten, waren sie einfach dageblieben.

»Und heute, wo keine Kohlenschlacke mehr herumliegt, die man aufsammeln könnte, suchen sie auf den Straßen eben nach anderen kleinen Verdienstquellen. Schließlich muss sich jeder von uns irgendwie durchschlagen. Und solange du ihnen ein bisschen Geld gibst, lassen sie dich garantiert in Frieden. Mit den kleinen Ganoven, die dir aus purem Vergnügen in aller Öffentlichkeit ein Messer in die Rippen rammen, haben sie nichts gemein. Schau, du bist mit heiler Haut zurückgekommen. Kein Härchen haben sie dir gekrümmt.«

Da ich selbst aus dem Norden von Jiangsu stamme, wurde mir bei Hao Qiangs Worten etwas unbehaglich, doch ich behielt meine Gefühle für mich. Als ich ihm von der Sache mit dem Obstverkäufer erzählte, lief mir immer noch ein kalter Schauer über den Rücken. Hao Qiang aber meinte: »Ach, das hat nichts zu bedeuten. Sehr wahrscheinlich war der Standinhaber ebenfalls ein Schlackesammler. Mit Schlackesammlern raufen sich nämlich nur Schlackesammler. Keiner kann zwei Hunde trennen, die sich ineinander verbissen haben, mach dir deswegen bloß nicht zu viele Gedanken. Geh lieber schlafen.«

Doch gerade das konnte ich nicht. Unruhig drehte ich mich von einer Seite auf die andere. Es war der Verlust meiner 800 Yuan, der mir unverdaut im Magen lag. Mal stand ich auf, um Wasser zu trinken, mal, um auf die Toilette zu gehen. Meinem Mitbewohner ging ich damit natürlich tierisch auf die Nerven.

»Dir gehen die 800 Yuan nicht aus dem Kopf, was?«, raunte er in der Dunkelheit.

»Das Geld? Ach, Blödsinn!«, gab ich giftig zurück, wütend darüber, dass er mir so etwas unterstellen konnte und mit seiner Frage natürlich genau ins Schwarze getroffen hatte. Ich musste an meinen eigenen Lebensweg denken: Wie ich lesend und lernend meiner Heimat Nord-Jiangsu den Rücken gekehrt hatte und immer die Bahnlinie entlang bis nach Nanjing gewandert war. All das hatte Ähnlichkeit mit den Schlackesammlern. Verflucht noch mal, ich war selber so ein Schlackesammler.

Obwohl mir Hao Qiang immer wieder versicherte, dass

die Wolke des Unheils über mir abgezogen sei, hatte ich die sichere Vorahnung, dass die ganze Sache noch nicht zu Ende war. Aus Vorsicht mied ich in den nächsten Tagen die Strecke über den Daxie-Hügel und fuhr stattdessen einen Umweg am Gebäude des Gemeindeparteikomitees vorbei. Außerdem betrat und verließ ich das Elektrizitätswerk nicht länger durch den Haupteingang, sondern benutzte einen Seitenzugang. Das Ergebnis war, dass mich eine Woche später der Inhaber von ›Little Blacks Schmortopf‹ an einem Abend persönlich in meinem Wohnheimzimmer besuchen kam. Kaum hatte Hao Qiang die Tür geöffnet, stieß er einen Schrei der Überraschung aus und blieb wie angewurzelt stehen. Eingewickelt in meine Steppdecke saß ich gerade auf dem Bett und las ein Buch. Im ersten Moment dachte ich, unser Besucher sei jemand von der Werksleitung. Doch es war Little Black, der mit einer Dokumentenmappe unter dem Arm unseren Raum betrat und kontrollierend alle Zimmerecken abschritt. Er wirkte dabei sogar noch mehr wie ein Vorgesetzter als unser Betriebschef. Schließlich drehte er sich zu Hao Qiang um und sagte: »Du gehst mal kurz raus.«

Erst jetzt löste sich mein Mitbewohner aus seiner Starre, schnappte sich seine Jacke und ging folgsam in Richtung Tür.

»Warte einen Moment«, hielt ihn Little Black zurück. »Hast du noch, was ich dir geschenkt habe?«

»Ja, es ist noch hier«, antwortete Hao Qiang leise, als fürchtete er, ich könnte ihn hören.

Little Black murmelte etwas, dann sagte er: »Hol es und zeig es mir.«

Hao Qiang war die Sache furchtbar peinlich. Trotzdem ging er zu seinem Bett, legte sich auf den Bauch und kramte eine Pappschachtel darunter hervor. Er entnahm ihr eine alte, rostige Schere, wie man sie für das Entfernen von Gänseeingeweiden verwendet. Er hielt sie Little Black entgegen. Dieser nickte.

»Gut, und jetzt raus mit dir.«

Ich starrte erschrocken zu meinem Mitbewohner, aber er sah nicht in meine Richtung, sondern verließ mit gesenktem Kopf das Zimmer und schloss vorsichtig die Tür. Meine Beine unter der Steppdecke hatten begonnen, unkontrolliert zu zittern. Da mir meine Position auf dem Bett zu passiv vorkam, hob ich die Decke an und wollte aufstehen, aber eine Handbewegung Little Blacks hielt mich davon ab. Er kam zu mir rüber, breitete die Decke wieder sorgfältig über mich und nahm dann neben mir auf dem Bettrand Platz.

»Hast du was zu rauchen?«, fragte er und schlug sich mit der Dokumentenmappe leicht auf die Knie.

»Nein, ich hab keine Zigaretten mehr«, sagte ich. Darauf wühlte er lange in den Taschen seines Anzugs, zog schließlich eine einzelne Zigarette heraus und zündete sie an. Ich hatte das Gefühl, dass Little Black mich nicht sehen lassen wollte, um welche Marke es sich handelte, doch genügte mir der ausgeatmete Rauch des ersten Zuges, um festzustellen, dass es billiger Verschnitt sein musste. Little Black räusperte sich und sagte dann: »Folgendes: Mein Großvater hat seine Untersuchungsergebnisse bekommen. In seinem Magen, in der Nähe des Magenpförtnermuskels, gibt es einen schwarzen Fleck, der ungefähr so groß ist. Die Ärzte vermuten, dass es ein Tumor ist, können es aber erst mit Sicherheit sagen, wenn sie die Stelle genauer untersucht haben. Doch Großvater stellt sich quer. Wir können reden, wie wir wollen, er will nicht noch mal ins Krankenhaus. Du kennst ihn ja.«

Nervös schob ich eine Frage dazwischen: »Sein Arm ist also in Ordnung?«

Little Black schloss die Augen, zog zweimal tief an seiner Zigarette, gab mir aber keine Antwort. Stattdessen öffnete er die Dokumentenmappe, breitete sie vor mir aus und meinte: »Hier ist der Befund, sieh selbst. Du kannst damit sicher mehr anfangen als ich.«

Ich blätterte die Seiten durch, dann hob ich den Kopf: »Wieso ist das Röntgenergebnis seines Arms nicht mit dabei?«

Little Black starrte mich an und sagte: »Was faselst du nur ständig von irgendeinem Arm? Versuch ja nicht, mich einzuwickeln! Wir reden hier über einen Tumor.«

»Ihr solltet euren Großvater schnellstmöglich zu einer zweiten Untersuchung bringen. Man kann nur hoffen, dass der Tumor nicht bösartig ist«, sagte ich.

Little Black ließ den Kopf hängen und sah auf einmal sehr traurig aus. Nach einer Weile schüttelte er den Kopf und seufzte: »Wir können uns auch ohne Untersuchung denken, was los ist. In den letzten Tagen ist Großvater so abgemagert, dass kaum mehr was von ihm übrig ist. Sein Gesicht sieht aus wie ausgepresst. Außerdem kriegt er keinen Bissen mehr runter, und wenn er was isst, kotzt er's sofort wieder aus.«

»Worauf wartet ihr dann noch? Ab mit ihm ins Krankenhaus!«

Little Black nickte: »Das ist schon klar, aber woher soll das Geld kommen, ohne kostenlose Gesundheitsversorgung und ohne Krankenversicherung? Großvater besitzt keinen Fen, wie sollen wir also die Behandlung bezahlen?«

An diesem Punkt schaute Little Black mich lange und unverwandt an. Natürlich begriff ich, worauf er hinauswollte. Ich dachte kurz nach, dann lehnte ich mich zurück und machte eine ausholende Geste durch das Zimmer: »Schau dich um: Alles, was mir gehört, steht …«

»Komm mir bloß nicht auf die Tour«, fiel mir Little Black ins Wort. »Jetzt, wo wir in der Scheiße stecken, wirst du dich nicht aus der Verantwortung stehlen. Hättest du ihn nicht gerammt, wäre er nicht ins Krankenhaus gegangen. Und ohne das Krankenhaus hätten wir jetzt kein Problem. Wir machen Folgendes: Du gibst mir 3000 Yuan, und damit bist du aus der Sache raus, ob Großvater nun überlebt oder stirbt.«

Als ich die enorme Summe hörte, rastete ich aus. Wie ein

Irrer schlug ich meinen Kopf gegen die Wand: »Nennst du das etwa vernünftig miteinander reden?«

Doch Little Black erwiderte nur kalt: »Hatte ich angekündigt, dass wir heute vernünftig miteinander reden wollen? Ich glaube kaum. Also halt die Klappe.«

Bevor Little Black aus der Tür trat, wiederholte er seine Forderung noch einmal: »Hör genau zu. Du kriegst eine Frist von sieben Tagen, dann bringst du mir die Kohle ins Restaurant, 3000 Yuan und keinen Fen weniger. Andernfalls mache ich Schmorfleisch aus dir!«

Kaum war er gegangen, kam Hao Qiang auf Zehenspitzen ins Zimmer geschlichen. Er warf mir einen prüfenden Blick zu, dann schlug er meine Decke auf und tastete meine Beine ab. Zum Schluss legte er seine Hand in meinen Schritt. »Seltsam«, murmelte er wie im Selbstgespräch, »da ist ja noch alles dran.«

Er wollte mich zum Lachen bringen, doch ich gab ihm nur einen Stoß. »Hau ab, verdammt noch mal!«

Hao Qiang war gekränkt und fing an zu brüllen: »Was machst du mich an? Wenn du Mut hast, dann lass deine Wut doch an ihm aus!«

In all den Jahren, die wir uns nun schon ein Zimmer teilten, waren wir nie aneinandergeraten, an diesem Tag aber hatte ich das Gefühl, dass ein totales Zerwürfnis unmittelbar bevorstand.

»Woher wusste Little Black, dass ich hier wohne?«, fragte ich im Verhörton.

Hao Qiang gab keine Antwort. Er warf mir nur einen enttäuschten Blick zu, schüttelte den Kopf und gab ein schnaubendes Geräusch von sich. Nach einer Weile ging er zu seinem Bett, bückte sich und holte die rostige Schere aus der Pappschachtel. Er schleuderte sie auf den Zementboden, mir direkt vor die Füße.

»Schau sie dir genau an«, sagte er.

Das tat ich, aber auch nach intensiver Betrachtung sah sie immer noch wie eine gewöhnliche alte Schere aus. Doch nachdem Hao Qiang mir erzählt hatte, welche Geschichte mit ihr verbunden war, musste ich sie zwangsläufig mit anderen Augen betrachten. Hao Qiang, der Frauenheld, hatte im vergangenen Jahr eine heiße Affäre mit einer verheirateten Frau namens Chen Xiaoyun gehabt. Sie waren zusammen zum Tanzen gegangen und hatten sogar einen gemeinsamen Ausflug ins Huangshan-Gebirge unternommen. Ich war ihr einmal begegnet und Hao Qiang hatte mich anschließend nach meinem Eindruck gefragt. »Super, nur ihr Hintern ist ein wenig platt«, hatte ich geantwortet. Dank dieser Affäre durfte ich das Gefühl, aus den eigenen vier Wänden hinausgeworfen worden zu sein, überreichlich auskosten. Da sich Chen Xiaoyuns Ehemann nicht um seine Frau kümmern konnte, beauftragte er Little Black, sich um Hao Qiang zu kümmern. Little Black verpasste Hao Qiang die Abreibung seines Lebens und schickte ihm dann die besagte Schere, verbunden mit der Mitteilung: Sollte er Chen Xiaoyun noch ein einziges Mal anfassen, sei es das Beste, wenn er sich sein Ding gleich mit eigener Hand abschneide, andernfalls würde Little Black diese Aufgabe erledigen, und dann seien seine beiden Eier ebenfalls dran. Ich kann bezeugen, dass Hao Qiang damals wirklich einen klaren Schnitt zwischen sich und Chen Xiaoyun machte, ganz so, als hätte er dazu die Schere benutzt. Auch wenn ich mich damals ziemlich gewundert hatte, wo die kleine Wolke mit dem flachen Hintern auf einmal hingetrieben war.

Ärgerlich kickte Hao Qiang die Schere in die Zimmerecke und sagte: »Aber viel erbärmlicher ist, dass ich immer noch keinen Mut habe, das blöde Ding wegzuwerfen. Little Black hat mir eingeschärft, sie gut aufzuheben und sie stets im Auge zu behalten. Wenn ich sie ihm nicht jedes Mal zeigen kann, wenn wir zusammentreffen, will er Schmorfleisch aus mir machen!«

Ich sah Hao Qiang lachend ins Gesicht und dachte, dass es zwischen uns zwei künftigen Schmorbraten keine Missverständnisse mehr geben sollte, doch zu meiner Überraschung wurde mein Mitbewohner auf einmal todernst: »Was gibt es da zu lachen? In Dachang haben alle Angst, eine solche Drohung von Little Black zu hören. Das sagt der nicht zum Spaß, weißt du? Warum schmeckt wohl sein Schmorfleisch so lecker? Dafür gibt es doch einen Grund!«

Mir wurde übel, da ich zum Abendessen gerade eine halbe gebratene Gans gegessen hatte. Hao Qiang fragte mich über alle Details aus und meinte dann, dass der Tumor des Alten wahrscheinlich eine Erfindung sei und nur den Zweck verfolge, weiterhin Geld aus mir herauszupressen. Trotzdem riet er mir, das Geld zu zahlen, um die Sache aus der Welt zu schaffen.

»Es sind doch schließlich nur 3000 Yuan«, sagte er.

Ich sprang von meinem Bett auf und versuchte ihm klarzumachen, dass ich in meinem ganzen Leben noch nie so viel Geld in der Hand gehabt hatte, obwohl ich schon seit einigen Jahren arbeitete. Hao Qiang runzelte die Stirn.

»Schon wieder dieses Argument. Was bedeutet schon Geld, Alter? Bevor Little Black damals auf mich losgegangen ist, hat er gemeint, dass ich zwar um eine Abreibung nicht herumkommen würde, denn dafür habe man ihn schließlich bezahlt; dass ich aber immerhin die Wahl hätte, entweder die nächste halbe Stunde zu überleben oder draufzugehen. Natürlich will ich am Leben bleiben, habe ich zu ihm gesagt, worauf er 2000 Yuan von mir sehen wollte. Damals hatte ich aber nur ein paar hundert bei mir. Also hab ich nicht lange überlegt, sondern meine Uhr und meine Halskette abgenommen und sie ihm gegeben. Das Ergebnis hast du gesehen: ein paar Fleischwunden, die mit ein bisschen Merbromin darauf schnell verheilt sind.«

»Deine Familie ist reich«, sagte ich zu Hao Qiang. »Für

euch spielt es keine Rolle, ob mal eben 2000 Yuan den Bach runtergehen. Aber bei mir ist das was anderes.«

»Falsche Sichtweise«, widersprach er. »Um viel oder wenig Geld geht es gar nicht. Du bist ein alter Holzkopf. Kannst du die Sache nicht mal aus einer anderen Perspektive betrachten? Nimm zum Beispiel mich: 2000 Yuan zu verlieren war natürlich bitter. Aber dafür hab ich es mit Chen Xiaoyun mindestens 200 Mal getrieben. Jedes Mal hat mich also durchschnittlich zehn Yuan gekostet. So ein günstiges Vergnügen musst du erst mal finden. Du solltest das Ganze gelassener sehen.«

»Was soll ich gelassener sehen? Ich habe es nie mit dem Alten getrieben.«

Hao Qiang stampfte ärgerlich mit dem Fuß auf: »Scheiße, du hast wirklich keinen Funken Fantasie! Dann stell dir eben vor, du würdest die 3000 Yuan in ein Projekt für Arme und Notleidende investieren, vielleicht kommst du ja damit zurecht.«

So ausdauernd Hao Qiang auch versuchte, mich zu überzeugen, die Summe von 3000 Yuan war für mich einfach unvorstellbar. Der tragische Verlust der 800 Yuan hatte mir bereits schmerzhaft das Herz zusammengepresst. Kämen nun noch mal 3000 Yuan hinzu, würde es bestimmt in Stücke brechen. Die nächsten Nächte wälzte ich mich schlaflos von einer Seite auf die andere und bekam mehrere Schweißausbrüche, bis mir alles klar vor Augen trat. Für ein Ei war es nicht ratsam, gegen einen Stein zu schlagen, und ein Schädel hatte nichts davon, sich wie eine Wassermelone spalten zu lassen. Geld war immerhin kein Körperteil, also sollte es ruhig draufgehen. Ich beschloss, mir das Geld am anderen Tag zu leihen und zu Little Black ins Restaurant zu bringen. Und eine halbe gebratene Gans würde ich mir bei dieser Gelegenheit auch gleich genehmigen. Jeden Morgen jedoch begann mit der aufsteigenden Sonne ein wildes Feuer in mir aufzuflackern: Verdammt noch mal, er war doch bloß ein Schmorfleischverkäufer. Vor Geistern hatte man Angst, vor Wölfen oder vor Tigern, aber doch nicht vor einem Schmorfleischverkäufer! Außerdem war ein zerbrochenes Stück Jade immer noch besser als ein intakter Ziegelstein. Mit anderen Worten, ein Ende mit Schrecken war weitaus besser, als sich weiter demütigen zu lassen. Die kommenden, sich endlos hinziehenden Vor- und Nachmittage verbrachte ich regelmäßig in einer Art Schockzustand, in dem ich lediglich dazu fähig war, mechanisch einige einfache Bewegungen zu wiederholen. Glücklicherweise bestand meine Arbeit genau genommen aus nichts anderem, sodass die tägliche Routine dadurch nicht beeinflusst wurde.

Am Abend des sechsten Tages eröffnete mir Hao Qiang, dass er in Kürze nach Hause zu seiner Familie fahren werde, um die ersten hundert Lebenstage seines Neffen zu feiern. Er werde dort auch die nächsten beiden Nächte verbringen. Dann nahm er 1000 Yuan aus seiner Jacke und warf sie auf den Tisch.

»Das hier leih ich dir«, sagte er. »Es ist mir egal, ob du es zurückgibst. Das übrige Geld musst du allerdings selbst irgendwie auftreiben.«

Ich war tief gerührt, auch weil ich immer geglaubt hatte, dass uns gewissermaßen nur eine 500-Yuan-Freundschaft verband. Und nun war ich ihm sogar das Doppelte wert. Dennoch stopfte ich das Geld zurück in seine Tasche.

»Ich habe mich bereits entschieden, nicht zu zahlen«, sagte ich.

»Bist du wahnsinnig?«, fragte er. »Wie kannst du nur so eine geringe Meinung von dir selbst haben, verdammt noch mal? Bist du etwa keine 3000 Yuan wert?«

»Das ist eine andere Frage«, erwiderte ich. »Ich kann nicht immer klein beigeben. Sich daran zu gewöhnen, ist nämlich schlecht; schlecht für die Potenz und schlecht für das eigene Selbstwertgefühl, genau damit hat es zu tun.«

Hao Qiang wollte das Geld trotzdem dalassen, er bestand darauf. »So ein Schwachsinn! Wenn er dir erst das Gesicht zermanscht hat, was bleibt dann noch übrig von deinem Selbstwertgefühl?«

Es folgte eine endlose Debatte, die ich absichtlich mit Hao Qiang führte, um meine eigene Entschlossenheit zu stärken. Am siebten Tag aß ich nach Arbeitsschluss in der Kantine zu Abend und stellte mich dann im Gemeinschaftsbad der Firma unter die Dusche, bevor ich zurück ins Wohnheim radelte. Ärger, ging es mir durch den Kopf, war wie Taubenscheiße: Wenn es einem bestimmt war, sie auf den Kopf zu bekommen, dann bekam man sie auch auf den Kopf. Ausweichen konnte man weder dem einen noch dem anderen, also war es am besten, sich beidem so früh wie möglich zu stellen. Ich versteckte Hao Qiangs 1000 Yuan in einem Schuh, den ich unter seinem Bett entdeckte. Dann öffnete ich das Fenster und stellte beide Schuhe zum Lüften hinaus aufs Fensterbrett. Um zu verhindern, dass der Wind die Schuhe nach unten blies, beschwerte ich sie außerdem mit einer Hantel. Die Berührung der eiskalten Hantel ließ mich erschaudern, da ich mich plötzlich fragte, ob Little Black mir wohl die andere Hantel gegen den Kopf schmettern würde. Ich konnte mir kaum etwas Übleres vorstellen. Daher stellte ich auch die zweite Hantel auf die Fensterbank, schloss das Fenster und zog die Vorhänge zu, was sonst nur geschah, wenn im Zimmer sexuelle Aktivitäten vor sich gingen. Ungefähr um 11 Uhr abends war von Little Black noch immer keine Spur zu sehen. Dennoch oder gerade deswegen krampfte sich mir bei jedem Geräusch, das aus der Richtung des Korridors kam, vor Angst das Herz zusammen. Meine lang zurückliegende erste Liebe fiel mir ein, jenes physisch wie psychisch erschöpfende Warten, das man nur während dieser Zeit erlebt. Doch Little Black, mein Geliebter, versetzte mich. Das Seltsame war, dass ich in dieser Nacht keine Einschlafprobleme hatte, sondern ratzte wie ein

Toter, was wohl an meiner großen Müdigkeit lag. Früh am nächsten Morgen kam Hao Qiang herbeigeeilt, um meine Leiche wegzuschaffen, doch am Ende weckte er mich nur zur Arbeit. Als ich die Augen aufschlug, fiel mein erster Blick auf sein wild durcheinandergewirbeltes Haar und seine rot gerändterten Augen, sodass ich noch halb im Dämmerzustand glaubte, dass nicht ich in argen Schwierigkeiten steckte, sondern er. Es folgte eine Woche des Wartens, aber Little Black ließ sich nicht blicken. Offensichtlich hatte mein gedankenloser Geliebter unsere Verabredung bereits vergessen.

»Freu dich nicht zu früh, du solltest besser noch eine Woche warten«, meinte Hao Qiang.

Eine weitere Woche verging, ohne dass Little Black auftauchte. Allmählich gewöhnte ich mich an das Warten und das Ganze wurde etwas entspannter.

»Was geht hier verdammt noch mal vor?«, wunderte sich Hao Qiang. »Little Black scheint ja Sinn für Humor entwickelt zu haben.«

»Das hat nichts mit Humor zu tun«, widersprach ich. »Es zeigt nur, dass das Böse nicht immer über das Gute triumphiert! Wenn du dich nicht auf sein Spiel einlässt, kann er gar nichts machen.»

Einige Tage später, an einem Mittwoch, quälte ich mich wie immer nach der Arbeit mühsam den Daxie-Hügel hoch. Meine Arbeitseinheit hatte an diesem Tag gerade Toilettenpapier verteilt, vierzig Rollen für jeden, als sei Toilettenpapier ein Grundnahrungsmittel, von dem wir dreimal täglich essen sollten. Zwanzig Rollen davon stopfte ich in meine Werkzeugtasche, die übrigen verpackte ich zu zwei Bündeln à zehn Rollen, von denen ich eins auf den Gepäckträger schnallte und das andere am Lenker festband. Mit dieser Fracht trat ich den Rückweg in mein Wohnheim an. Während der Fahrt ließ ich meinen Blick weit in die Landschaft schweifen: Betrachtete man den Daxie-Hügel als einen Strom aus Zweirädern, die flussaufwärts unterwegs waren, dann entsprachen die Toilettenpapierrollen den Wellen dieses Stromes. Nach einer Weile tauchten in Ufernähe ein paar merkwürdig geformte Felsriffe auf. Nüchtern betrachtet, handelte es sich um den zaundünnen Kleiderständer, den noch dürreren Besenstiel und Little Black, die in einer Reihe vor dem Eingang zum Nudelrestaurant standen und außergewöhnlich feierlich gekleidet waren. Am linken Arm trug jeder von ihnen ein schwarzes Trauerband. Der Besenstiel stand in der Mitte und hatte sogar ein weißes Gazetuch um den Kopf geschlungen. Er war der Größte von allen und ähnelte einer Stange mit einem aufgepflanzten Seelenbanner.

Alle drei hatten ihre Gesichter der Straße zugewandt, aber sie nahmen nichts von der Außenwelt wahr, ihr Blick war nach innen gerichtet. Keiner der Fußgänger, die an ihnen vorbeikamen, blieb von ihrer andächtigen Haltung unbeeindruckt. Ich dagegen hatte das Gefühl, im nächsten Moment ersticken zu müssen, und stieg hastig vom Rad. Dabei blieb mein rechtes Bein an den Toilettenpapierrollen auf dem Gepäckträger hängen, und ich wäre fast mitsamt dem Rad umgestürzt. Ohne mir richtig bewusst zu sein, was ich tat, schob ich es zu der Stelle, an der die drei standen, und stoppte. Keiner von ihnen sprach mich an, als hätten sie mein Auftauchen gar nicht bemerkt. Nach einer halben Ewigkeit zog Little Black, der stark verquollene Augen hatte, die Nase hoch und blickte zu Boden, sagte aber immer noch nichts. Gleichzeitig spürte ich, dass mich der Besenstiel anschaute. Der anfangs abwesende Ausdruck seiner Augen begann sich mehr und mehr zu fokussieren, wie zwei Nägel, die durch andauerndes Schleifen immer spitzer werden. Schließlich verließ mich der Mut und ich wandte den Blick ab.

»Du bist so gut wie tot«, verkündete mir der Besenstiel in einem Ton, der keine Zweifel an der Ernsthaftigkeit des Gesagten erlaubte. »Sobald die Trauerzeit vorbei ist, bist du fällig. Sieben mal sieben macht 49 Tage. Vier davon sind bereits rum, also bleiben dir noch 45. Genieße sie, die letzten anderthalb Monate deines Lebens.«

Daraufhin setzten sich alle drei hügelabwärts in Bewegung. Nach ein paar Schritten drehte sich der Kleiderständer jedoch noch einmal um und riss die zehn Toilettenpapierrollen vom Gepäckträger meines Rads.

»So viel brauchst du nicht mehr«, sagte er.

Fünf Tage hintereinander fand ich keinen Schlaf, starrte nur zur Decke und vergegenwärtigte mir den Alptraum, in dem ich mich plötzlich wiederfand.

»Ich hab's dir doch gleich gesagt«, schimpfte Hao Qiang vorwurfsvoll. »Aber du wolltest ja nicht hören. Jetzt bin ich mal gespannt, wie du da wieder rauskommen willst! Deinen verdammten Holzkopf muss man wirklich erst spalten, damit ein bisschen frische Luft reinkommt!«

Meinen Mitbewohner, der sonst nie Probleme mit dem Einschlafen hatte, steckte ich mit meiner Schlaflosigkeit an. Zusammen mit einem lebenden Toten im selben Zimmer zu wohnen ging ihm schrecklich an die Nieren. In gewisser Hinsicht dämpfte seine Angst sogar die meine, und dass ich mich mit aller Gewalt zusammenriss, war wiederum für ihn ein tröstlicher Zuspruch: Keine Panik, vielleicht besteht ja doch noch Hoffnung. In den Stunden, in denen sich die Konfusion in unseren Köpfen etwas legte, diskutierten wir Gegenstrategien.

Plan 1: Wir machen die Sache öffentlich, gehen zu unserer Arbeitseinheit oder einem Polizeirevier und bitten um Hilfe. Doch Hao Qiang war sofort dagegen. So etwas bringe in Dachang nichts, sagte er. Diese Leute würden einem vielleicht einmal helfen, aber nicht ein ganzes Leben lang. Außerdem konnte dadurch alles nur noch schlimmer werden, da Menschen wie Little Black nichts so sehr hassten wie die Polizei.

Plan 2: Wir nehmen Kontakt mit der Unterwelt auf. Little Black war in Dachang zwar eine große Nummer, aber lange nicht die größte. Wir mussten uns als Vermittler nur jemanden suchen, der mächtiger als Little Black war, zum Beispiel die Kleine Prinzessin von Yangzhuang oder das Nesthäkchen von der Phosphatdüngerfabrik. Zur Anbahnung der Sache brauchte man natürlich Geld. Außerdem war so ein Versuch ein zweischneidiges Schwert, denn wer sich einmal mit der Unterwelt einließ, wurde sie nicht so schnell wieder los.

Plan 3: Ich unterwerfe mich Little Black und bringe ihm schnellstens das Geld. Am besten auf Knien rutschend und begleitet von Kotaus.

Plan 4: Ich tauche für eine Weile unter oder verlasse Dachang für immer. Hier griff Hao Qiang nach meiner Hand.

»Du darfst nicht gehen, sonst bin ich erledigt«, flehte er.

Als ich versprach zu bleiben, holte er die 1000 Yuan aus der Tasche, die ich ihm bereits zurückgegeben hatte, und drängte sie mir erneut auf. An diesem Punkt brach ich endgültig zusammen und folgte Hao Qiangs drittem Vorschlag.

Ich vergaß alle Scham und pumpte einige Kollegen an, die eher unkompliziert waren. Erst nachdem sechs Schuldscheine unterschrieben waren, hatte ich weitere 2000 Yuan beisammen. Wie es bei uns in der Gegend Brauch ist, schlug ich die 3000 Yuan in rotes Papier ein und kaufte einen Bettüberzug von bester Qualität, den ich Little Black als Trauervorhang schenken wollte. Schließlich machte ich mich in Hao Qiangs Begleitung auf den Weg. Auf halber Strecke jedoch begann ich meinen Entschluss zu bereuen. Wenn ich das viele Geld wirklich ablieferte, war mein Leben genau genommen nicht einmal mehr diese verfluchten 3000 Yuan wert! Es war also besser, auf dem Absatz kehrtzumachen. Hao Qiang redete mit Engelszungen auf mich ein, aber ich war nicht umzustimmen. Schließlich riss er mir das Geld und die Bettdecke aus der Hand und ging alleine weiter. Abends um kurz nach neun kam er völlig niedergeschlagen zurück ins Wohnheim, warf den roten Umschlag auf den Tisch, setzte sich steif auf sein Bett und fing, die Hände vors Gesicht geschlagen, an zu weinen.

»Was flennst du hier herum, wenn noch nicht mal ich heule?«, fuhr ich ihn an.

»Little Black hat zwar die Decke angenommen, aber das Geld hat er auf den Boden geschmissen«, schluchzte Hao Qiang. »Das zwischen euch sei jetzt keine Frage des Geldes mehr, hat er gesagt. Denn er hätte vor der Seelentafel seines Großvaters einen feierlichen Schwur getan ...«

Als wir uns schließlich für Plan 5 entschieden, lag das festgesetzte Datum meines Todes noch einen ganzen Monat entfernt, dreißig Tage also oder 720 Stunden. Plan 5 bestand schlicht darin, auf den Tod zu warten. Trotz dieser Entscheidung hatte ich es mit der Rückzahlung der 3000 Yuan überhaupt nicht eilig, da noch immer eine schwache Hoffnung in mir glimmte, mit dem Geld meine Schwierigkeiten aus dem Weg räumen zu können. Hao Qiang bestand darauf, dass ich mit der Summe nach Yangzhuang fahren und der Kleinen Prinzessin einen Besuch abstatten sollte. Bei der Kleinen Prinzessin handelte es sich tatsächlich um einen eher klein gewachsenen Mann mit fein geschnittenen Gesichtszügen, der etwas Feminines an sich hatte, an den aber niemand heranreichte, wenn es um die Kunst des Mordens ging. Angeblich war er durch den Handel mit Heroin reich geworden. Jetzt jedenfalls warf er mit Geld nur so um sich. Das auffälligste Gebäude in Yangzhuang, das Restaurant ›Haitian‹, gehörte ihm. Vermutlich würde er einen Fremden von weither, der mit lächerlichen 3000 Yuan ankam, nicht einmal empfangen. Außerdem wollte ich gar nicht hinfahren. Wir fingen an zu streiten, bis wir uns zuletzt überwarfen.

»Okay, es reicht! Ich habe mich lange genug um deine Angelegenheiten gekümmert«, sagte Hao Qiang. »Menschen, die bis zum Hals in der Scheiße stecken und sich nicht selbst helfen können, sind eben sichere Todeskandidaten!«

Ohne ein weiteres Wort gab ich Hao Qiang seine 1000 Yuan zurück.

Ein paar Tage später zog er in die Wohnung seiner Eltern um. Ich dagegen ging weiterhin täglich zur Arbeit, sodass nach außen hin alles ganz normal aussah. Nach Feierabend gewöhnte ich mir an, ins Badehaus zu gehen, wo ich mich mehrere Stunden lang in die Wanne legte, um meine immer angespannteren Nerven zu beruhigen. Doch außer der Tatsache, dass mein Hodensack nun schlaffer herabhing als sonst, kam nichts dabei heraus. Zur Arbeit gehen und Feierabend machen: Selbst wenn ich hundert Jahre alt werden würde, würde es immer so weitergehen. Und wenn man beides nicht mehr konnte, ging man in den Ruhestand. Ein solches Leben eher früher als später zu beenden, war auch nicht das Schlechteste.

Eines Nachmittags befand ich mich allein mit meiner Kollegin Xiao Qi im Personalraum, als sie mich plötzlich fragte, was ich auf dem Herzen hätte. Ich schaute sie an.

»Nichts«, sagte ich.

»Was heißt da nichts?«, erwiderte sie. »Ich beobachte dich nun schon seit einigen Tagen. Schau dir nur mal dein Gesicht an, es ist so grau, als hätte man dich gerade aus der Erde gezogen. Dich bedrückt doch was!«

Ich bestand weiter darauf, dass es mir gut gehe. Wenn Xiao Qi neugierig wurde, gab sie für gewöhnlich erst Ruhe, wenn sie den Dingen auf den Grund gegangen war. Oder um es in leichter Abwandlung mit Hao Qiang zu sagen: Menschen wie sie waren eben sichere Scheidungskandidaten. Schließlich bedrängte sie mich so sehr, dass ich ihr sagte: »Was kann ich schon auf dem Herzen haben? Wahrscheinlich bin ich verliebt.«

Doch mit dieser Aussage hatte ich mich in die Nesseln gesetzt. Nun kam Xiao Qi erst recht in Fahrt.

»Wer ist es?«

Aufgekratzt rüttelte sie an meiner Schulter und hätte mir am liebsten mit der Hand in den Mund gefasst, um mir die Antwort förmlich aus der Luftröhre zu ziehen. Ich unterdrückte meinen inneren Widerwillen und sagte ernsthaft: »Na, wer schon? Du bist es.«

Xiao Qi erstarrte und blickte mir erschrocken ins Gesicht. Sie nahm ihre Hand von meiner Schulter und sagte leicht verärgert: »Ich finde es geschmacklos, solche Witze zu machen!« Dann drehte sie sich weg.

»Ich mache keine Witze. Es ist die Wahrheit«, beteuerte ich.

Dieses Mal war auch ich von meinen Worten überrascht. Xiao Qi starrte mich erneut eine halbe Ewigkeit an, dann schüttelte sie den Kopf: »Unmöglich, völlig ausgeschlossen. Ich bin viel älter als du und geschieden, und ein Kind habe ich auch. Du hast einen Abschluss, bist ...«

»Das ist alles unwichtig«, unterbrach ich sie, als ritte mich der Teufel.

Xiao Qi setzte sich mir gegenüber stocksteif auf einen Stuhl und vertiefte sich in das Ausreißen eines abstehenden Niednagels. Im Personalraum herrschte absolute Stille. Nach einer Weile hob sie den Kopf und sah mir direkt in die Augen. Ihre Augenränder waren gerötet, als sie den Mund öffnete und sagte: »Wenn du dich hier über mich lustig machst, wirst du einen schrecklichen Tod sterben.«

Schlagartig schaltete sich mein Verstand wieder ein, doch es war zu spät. Ich hatte mich bereits in eine Sackgasse manövriert und konnte nur noch nicken.

Mein Verhältnis zu Xiao Qi entwickelte sich in einem derart rasanten Tempo, dass es nicht mehr zu bremsen gewesen wäre, wenn wir es denn überhaupt hätten bremsen wollen. Unsere Beziehung wurde für eine Zeit lang in der ganzen Fabrik zu dem Gesprächsthema überhaupt. Xiao Qi wirkte wie ausgewechselt, barst vor Energie und strahlte irgendwie von innen. Auch ihr Bittermelonengesicht sah nun gar nicht mehr so bitter aus. Durch sie bekam ich plötzlich ein hervorragendes Verhältnis zu den anderen Kollegen, vor allem zu denen, die um die vierzig waren. Als ich eines Sonntags mit ihr und ihrem kleinen Sohn an der Hand zum Nanjinger Konfuziustempel auf der anderen Flussseite spazieren ging, war ich wirklich ratlos, wie ich das alles noch beenden sollte. In höchster Not fiel mir ein, dass ich in diesem Jahr meinen Heimaturlaub noch nicht genommen hatte. Ich fuhr in die Fabrik, um die nötigen Formalitäten zu erledigen. Xiao Qi merkte, dass etwas im Busch war, hielt mich aber nicht davon ab.

»Wann willst du los?«, fragte sie.

»Morgen, gleich in der Frühe«, antwortete ich.

»Soll ich dich begleiten?«

»Nein, nicht nötig. Außerdem wäre es nur eine Last für dich, wo du dich doch um dein Kind kümmern musst.«

Xiao Qi zögerte einen Moment, dann sagte sie: »Soll ich etwas für deine Eltern kaufen, das du für sie mitnehmen kannst?«

»Danke, nicht nötig. Mach dir keine Umstände.«

Xiao Qi verstummte. Offenbar hatte sie begriffen, dass ich gar nicht zu meinen Eltern wollte. Augenblicklich verdüsterte sich ihr Wesen.

Als Nächstes zahlte ich die geliehenen 2000 Yuan zurück, zerriss die Schuldscheine in kleine Fetzen und verließ die Fabrik. Statt zum Busbahnhof ging ich zum Großhandelsmarkt, wo ich mir eine ganze Kiste mit Fertignudeln kaufte, bevor ich mich in mein Wohnheimzimmer zurückzog. Da wir nur einmal im Jahr Heimaturlaub beantragen konnten, schätzte ich diese Tage, in denen ich nicht über den Hügel zur Arbeit fahren musste, ganz besonders und versuchte sie immer sinnvoll zu nutzen. Insgesamt waren es 21 Tage, wobei ich es ein wenig bedauerte, dass ich nur noch 13 Tage zu leben hatte. Ich kaute meine Fertignudeln so langsam wie möglich, verhielt mich mucksmäuschenstill und knipste abends kein Licht an. Morgens wartete ich, bis alle meine Kollegen zur Arbeit gegangen waren, und stahl mich erst dann hinaus ins Badezimmer oder hinunter ins Erdgeschoss, um eine Kanne mit abgekochtem Wasser zu holen. Die meiste Zeit über lag ich auf meinem Bett. Obwohl ich gar nicht so viel trank, musste ich ziemlich oft Wasser lassen, wobei mir meine Fußwanne als Auffangbecken diente. Ging ich anfangs noch täglich raus, um sie auszuleeren, ließ ich es irgendwann einfach bleiben. In meinem Zimmer stank es sicher fürchterlich, aber da ich mich ständig darin aufhielt, nahm ich es überhaupt nicht wahr. Eines Nachts gegen drei oder vier Uhr erwachte ich, schaltete die mit einer Zeitung abgedeckte Nachttischlampe an und setzte mich auf. Als ich mich umwandte und die randvoll mit Urin gefüllte Wanne sah, deren Oberfläche glatt wie ein Spiegel war und im orangefarbenen Licht der Lampe glänzte wie ein Fluss bei Sonnenuntergang, hatte ich das Gefühl, die Zeit sei stehen geblieben. Plötzlich fragte ich mich, ob ich nicht für ein paar Tage in meine alte Heimat zu meinen Eltern fahren sollte. Diese Idee schoss mir nur für einen kurzen Moment durch den Kopf, doch lange genug, um meine Augen mit heißen Tränen zu füllen.

Als die letzten drei Tage anbrachen, konnte ich den Geruch der Fertignudeln schon nicht mehr von dem des Urins unterscheiden. Dass eine Mischung aus beidem die Luft bildete, die ich täglich einatmete, war alles, was ich wusste. Um die Mittagszeit verließ ich mein Zimmer und setzte mich in ein kleines Restaurant in der Nähe des Eingangs zu unserem Wohnheimgelände, wo ich mir erst mal den Magen vollschlug. Dann stieg ich auf mein Rad und fuhr kreuz und quer durch die Gegend. Weil ich schon lange keine Sonne mehr abbekommen hatte, kitzelten mich ihre Strahlen am ganzen Körper. Als ich an der Baustelle eines neuen Gebäudes vorbeikam, stieg ich ab und suchte mir ein Stahlrohr, das etwa einen halben Meter lang war. Ich klemmte es an meinem Gepäckträger fest, fuhr ohne Umwege zum Bauernmarkt von Siwanwu und fragte mich so lange durch, bis ich ›Little Blacks Schmortopf‹ gefunden hatte. Das Restaurant war leer bis auf eine fette alte Frau mit einer umgehängten Schürze, die irgendetwas auf einem Schneidebrett klein hackte. Am Eingang standen drei, vier Kunden herum. Ich ließ mein Fahrrad zu Boden fallen, packte das Stahlrohr mit beiden Händen, stürmte hinein und begann mit geschlossenen Augen wild um mich zu schlagen. Laute Angstschreie mischten sich mit einer Reihe krachender und splitternder Geräusche. Als ich die Augen wieder öffnete, war die gesamte Inneneinrichtung beinahe restlos zerstört, der Boden übersät mit zerbrochenem Glas und Räucherfleisch und die fette alte Frau verschwunden. Zwischen Daumen und Zeigefinger meiner rechten Hand klaffte eine tiefe Wunde, aus der das Blut nur so strömte und das Stahlrohr hinunterfloss. Ich seufzte tief auf, kickte mit dem Fuß die an der Tür liegenden Scherben beiseite und setzte mich auf die Türschwelle. Draußen versammelten sich immer mehr Schaulustige. Während die hinten Stehenden nach vorne drängten, schoben sich die vorne Stehenden mit aller Kraft nach hinten, da sie mir nicht zu nahe kommen wollten. Um jedem Blickkontakt auszuweichen, senkte ich den Kopf und schaute auf meine zitternden Hände. Das Stahlrohr lag nur einen Griff weit entfernt. Ich war vorbereitet und würde jeden Angreifer ins Reich der Träume schicken. Gleichzeitig wartete ich darauf, selbst niedergeschlagen zu werden.

Aus dem Chinesischen von Frank Meinshausen

Anmerkungen

Fan Wu, »Im Jahr des Affen«

S. 7 – *I Ging* (auch I-Ching), das ›Buch der Wandlungen‹, ist das älteste Orakel- und Wahrsagebuch Chinas und gehört zu den sogenannten ›Fünf klassischen Schriften‹ des Konfuzianismus, es kann
aber auch als allgemeine Sammlung von Lebensweisheiten angesehen werden.

S. 12 – ›*Der Traum der Roten Kammer*‹ gilt als Chinas bedeutendster klassischer Roman. Er entstand im 18. Jahrhundert und wurde
maßgeblich von Cao Xuegin (ca. 1715-1763) verfasst.

Qi Ge, »Die Welt der Hundert-Meter-Menschen«

S. 31 – *Kang Youwei* (1858–1927) regte 1898 Chinas wichtigste Reformbewegung des ausgehenden 19. Jahrhunderts an, die sogenannte
Hundert-Tage-Reform. Sein sozialutopisches ›Buch von der Großen
Gemeinschaft‹ entstand zwischen 1900 und 1902. Das Zitat stammt
aus dem Kapitel über die »Vereinigung der Menschheit durch Abschaffung der Rassenschranken«.

S. 32 – *Villa Moller*: eine zwischen 1927 und 1936 erbaute Villa im nordeuropäischen Stil, heute Shaanxi Nanlu Nr. 30. Der Geschäftsmann
Eric Moller ließ sie für seine kleine Tochter nach Beschreibungen
eines Schlosses aus einem Märchen von Hans Christian Andersen
errichten.

S. 32 – *Hardoon-Garten*: ehemaliges Anwesen des jüdischen Immobilien- und Opiumhändlers Silas Aaron Hardoon (1849–1931). Das
inzwischen abgerissene Gebäude lag in der Nähe des Jing'an-Tempels,
zwischen der Yan'an-Straße und der Nanjing-Straße.

S. 32 – Der auf der Ostseite des Huangpu- oder Pujiang-Flusses gelegene Stadtteil *Pudong* wurde 1990 zur Sonderwirtschaftszone erklärt. Seitdem entstanden dort zahlreiche Wolkenkratzer und Prachtbauten, darunter der Oriental Pearl Tower, das neue Wahrzeichen der Stadt.

S. 36 – Im Rahmen des Personenkultes um Mao Zedong wurde Mao vor allem während der Kulturrevolution als *Rote Sonne* verherrlicht.

Ma Jian, »Totentanz«

S. 80 – *Lei Feng* (1940–1962), ein Soldat der Volksbefreiungsarmee, wurde nach seinem frühen Tod von Mao Zedong wegen seiner angeblich beispielhaften Selbstlosigkeit und Bescheidenheit zum nationalen Modellbürger erklärt.

S. 87 – *Fünf schwarze Elemente*: Während der Kulturrevolution unter Mao Zedong erklärte man Grundbesitzer, reiche Bauern, Konterrevolutionäre, Kriminelle und Rechtsabweichler zu den »fünf schwarzen Elementen«, die verfolgt und zur Umerziehung aufs Land verbannt wurden.

S. 88 – *Rechtsabweichler*: Die im Frühjahr 1956 von Mao Zedong eingeleitete »Hundert-Blumen-Bewegung« führte zu einer kurzen Phase liberaler Meinungsvielfalt. Die Zensur wurde gelockert, um neue Anregungen zu erhalten. Als die Kritik auszuufern drohte, änderte Mao seinen Kurs, und es kam ab 1957 zu einer beispiellosen Verfolgung von mehr als 300 000 Intellektuellen, die als »Rechtsabweichler« gebrandmarkt wurden.

S. 89 – *Die »Vier Alten«*: Das Hauptprogramm der Kulturrevolution bestand darin, die »Vier Alten« der chinesischen Kultur auszurotten: Bräuche, Gewohnheiten, Kultur und Ideen. In einer 16-Punkte-Erklärung rief das Zentralkomitee der Kommunistischen Partei erstmals am 8. August 1966 dazu auf, diese zu bekämpfen.

Wu Chenjun, »Skizze nach der Natur«

S. 102 – *Funkrufempfänger*: Die in China weit verbreiteten Funkrufempfänger oder Pager sind kleine Geräte, die ihrem Besitzer eingehende Anrufe melden sowie die Nummer des Anrufers aufzeichnen. Zurückrufen muss man von einem regulären Telefon aus.

S. 106 – *Einheit*: Noch immer gehören die meisten Menschen in Chinas Städten einer sogenannten Einheit an, einem staatlichen Betrieb oder einer Firma, die sie beschäftigt und ihnen häufig auch die Wohnung stellt. Da der Erzähler sein Geld als freier Schriftsteller verdient, ist für ihn keine Einheit zuständig.

S. 109 – *Fünf Scheffel Reis*: Nach der Überlieferung begründete der berühmte Dichter der Tang-Zeit Tao Yuanming (365–427) sein freiwilliges Ausscheiden aus dem Beamtendienst damit, dass er nicht daran denke, für fünf Scheffel Reis länger den Rücken krumm zu machen.

Xiaolu Guo, »Briefe an eine Stadt der Illusionen und Hoffnungen«

S. 118 – *Hutong* ist zum einen die Bezeichnung für eine traditionelle Gasse in Beijing, zum anderen aber auch für ein aus solchen Gassen und den an ihnen liegenden Häusern bestehendes Wohnviertel. Heute gibt es noch einige Tausend solcher traditionellen Hutongs, die aber seit der Umgestaltung des Stadtbilds von Jahr zu Jahr weniger werden.

Sheng Keyi, »Ein Besuch in der Heimat«

S. 124 – *Lei Feng*: s. Anmerkung 1 zu Ma Jians Erzählung ›Totentanz‹

Li Dawei, »Im Verlies«

S. 154 – *Ost-Esplanade* wurde die unter der Regentschaft des Kaisers Yongle (1403–1424) eingesetzte Geheimpolizei genannt. Im Laufe des 15. Jahrhunderts geriet sie vollständig unter die Kontrolle der Eunuchen am Kaiserhof.

S. 155 – *Matteo Ricci*: Der Italiener Matteo Ricci (1552–1610) hielt sich ab 1582 bis zu seinem Tod als Missionar des Jesuitenordens in China auf. 1599 kam er nach Nanjing, wo er sich unter anderem mit mathematischen, astronomischen und geografischen Studien beschäftigte.

S. 156 – *Donglin-Akademie*: Die bereits im 12. Jahrhundert in Wuxi gegründete Donglin-Akademie wurde zu Beginn des 17. Jahrhunderts ein Hauptsammelpunkt der politischen Opposition, die sich vor allem aus Intellektuellen und ehemaligen, in Ungnade gefallenen Staatsbeamten zusammensetzte.

S. 156 – Das *Ritenministerium* gehörte zu den sechs Ministerien des chinesischen Kaiserreichs und war unter anderem für den Ablauf des Hofzeremoniells und der kaiserlichen Opfer zuständig.

S. 161 – *Qin Shi Huang* regierte zwischen 221 und 210 v. Chr. Er verbot die konfuzianische Lehre und ordnete 213 v. Chr. eine Bücherverbrennung an.

S. 165 – *Kunqu-Oper*: Diese Opernform, eine Synthese aus Drama, Oper, Ballett und poetischem Vortrag, entwickelte sich im 14. Jahrhundert in Südchina. In der späteren Ming-Dynastie (1364–1644) wurde sie auch in der besseren Gesellschaft und am kaiserlichen Hof aufgeführt.

Li Er, »Verstummt«

S. 186 – *Funkrufempfänger*: s. Anmerkung 1 zur Erzählung »Skizze nach der Natur« von Wu Chenjun

S. 187 – *Humanismusdebatte*: Die zwischen 1993 und 1995 landesweit geführte Humanismusdebatte begann mit einer Diskussion über die – als gefährdet – betrachteten geistigen Werte der Literatur im Zeitalter der Kommerzialisierung. Zentrale Punkte der Debatte, an der sich anfangs nur eine Gruppe von Schriftstellern und später auch Intellektuelle aus anderen Bereichen wie der Philosophie beteiligten, waren die Gründe für die Krise und mögliche Auswege daraus sowie die Frage danach, was Humanismus im chinesischen Kontext überhaupt bedeuten kann.

Zhu Wen, »Schickt alle Armen ins Reich der Träume«

S.213 – *Weder wurde ich von jemandem zerstückelt*: Der Name *Daxie* klingt wie der Anfang des chinesischen Ausdrucks ›daxie bakuai‹, der *Zerstückelung* bedeutet.

S.225 – Ein *Fen* ist die kleinste chinesische Münzeinheit. 100 Fen entsprechen einem Yuan.

S.244 – In China wird die kommunistische Machtübernahme 1949 im Allgemeinen mit dem Wort *Befreiung* bezeichnet.

S.250 – Der chinesische Vorname *Xiaoyun* bedeutet *Kleine Wolke*.

Nachwort

›Der Traum der Roten Kammer‹ gilt als Chinas bedeutendster klassischer Roman.[1] Der junge Beamtensohn Jia Baoyu träumt darin von der Fee des schreckhaften Erwachens, die ihn einlädt, ihr in ihr Reich zu folgen, wo sie ihm die zwölf Geistergesänge vom Traum der Roten Kammer vorsingen will. Gebildete chinesische Leser wissen, dass die »Rote Kammer« ein Ausdruck für die Boudoirs von Töchtern wohlhabender Familien ist, und verbinden mit Rot als der wichtigsten Symbolfarbe Chinas Wohlstand, Glück und Freude. Bei westlichen Lesern könnte sich dagegen auch eine andere Assoziation einstellen, und zwar die einer verborgenen Kammer des Herzens, einer *Red Box*, in der alle Chinesen ihre Heimat bewahren, auf welcher Seite der Langen Mauer sie auch immer von China träumen oder über China schreiben − und unser Bild vom Leben im Reich der Mitte prägen.

Für den vorliegenden Streifzug durch die zeitgenössische chinesische Literatur haben wir Erzählungen bekannter und bislang noch weniger bekannter Autoren ausgewählt, die zum Teil in China, zum Teil im Ausland leben, um so aus zwei Perspektiven auf das Land zu blicken und ein möglichst facettenreiches Bild vom Alltag in China zu erhalten.

Chinesische Literatur in Deutschland

Zu den wenigen chinesischen Autoren, die in den vergangenen Jahren eine breitere Leserschaft im deutschen Sprachraum gewinnen konnten, gehören Dai Sijie mit seinem mittlerweile auch verfilmten Roman ›Balzac und die kleine chinesische Schneiderin‹, Jung Chang mit ihrem Familienepos ›Wilde Schwäne‹ sowie Anchee Min mit ihrem autobiografischen Roman ›Rote Azalee‹ und anderen Werken.

1 Als maßgeblicher Verfasser gilt Cao Xueqin (ca. 1715–1763).

Seit der erfolgreichen Verfilmung seines Romans ›Das Rote Korn-feld‹ durch den bekannten Regisseur Zhang Yimou hat sich auch der Autor Mo Yan bei uns einen Namen gemacht. Gao Xingjian hingegen, der im Jahr 2000 als erster chinesischer Autor den Litera-turnobelpreis erhielt, war dem deutschen Lesepublikum zu diesem Zeitpunkt noch weitgehend unbekannt. Bis auf Mo Yan leben alle diese Autoren schon seit Langem im westlichen Exil und arbeiten, frei von den Zwängen der Zensur und Selbstzensur, in ihren Büchern die politische Vergangenheit und Gegenwart ihrer Heimat auf.

Auffallend ist, dass sich die in Deutschland bekanntesten und erfolgreichsten Werke mit der Zeit der Kulturrevolution und de-ren Folgen beschäftigen. Doch seit dem Tod Mao Zedongs im Jahre 1976 und mit Beginn der Politik der wirtschaftlichen Öff-nung, die Deng Xiaoping Ende der siebziger Jahre mit der Parole »Reich werden ist ehrenhaft« einläutete, hat sich die chinesische Gesellschaft in einem immer rasanteren Tempo verändert. So stell-te der 1960 geborene Autor Yu Hua – dem deutschen Publikum vor allem durch seinen ebenfalls von Zhang Yimou verfilmten Roman ›Leben!‹ bekannt – 2003 in einem Interview fest: »Ich glaube, dass meine Generation mehr miterlebt hat als jede andere Generation. In den ersten zwanzig Jahren meines Lebens habe ich Armut und Unterdrückung erfahren; die nächsten zwanzig Jahre waren dann von wachsendem Wohlstand und immer größeren Freiheiten geprägt. Die Kluft zwischen diesen beiden Abschnitten ist vergleichbar mit der zwischen dem europäischen Mittelalter und dem modernen Europa.«[2]

Ähnliche Brüche finden sich auch in den Biografien der in die-ser Anthologie versammelten Autoren. Einige von ihnen leben und schreiben in China (Wu Chenjun, Sheng Keyi, Li Er und Zhu Wen), andere im Ausland (Fan Wu, Yiyun Li, Ma Jian, Ha Jin und Luo Lingyuan) oder pendeln wie Xiaolu Guo, Qi Ge und Li Dawei zwischen Ost und West. Insbesondere die jüngeren, in den sechzi-ger und siebziger Jahren geborenen Autoren sind hierzulande noch weitgehend unbekannt, und auch ihre älteren, im Ausland lebenden

2 Das Interview führte Michael Standaert am 30. August 2003 an der Uni-versität von Iowa in Iowa City. Published by the MCLC Resource Center, http://mclc.osu.edu/, © 2004.

Kollegen wie Ha Jin oder Ma Jian wurden – wie auch Anchee Min, Dai Sije und Gao Xingjian – erst ins Deutsche übersetzt, nachdem sie in den USA, England oder Frankreich bereits Erfolg hatten. Erst seit einigen Jahren werden vermehrt auch in China lebende Autoren wie Mo Yan, Su Tong, Yu Hua, Bi Feiyu und Li Er ins Deutsche übersetzt, hinzu kommen Vertreter der sogenannten »Popgeneration« wie Mian-Mian, Chun Sue und Wei Hui, deren Szeneliteratur das Lebensgefühl der chinesischen Jugend in den Metropolen beschreibt und provokativ um die Tabuthemen »Sex, Drugs and Rock'n' Roll« kreist. Die zögerliche Rezeption moderner chinesischer Literatur in Deutschland mag noch ein Erbe aus der Zeit der Kulturrevolution sein.

Die chinesische Literatur seit Ende der Kulturrevolution
Mit der Machtergreifung Mao Zedongs und der Gründung der Volksrepublik China im Jahr 1949 hatte eine radikale Umgestaltung von Staat und Gesellschaft eingesetzt, die China in die Isolation trieb. Der Systemwechsel bedeutete auch das vorläufige Ende einer pluralistischen, von politischer Bevormundung und Ideologie freien chinesischen Literatur. Die einzige erlaubte Stilrichtung war der sozialistische Realismus. Romane, Erzählungen, Gedichte, Filme und Theaterstücke mussten sich an die Vorgaben der Partei halten, die politische Führung preisen, die sozialistische Gesellschaft abbilden und zur moralischen Erziehung der Bevölkerung beitragen. Im Westen war diese Art der Literatur kaum vermittelbar, in China selbst brachte die Einschränkung ihrer kreativen Freiheit viele Autoren zum Verstummen und führte zu einer jahrzehntelangen literarischen Stagnation.

Nach Maos Tod stand wie das Land auch die Literatur vor einem Neuanfang. Aus der Tradition geworfene Autoren wie Wang Meng, Zhang Jie oder Bei Dao begannen am Nullpunkt und tasteten sich vorsichtig an die Literatur der Moderne heran. Standen Anfang der achtziger Jahre noch Vergangenheitsbewältigung und die politischen Reformen im Mittelpunkt des Interesses, wurde die Bandbreite der literarischen Themen mit den Jahren immer größer.

Phasen vorsichtiger Liberalisierung wechselten jedoch immer wieder mit solchen politischer Repression wie etwa der »Kampagne gegen die geistige Verschmutzung« im Winter 1983/84. Viele Autoren reagierten mit Emigration ins westliche Ausland oder neuerlichem Schweigen.

Mitte der achtziger Jahre wandte sich die Literatur im Land weitgehend von ihrem gesellschaftlich-humanistischen Auftrag und der Vergangenheitsbewältigung ab und beschäftigte sich mit historischen Stoffen und den Traditionen Chinas, den Minderheitenkulturen oder experimentierte, beeinflusst von der nachgeholten Rezeption der literarischen Moderne im Westen, mit neuen literarischen Ausdrucksformen. Außerdem florierte die Unterhaltungsliteratur mit Ritter-, Liebes- und Schwertkämpferromanen, die bis zum Ende der Kulturrevolution verboten gewesen waren.

Einen weiteren tiefen Einschnitt in das literarische Schaffen hinterließ die blutige Niederschlagung der Protestbewegung am 4. Juni 1989 auf dem Tian'anmen-Platz (Platz des Himmlischen Friedens). Viele Schriftsteller, die sich der demokratischen Bewegung angeschlossen hatten, verließen infolge der Juni-Ereignisse das Land, sodass sich nach dieser erneuten Auswanderungswelle allmählich eine Art chinesische Gegenkultur im Exil bildete. Nach einer Phase innenpolitischer Restauration, in der die Initiatoren der Demokratiebewegung verfolgt wurden und maoistische Erziehungskampagnen wieder auflebten, leitete Deng Xiaoping 1992 eine Kampagne zur Weiterführung der Wirtschaftsreformen ein. Nach und nach meldeten sich auch die Schriftsteller im Land wieder zu Wort.

Vom Kollektiv zum Individuum: China heute im Spiegel der Literatur
Beeinflusst von der wirtschaftlichen Öffnung und den damit einhergehenden enormen gesellschaftlichen Veränderungen, wurde das Leben in den neunziger Jahren als immer chaotischer wahrgenommen. Jahrzehntelang verbindliche Werte verloren an Bedeutung, Marktwirtschaft und Konsum bestimmten den Alltag und das Denken der Menschen. Parallel zur Abkehr vom sozialistischen Gesellschaftsmodell entwickelte sich eine Vielfalt der Stile und Schulen in der Literatur. Nach langer Zeit konnte man in China wieder ausländische Autoren in chinesischen Übersetzungen lesen, sodass auch die Einflüsse auf die jungen Autoren im Land heterogener wurden. Vor allem aber betrat in den neunziger Jahren eine

Generation das literarische Parkett, die die Kulturrevolution nicht mehr bewusst miterlebt hatte.

Die Literatur dieser Generation gibt sich betont unpolitisch und antiintellektuell. Zudem stellen sich die Künstler zunehmend auf die Erfordernisse des freien Marktes ein; insbesondere die ab 1970 geborenen Autoren wissen, wie man sich in den Medien selbst vermarktet: Sie treten in Talkshows auf, schreiben für Lifestyle-Zeitschriften und Online-Journale und veröffentlichen ihre Werke im Internet. Ihren Lebensunterhalt sichern sie durch Brotberufe, etwa als Dozenten, Journalisten, Redakteure und Lektoren.[3] Manche Autoren wie Wang Shuo, Bi Feiyu, Li Feng, Xiaolu Guo und Zhu Wen arbeiten außerdem als Drehbuchautoren von Fernsehserien und Filmen.

Den Autoren dieser Generation scheint es weder um Belehrung noch um ein realistisches Abbild der Gesellschaft zu gehen, sondern um den Einzelnen und wie dieser die Gegenwart erlebt. Ihr Blick richtet sich auf die unterschiedlichsten Lebensbereiche: Familie, Ausbildung, Beruf, Freundschaft, Liebe, Sex, Erfahrungen mit Drogen, Emanzipation und Gewalt; sie reflektieren über den neuen Materialismus, über Werte und Traditionen sowie deren Verfall. Nachdem jahrzehntelang der Kollektivismus das Denken und Selbstverständnis der Menschen bestimmt hatte, rückt nun das Individuum in den Mittelpunkt des Interesses.

Die in dieser Anthologie versammelten, in den neunziger Jahren und später entstandenen Erzählungen veranschaulichen diese Entwicklung. Bis auf den Text des 1953 geborenen Ma Jian ist keine der Erzählungen explizit politisch-kritisch, oder wenn, dann wird die Kritik so verpackt, versteckt oder verfremdet, dass sie entweder erst auf den zweiten Blick erkennbar wird oder durch ihre Indirektheit gemildert erscheint. Li Daweis »Im Verlies« spielt zwar in der weit zurückliegenden Ming-Dynastie, lässt sich aber durchaus als

3 Anders als ihre älteren Kollegen sind die meisten jungen Autoren nicht mehr Vollmitglieder des Schriftstellerverbandes. In der Vergangenheit gehörten die Autoren vertraglich auf Lebenszeit dem Schriftstellerverband an, erhielten von diesem ein festes Gehalt, kostenlosen Wohnraum und eine Krankenversicherung. Der größte Teil der jungen Autoren kann nicht mehr von diesem Versorgungssystem profitieren, weshalb man in China auch von der »Generation der Zuspätgekommenen« spricht.

Anklage gegen Folter und Willkürherrschaft in den jüngsten Jahrzehnten der chinesischen Geschichte deuten, worauf die Sprache und Wortwahl des verhörenden Eunuchen an einigen Stellen hinweisen. In der Erzählung »Die Welt der Hundert-Meter-Menschen« geht Qi Ge genau den umgekehrten Weg, indem er seine Satire auf das turbokapitalistische China von heute kurzerhand zweitausend Jahre in die Zukunft verlegt und die ebenfalls durch den Kakao gezogenen sozialistischen Heilsverspechen einer besseren Gesellschaft auf eine ferne Rote Sonne verbannt. Weit weniger einfach zu entdecken ist die politische Kritik in Zhu Wens »Schickt alle Armen ins Reich der Träume«. Als der von einer Bande Kleinkrimineller bedrohte Ich-Erzähler erwägt, sich an staatliche Autoritäten um Hilfe zu wenden, verwirft er diesen Gedanken rasch wieder, denn »diese Leute würden einem vielleicht einmal helfen, aber nicht ein ganzes Leben lang«. Aussichtsreicher scheint da schon die Idee, Schutz bei noch mächtigeren Mitgliedern der lokalen Unterwelt zu suchen. Dauerhafte Sicherheit vor krimineller Willkür scheint sich im China von heute nur auf der Basis privater Beziehungen organisieren zu lassen.

Offene gesellschaftspolitische Kritik war schon immer – natürlich vor allem bedingt durch die Zensur in China – den im Exil lebenden Autoren vorbehalten. Der seit 1999 in London lebende Ma Jian sagte 2004 in einem Interview: »Je weiter man von den Bergen entfernt ist, umso deutlicher sieht man sie. China mangelt es an jeglicher Selbsterkenntnis, und als jemand, der diese Gesellschaft verlassen hat, habe ich die Verantwortung, so über sie zu schreiben, wie ich sie sehe.«[4] Doch bei der jungen Generation der im Ausland lebenden oder zwischen Ost und West pendelnden Autoren zeichnet sich eine Wende ab. Viele Texte, wie die in diesem Band enthaltenen von Fan Wu, Yiyun Li, Xiaolu Guo oder Luo Lingyuan, beschäftigen sich zwar ebenfalls mit dem Alltag im heutigen China, rücken dabei aber keinesfalls die Politik oder explizite Kritik an den Verhältnissen in den Vordergrund, sondern konzentrieren sich auf die individuellen Erfahrungen mit den gesellschaftlichen Veränderungen.

4 Aus einem Interview mit Stephanie Merritt in ›The Observer‹, 2. Mai 2004.

Von Wildgänsen und Hausgänsen: Moderne chinesische Literatur diesseits und jenseits der Langen Mauer

Wie sehr sich die anhaltende Verbundenheit der im Ausland lebenden chinesischen Autoren aller Altersstufen mit ihrer Heimat auch auf ihre Arbeit auswirkt, erkennt man an einem seltsamen Widerspruch: Sie schreiben zwar bis auf wenige Ausnahmen nicht auf Chinesisch, sondern in der Sprache ihrer selbstgewählten neuen Heimat, doch ihre Werke beschäftigen sich nach wie vor mit der chinesischen Kultur, Gesellschaft oder Geschichte. Das Leben in Europa beziehungsweise in den USA wird zwar auch oft thematisiert, aber fast immer in direktem Kontrast zur chinesischen Kultur.[5] Hinsichtlich der chinaspezifischen Themen beschäftigen sich die nach 1960 geborenen Autoren nicht weniger häufig mit der modernen Gesellschaft seit den neunziger Jahren oder auch der Niederschlagung der Protestbewegung von 1989 als ihre etwas älteren emigrierten Kollegen.[6] Lediglich die politisch-gesellschaftlichen Verhältnisse der ersten drei Jahrzehnte nach 1949 tauchen als geschichtlicher Stoff bei den älteren Autoren deutlich häufiger auf. Ähnliches lässt sich auch bei den in China lebenden Autoren beobachten, wo sich nur wenige jüngere Schriftsteller wie Li Er oder Yu Hua mit den ersten drei Jahrzehnten der Volksrepublik China intensiver auseinandersetzen. Aufgrund der in China ausgeübten Zensur können die dort lebenden Autoren über bestimmte Dinge allerdings gar nicht oder nur unter großen Einschränkungen schreiben, etwa über die drei sogenannten »T-Themen« – Tibet, Taiwan und Tian'anmen. Wie sieht es jedoch mit weiteren Trennlinien zwischen beiden Gruppen aus? Welches Verständnis haben die Autoren von sich selbst und

5 Etwa in Guo Xiaolus Roman ›Kleines Wörterbuch für Liebende‹, in Luo Lingyuans ›Die chinesische Delegation‹ oder in einigen Erzählungen von Yiyun Li wie der von Wayne Wang verfilmten Erzählung »A Thousand Years of Good Prayers«, die in Deutschland unter dem Titel ›Mr. Shi und der Gesang der Zikaden‹ in den Kinos lief.

6 Das Thema Tian'anmen beispielsweise spielt gleich in mehreren kürzlich erschienenen Romanen eine zentrale Rolle, so in Li Daweis ›Love, Revolution und wie Kater Haohao nach Hollywood kam‹, in Ma Jians Roman ›Peking-Koma‹ und auch in Ha Jins bereits 2004 veröffentlichtem Roman ›Verrückt‹.

worin bestehen für sie die wesentlichen Unterschiede zur Literatur der jeweils anderen Gruppe?

Die Autoren unserer Anthologie sollten selbst zu Wort kommen. Von den im Ausland lebenden Autoren wollten wir zunächst wissen, was ihr Schreiben am meisten beeinflusst: die Generation, zu der sie gehören, oder die Tatsache, dass sie im Ausland leben und publizieren? Hier nannten zwei Autoren das Leben im Ausland, zwei Autoren die eigene Generation und zwei Autoren gaben beide Faktoren an. Im Ausland gebe es weder Zensur noch Selbstzensur, also müsse man seine Texte nicht metaphorisch verschlüsseln. Außerdem erlaube die Distanz einen klareren Blick auf die eigene Kultur und Identität. Die Recherchemöglichkeiten zu politischen Themen seien im Ausland deutlich besser (ungehinderter Zugang zu kritischen Büchern und ins Internet). Die Zugehörigkeit zur nach der Kulturrevolution aufgewachsenen Generation dagegen habe erst eigenständiges Denken ermöglicht. Mit gleichaltrigen Autoren teile man zwar nicht unbedingt ästhetische Wertvorstellungen, aber man sei gleichermaßen von westlichem Gedankengut beeinflusst worden.

Des Weiteren wollten wir von den Autoren wissen, wie sie die zeitgenössische Literatur in China beurteilten und worin sie die größten Unterschiede zu der im Westen geschriebenen chinesischen Literatur sähen. Hier zeichneten vor allem die älteren Autoren ein düsteres Bild: Bedingt durch die Zensur sei die Sichtweise der in der VR China schreibenden Kollegen stark eingeschränkt. Weil sie nicht offen über das »wahre China« schreiben könnten, bleibe ihnen als Alternative zu blankem Zynismus oft nur die Flucht in unverfängliche historische Themen. Die jüngeren Autoren betonten dagegen, dass es in China mittlerweile viele zwischen Pop und Propaganda angesiedelte Stimmen und Stile gebe. Der soziale Wandel und seine Auswirkungen spielten eine große Rolle. Die chinesische Literatur des Auslands sei gleichwohl politischer, weil es dort keine Zensur gebe, und sie beschäftige sich oft mit interkulturellen Konflikten sowie den Problemen der Emigration. Einer anderen Meinung zufolge bestehen zwischen beiden chinesischen Literaturen gar keine Unterschiede, da heutzutage alle literarischen Werke der Zensur der kommerziellen Verwertbarkeit unterlägen, während ihr literarischer oder politischer Wert eher als sekundär eingestuft werde.

Schließlich wollten wir wissen, warum die Auslandsautoren nicht in ihrer Muttersprache schreiben. Als Hauptgrund wurde die Notwendigkeit genannt, einerseits mit einem neuen Publikum kommunizieren zu müssen und andererseits die fremde Sprache durch das Schreiben überhaupt erst zu erlernen. Besonders die Weltsprache Englisch erschließe einem Autor eine globale Leserschaft. Eine Fremdsprache ermögliche es ihm außerdem, aus einer neuen Perspektive freier und reflektierter über China zu schreiben. Zwei Autoren gaben an, nur in der fremden Sprache die bedrückenden Seiten des eigenen Landes in Worte fassen zu können. Im Chinesischen sei man es nicht gewohnt, seine Gefühle auszudrücken, daher werde oft Selbstzensur geübt. Dennoch schreiben etliche Autoren in beiden Sprachen und einige wenige übersetzen sogar ihre eigenen Texte in die Fremdsprache beziehungsweise zurück ins Chinesische.

Auch die in China lebenden Autoren des Buches befragten wir nach dem größten Einfluss auf ihr Schaffen. Alle sechs Autoren gaben einstimmig an, dass sie nicht die Zugehörigkeit zu einer bestimmten Generation am stärksten beeinflusse, sondern der Umstand, dass sie in China leben und dort publizieren.[7] Die Begründungen dafür fielen höchst unterschiedlich aus: Erst eine vertraute Umgebung, so drei Autoren, biete die Möglichkeit, tief ins Leben einzutauchen. Ohne in China zu leben, könne man die stürmischen gesellschaftlichen Umbrüche überhaupt nicht richtig erfassen, geschweige denn darüber schreiben. Die Arbeiten der eigenen Altersgenossen kenne man zwar, aber man verfolge einen anderen künstlerisch-ästhetischen Weg. Zwei Autoren deuteten den Begriff *Einfluss* anders und wiesen auf die mangelnde Meinungsfreiheit und das autoritäre System des Landes hin, in dem Chinas Schriftsteller nicht im gleichen Maße über Politik, Ökonomie und die Situation der Menschen schreiben könnten wie ihre Kollegen im Ausland.

Auch auf die Frage, wie die zeitgenössische Literatur der ausgewanderten chinesischen Autoren beurteilt werde und worin die

---

7 Nur ein Autor schränkte dies insoweit ein, als bis zu seinem 35. Lebensjahr die Generationszugehörigkeit wichtiger für ihn gewesen sei, sodass er sich der Herausforderung, unter den bestehenden Verhältnissen mutige und literarisch anspruchsvolle Texte zu schreiben, erst später bewusst geworden sei.

größten Unterschiede zu in China geschriebenen Werken lägen, erhielten wir sehr unterschiedliche Antworten. Ein Teil der Befragten nannte die größere schriftstellerische Freiheit der ausgewanderten Autoren. Von den Schriftstellern in China unterschieden sie sich wie Wildgänse von Hausgänsen. Ihre Werke könnten daher den Sinn und Wert von Literatur an sich noch ausgeprägter verkörpern. Ein anderer Teil charakterisierte die auslandschinesische Literatur als stärker politisch orientiert und verwies darauf, dass sie sich an ein ganz anderes Publikum richte. Drei Autoren betonten schließlich die Distanz der im Ausland lebenden Schriftsteller zu China. Oft hätten sie sich ihrem muttersprachlichen Kontext und dem Leben im Land entfremdet, was ihre Blickschärfe für bestimmte Details bzw. für die gesamte Wirklichkeit stark beeinträchtige.

Aus diesen Aussagen könnte man schließen, dass die Unterschiede zwischen den Texten der beiden Autorengruppen generationenübergreifend groß sind – was sich aber zumindest anhand der für diesen Band ausgewählten Erzählungen nicht bestätigen lässt. Dies mag daran liegen, dass ein nicht geringer Teil der jüngeren Autoren zwischen beiden Welten pendelt und somit noch mehr Tuchfühlung mit der gesellschaftlichen Wirklichkeit in China hat als die politisch stärker traumatisierten und entwurzelten älteren Autoren.

Unabhängig von Generation und Lebensort ist der Blick auf China zudem immer ein individueller, wie es auch Nobelpreisträger Gao Xingjian in einem in der Wochenzeitung ›Die Zeit‹ abgedruckten Aufsatz zum Ausdruck brachte: »Das Wesen der Literatur besteht meiner Auffassung nach darin, dass sich ein Einzelner mit all seiner Schwäche, dass sich ein Schriftsteller in völliger Einsamkeit der Gesellschaft entgegenstellt und seine eigene Stimme zum Klingen bringt. Daran hat sich jahrhundertelang nichts geändert, weder in China noch im Ausland, weder im Osten noch im Westen.«[8] Gemeinsam ist jedoch allen Autoren, dass sie ihre Heimat und den Traum von einer neuen, besseren Gesellschaft in der »Roten Kammer« ihres Herzens tragen.

8 »Das Absurde ist in mir«, in: ›Die Zeit‹ 43/2000.

Autoren- und Quellenverzeichnis

Die Schreibweise der Autorennamen richtet sich nach den Wünschen der Autoren und hält sich deshalb nicht einheitlich an die chinesische Gepflogenheit, erst den Nachnamen und dann den Vornamen zu setzen.

吴帆 **Fan Wu**, Jahrgang 1974, wuchs auf einem staatseigenen Bauernhof in Südchina auf, dem Exil ihrer Eltern während der Kulturrevolution. 1985 zog die Familie nach Nanchang, der Hauptstadt der Provinz Jiangxi. Nach ihrem Universitätsabschluss in Chinesischer Sprache und Literatur arbeitete Fan Wu zu Beginn der neunziger Jahre in Shenzhen, der ersten chinesischen Sonderwirtschaftszone. 1997 kam sie über ein Stipendium der Stanford University in die USA, wo sie 2002 zu schreiben begann, sowohl auf Englisch als auch auf Chinesisch. 2006 erschien ihr erster auf Englisch geschriebener Roman ›February Flowers‹, der in neun Sprachen übersetzt wurde. Ihre Erzählungen sind in so renommierten Magazinen wie ›Granta‹, ›The Missouri Review‹ und ›Asia Literary Rewiew‹ erschienen. Im Juli 2009 erscheint in den USA ihr neuer Roman (›Beautiful as Yesterday‹). Fan Wu lebt mit ihrer Familie in Kalifornien.

»Im Jahr des Affen« (Originaltitel: »Year of the Monkey«)
In: ›Granta 95: Loved Ones‹, Herbst 2006. © 2006 Fan Wu. © der deutschen Übersetzung: 2009 Deutscher Taschenbuch Verlag, München.

七格 **Qi Ge** (eigentlich Lu Bingwen) wurde 1971 in Shanghai geboren. Zwischen 1990 und 1994 studierte er Lebensmittel-Technologie und Angewandte Mathematik. Nach verschiedenen Tätigkeiten in den Bereichen Marketing, Public Relations und Software-Programmierung absolvierte er 2007 und 2008 ein Studium der Animationstechnik am Maryland Institute College of Arts (USA) und arbeitet seitdem als Konzeptdesigner und Drehbuchautor für verschiedene Filmproduktionsfirmen in China. 1998 begann er zu schreiben. Er publizierte eine Sammlung von Erzählungen (›Das kreisförmige Spiel‹, 2000), einen Roman (›Herr Tao im Apfelkern‹, 2003) und zwei populärwissenschaftliche Bücher, darunter ›Das globale Gehirn‹ (2001). 2004 war Qi Ge Stipendiat der Stadt München in der Villa Waldberta, Feldafing.

»Die Welt der Hundert-Meter-Menschen« (Originaltitel: »一百米身高的世界«, »Yibai mi shengao de shijie«)
© 2004 Qi Ge. © der deutschen Übersetzung: 2009 Deutscher Taschenbuch Verlag, München.

李翊云 **Yiyun Li**, Jahrgang 1972, wuchs in Beijing auf und lebt seit 1996 in den USA, wo sie am Iowa Writers' Workshop und an der University of Iowa Creative Writing studierte. 2005 erschien ihr erster Erzählband ›A Thousand Years of Good Prayers‹, für den sie mehrere Preise erhielt, unter anderem den ›Frank O'Connor International Short Story Award‹, den ›PEN/Hemingway Award‹ und den ›Guardian First Book Award‹. Die Titelgeschichte wurde von Wayne Wang verfilmt und kam in Deutschland unter dem Titel ›Mr. Shi und der Gesang der Zikaden‹ in die Kinos. Von der Zeitschrift ›Granta‹ wurde sie vor Kurzem in die Liste der besten jungen amerikanischen Autoren aufgenommen. Im Herbst 2009 erscheint im Carl Hanser Verlag ihr erster Roman (›Die Sterblichen‹). Yiyun Li lebt mit ihrer Familie in Oakland, Kalifornien.

»Nach einem ganzen Leben« (Originaltitel: »After a Life«)
In: Yiyun Li, ›A Thousand Years of Good Prayers‹, London: Fourth Estate, 2006. © 2005 Yiyun Li. © der deutschen Übersetzung: 2009 Carl Hanser Verlag, München.

马建 **Ma Jian** wurde 1953 in Qingdao in der Provinz Shandong geboren und zog 1976 nach Beijing. Nachdem seine Werke in China verboten wurden, übersiedelte er 1986 nach Hongkong, wo er das Verlagshaus Hong Kong New Century Press gründete. 1997 kam er für zwei Jahre nach Deutschland und ließ sich 1999 in England nieder, wo er mit seiner Frau und Übersetzerin Flora Drew lebt. Im Jahr 2001 erschien sein Reisebuch ›Red Dust‹ (deutsch 2009), das mit dem ›Thomas Cook Travel Book Award‹ ausgezeichnet wurde, 2004 der Roman ›The Noodlemaker‹ und 2006 der Erzählband ›Stick out Your Tongue‹. Ma Jian schreibt seine Werke auf Chinesisch, sie werden aber noch während des Schreibprozesses von Flora Drew ins Englische übersetzt. Im Herbst 2009 erscheint in Deutschland sein neuer Roman (›Peking-Koma‹), der das Massaker auf dem Tian'anmen-Platz zum Thema hat.

»Totentanz« (Originaltitel: »The Swooner«)
In: Ma Jian, ›The Noodlemaker‹, London: Chatto & Windus, 2004. © Ma Jian, 2004. All rights reserved. © der englischen Übersetzung: 2004 Flora Drew. © der deutschen Übersetzung: 2009 Deutscher Taschenbuch Verlag, München.

吴晨骏 **Wu Chenjun**, Jahrgang 1966, aus Taixing (Provinz Jiangsu), arbeitete nach seinem Studienabschluss 1989 am Nanjinger Forschungsinstitut für Kinetik. 1995 gab er seinen Beruf auf, um sich als freier Schriftsteller für mehrere Jahre ganz dem Schreiben zu widmen. Seither veröffentlichte er Erzählungen und Gedichte in zahlreichen Literaturzeitschriften und Anthologien. Gemeinsam mit Huang Fan hat er im Jahr 2000 ein Internetforum für chinesische Literatur gegründet (www.njpinglun.com). Außerdem war er als Redakteur und Lektor für verschiedene Verlage tätig. Derzeit arbeitet er an seinem ersten Roman.

»Skizze nach der Natur« (Originaltitel: »写生«, »Xie sheng«)
In: Wu Chenjun, ›Wo de meimei‹, Huashan Wenyi Chubanshe, 1999. Deutsche Erstveröffentlichung in: ›Neue Sirene – Zeitschrift für Literatur‹, Nr. 20 (2005). © 1999 Wu Chenjun. © der deutschen Übersetzung: 2009 Deutscher Taschenbuch Verlag, München.

郭小橹 **Xiaolu Guo** wurde 1971 in einer kleinen Stadt am Ostchinesischen Meer geboren. Mit achtzehn Jahren ging sie nach Beijing, studierte an der dortigen Filmhochschule und begann, ihre ersten

Romane zu schreiben. Im Jahr 2002 zog sie nach London. Sowohl in China als auch in ihrer britischen Wahlheimat machte sie sich als Filmemacherin und Schriftstellerin einen Namen. 2003 erschien in Shanghai ihr Roman ›Stadt der Steine‹ (deutsch 2005). 2007 gelang ihr mit ihrem ersten auf Englisch geschriebenen Roman ›Kleines Wörterbuch für Liebende‹ (deutsch 2008) der internationale Durchbruch. Ihre Filme ›The Concrete Revolution‹, ›How is Your Fish Today‹ oder ›We Went to Wonderland‹ wurden auf zahlreichen Filmfestivals gezeigt und mit Preisen bedacht. Im Herbst 2009 erscheint in Deutschland ihr neuer Roman ›Ein Ufo, dachte sie‹.

盛可以 **Sheng Keyi** kam 1973 in Yiyang (Provinz Hunan) zur Welt und lebte in den neunziger Jahren eine Zeit lang in Shenzhen und in Chinas Nordosten, bevor sie schließlich nach Guangzhou übersiedelte. 2002 begann sie zu schreiben, und es entstanden in rascher Folge die drei Romane ›Milch und Wasser‹ (2002), ›Ein Mädchen aus dem Norden‹ (2004) und ›Hymne an die Ethik‹ (2007) sowie fünf Bände mit Erzählungen. Etliche ihrer Texte schafften es auf die nationale literarische Bestenliste und wurden in Anthologien aufgenommen. Von der Kritik wird Sheng Keyi vor allem wegen der lebendigen Charakterzeichnung ihrer Figuren gefeiert. 2002 erhielt sie den ›Großen Medienpreis für chinesischsprachige Literatur‹ in der Kategorie ›Vielversprechende neue Autoren‹. Im April 2006 war sie Gast des vom Berliner Haus der Kulturen der Welt veranstalteten Festivals »China – Zwischen Vergangenheit und Zukunft«.

哈金 **Ha Jin** (eigentlich Jin Xuefei), 1956 in der nordchinesischen Stadt Jinzhou geboren, ging 1985 in die USA, um zu promovieren, und ist seit 1997 amerikanischer Staatsbürger. Bereits 1987 begann er, Gedichte in englischer Sprache zu verfassen, seit 1989 auch Prosatexte. Für seinen Roman ›Warten‹ (deutsch 2000) erhielt er 1999 den ›National Book Award for Fiction‹ sowie den ›PEN/Faulkner Award 2000‹, den höchstdotierten amerikanischen Literaturpreis. Der Roman ›Kriegspack‹ (deutsch 2005) stand auf der Shortlist für den Pulitzerpreis und erhielt ebenfalls den ›PEN/Faulkner Award‹. Ha Jin ist heute Professor für Englische Literatur an der Boston University und lebt mit seiner Familie in der Nähe von Boston. Viele seiner Romane und Erzählungen spielen in der fiktiven Stadt Muji in China. In deutscher Sprache erschienen von ihm bislang die Romane ›Warten‹ (2000), ›Verrückt‹ (2004), ›Kriegspack‹ (2005) und ›Ein freies Leben‹ (2009), die Novelle ›Im Teich‹ (2001) sowie die Erzählsammlung ›Ein schlechter Scherz‹ (2002).

»Die Frau aus New York« (Originaltitel: »The Woman From New York«)
In: Ha Jin, ›Ein schlechter Scherz‹, München: Deutscher Taschenbuch Verlag, 2002. © 2000 Ha Jin. © der deutschen Übersetzung: 2002 Deutscher Taschenbuch Verlag, München.

李大卫 **Li Dawei** wurde 1963 in Beijing geboren. 1985 machte er seinen Abschluss im Fach Amerikanische Sprache und Literatur. 1987 besuchte er im Rahmen eines internationalen Austauschprogramms für junge Autoren zum ersten Mal die USA. Seit 1989 schreibt er kunst- und literaturtheoretische Aufsätze, Kritiken und Prosa. ›Der Traumsammler‹, sein erster Roman, erschien 1996. Seit 2001 lebt Li Dawei vor allem in den USA, wo er als freier Autor unter anderem für mehrere chinesischsprachige Zeitungen arbeitet, darunter für ›Jintian‹ (›Today‹), ›Caijing‹ und das in Deutschland herausgegebene ›Ouline-Magazin‹. 2000 erhielt er den Literaturpreis der chinesischen Zeitschrift ›Oktober‹ (›Shiyue‹). Im Sommer 2009 erscheint im Knaus Verlag sein zweiter Roman, ›Love, Revolution und wie Kater Haohao nach Hollywood kam‹.

»Im Verlies« (Originaltitel: »禁中«, »Jinzhong«)
In: ›Zhongshan‹ 1998/4. © 2004 Li Dawei. © der deutschen Übersetzung: 2009 Deutscher Taschenbuch Verlag, München.

罗令源 **Luo Lingyuan** wurde 1963 in der Provinz Jiangxi geboren, studierte in Shanghai Computerwissenschaften und Jour-
nalismus und lebt seit 1990 in Berlin. Seit 1992 veröffentlicht sie
in Zeitschriften und Anthologien in China. 2000 erhielt sie das
Alfred-Döblin-Stipendium der Akademie der Künste in Berlin,
dem weitere Arbeits- und Aufenthaltsstipendien folgten. Für den
Erzählungsband ›Du fliegst jetzt für meinen Sohn aus dem fünften
Stock!‹ (2005) wurde Luo Lingyuan mit dem ›Adelbert-von-Cha-
misso-Förderpreis‹ ausgezeichnet. Außerdem erschienen die ebenfalls in deutscher Sprache geschriebenen Romane ›Die Sterne von
Shenzhen‹ (2008) und ›Die chinesische Delegation‹ (2007) sowie die
Erzählsammlung ›Nachtschwimmen im Rhein‹ (2008). Im Herbst
2009 erscheint ihr jüngster Roman, ›Wie eine Chinesin schwanger
wird‹, beim Deutschen Taschenbuch Verlag.

»Hochzeitsnacht im Jinmao-Tower«
In: ›Du fliegst jetzt für meinen Sohn aus dem fünften Stock!‹, München: Deutscher Taschenbuch Verlag, 2005. © 2005 Luo Lingyuan.
© 2005 Deutscher Taschenbuch Verlag, München.

李洱 **Li Er**, geboren 1966 in der Provinz Henan, hat in Shanghai
Literatur studiert und lebt in Beijing. Li Er wurde mit dem ›Großen
Medienpreis für chinesischsprachige Literatur 2004‹ in der Kategorie Belletristik ausgezeichnet und für die angesehenste chinesische
Auszeichnung, den ›Mao-Dun-Literaturpreis‹, nominiert. Als einer
der bekanntesten jüngeren chinesischen Autoren gehört Li Er zur
Generation des Übergangs in China. Er ist im modernen China
verwurzelt, wuchs jedoch mit der lebendigen und kontrastreichen
Erfahrung einer umfassenden Werteveränderung auf. 2007 erschien
in Deutschland sein Roman ›Der Granatapfelbaum, der Kirschen
trägt‹ beim Deutschen Taschenbuch Verlag. Im Herbst 2009 erscheint
bei Klett-Cotta sein neuer Roman ›Koloratur‹.

朱文 Zhu Wen wurde 1967 in Quanzhou (Provinz Fujian) geboren. 1989 machte er einen Abschluss in Kinetik an der Dong-
nan-Universität in Nanjing und lebte dort mehrere Jahre lang als
freier Schriftsteller, bevor er 2000 nach Beijing übersiedelte. Neben
mehreren Gedicht- und Erzählungsbänden veröffentlichte er 1998
mit ›Was ist Müll, was ist Liebe?‹ seinen ersten Roman. Ende der
neunziger Jahre widmete er sich auch dem Medium Film, zuerst
als Drehbuchautor, unter anderem für den Film ›Siebzehn Jahre‹
(Regie: Zhang Yuan), und seit 2001 auch als Regisseur. Sein erster
Film, ›Seafood‹, erhielt auf der Biennale Venedig 2001 den Spezial-
preis der Jury und sein zweiter, ›South of the Clouds‹ (2004), unter
anderem den ›NETPAC-Preis‹ der Berlinale. 2008 beendete er die
Arbeiten an seinem dritten Spielfilm, ›Thomas Mao‹. 2009 erscheint
im A1 Verlag sein Erzählungsband ›I love Dollars‹ .